D1941931

UTB

UTB **2825**

**Eine Arbeitsgemeinschaft der Verlage**

Beltz Verlag Weinheim · Basel
Böhlau Verlag Köln · Weimar · Wien
Wilhelm Fink Verlag München
A. Francke Verlag Tübingen und Basel
Haupt Verlag Bern · Stuttgart · Wien
Lucius & Lucius Verlagsgesellschaft Stuttgart
Mohr Siebeck Tübingen
C. F. Müller Verlag Heidelberg
Ernst Reinhardt Verlag München und Basel
Ferdinand Schöningh Verlag Paderborn · München · Wien · Zürich
Eugen Ulmer Verlag Stuttgart
UVK Verlagsgesellschaft Konstanz
Vandenhoeck & Ruprecht Göttingen
vdf Hochschulverlag AG an der ETH Zürich
Verlag Barbara Budrich Opladen · Farmington Hills
Verlag Recht und Wirtschaft Frankfurt am Main
WUV Facultas Wien

NEUE ÖKONOMISCHE BIBLIOTHEK

herausgegeben von Birger Priddat

Michael Hutter

# NEUE MEDIENÖKONOMIK

WILHELM FINK VERLAG MÜNCHEN

*Der Autor:*
Michael Hutter ist Inhaber des Lehrstuhls für Theorie der Wirtschaft und ihrer sozialen Umwelt an der Wirtschaftsfakultät der Universität Witten/Herdecke, und Leiter des dortigen Instituts für Wirtschaft und Kultur. Er lehrt und forscht zu Themen der Informations-, Medien- und Kulturökonomik und ist Mitherausgeber der Zeitschriften „Soziale Systeme“ und „Journal of Cultural Economics“.

Bibliografische Information Der Deutschen Nationalbibliothek

Die Deutsche Nationalbibliothek verzeichnet diese Publikation in der Deutschen Nationalbibliografie; detaillierte bibliografische Daten sind im Internet über http://dnb.d-nb.de abrufbar.

Gedruckt auf umweltfreundlichem, chlorfrei gebleichtem
und alterungsbeständigem Papier ∞ ISO 9706

Alle Rechte, auch die des auszugsweisen Nachdrucks, der fotomechanischen Wiedergabe und der Übersetzung, vorbehalten. Dies betrifft auch die Vervielfältigung und Übertragung einzelner Textabschnitte, Zeichnungen oder Bilder durch alle Verfahren wie Speicherung und Übertragung auf Papier, Transparente, Filme, Bänder, Platten und andere Medien, soweit es nicht §§ 53 und 54 URG ausdrücklich gestatten.

© 2006 Wilhelm Fink Verlag, München
(Wilhelm Fink GmbH & Co. Verlags-KG, Jühenplatz 1, D-33098 Paderborn)
ISBN 3-7705-4339-4

www.fink.de

Printed in Germany.
Einbandgestaltung: Atelier Reichert, Stuttgart
Herstellung: Ferdinand Schöningh GmbH & Co. KG, Paderborn

UTB-Bestellnummer: ISBN 3-8252-2825-8

# Inhaltsverzeichnis

## 5. DIE WERBEMÄRKTE



## 6. DIE VERTEILERMÄRKTE



## 7. DIE MÄRKTE FÜR GERÄTE UND KANÄLE

## 10. MEDIENMÄRKTE UND IHRE STAATLICHE REGULIERUNG

# Vorwort

Der vorliegende Band führt ein in Märkte, auf denen Produkte gehandelt werden, die in irgendeiner Hinsicht neu sein müssen. Neu daran ist, dass in jedem der Märkte nach den Auswirkungen von Neuheit auf die beteiligten Akteure und ihre Institutionen gesucht wird. Deshalb der Titel „Neue Medienökonomik".

Die Darstellung ist so angelegt, dass sie nicht nur die Eigenheiten der Branche und die spezifischen Verknüpfungen mit Teilen ihrer gesellschaftlichen Umwelt offen legt, sondern auch den modellhaften Charakter der Untersuchung für eine Wirtschaft, die vornehmlich immaterielle Güter produziert, hervorhebt. Die neue Medienökonomik nimmt einen Welt- und Wirtschaftszustand an, in dem Informationsangebote zunehmend mittels digitalisierter und vernetzter Medien erzeugt werden.

In einem ersten Teil werden empirische und methodische Zugänge zur Eigenart der Neuheit in Mediengütern vorgestellt und entwickelt. Im zweiten Teil werden die Märkte entlang der Wertschöpfungskette, von den Skizzen bis zu den verkauften Kopien, unter dem Gesichtspunkt der Neuheit untersucht. Im dritten Teil wird der Blickwinkel auf zwei gesellschaftliche Umwelten, die kulturelle und die politische, erweitert, weil erst so die Bedingungen erklärt werden können, unter denen neue Märkte für Mediengüter entstehen und etablierte Medienmärkte mit neuem Rohstoff versorgt werden.

Die einzelnen Kapitel sind in Lehrveranstaltungen der vergangenen fünf Jahre an der Universität Witten/Herdecke entstanden. Ich danke den Studierenden, mit denen gemeinsam ich gelernt habe, und denjenigen, die frühe Fassungen dieses Textes kommentierten. Vor allem danke ich Anke Strauß, Bernd Ankenbrand und Miralem Gazibegovic, die an der Ausarbeitung einzelner Kapitel beteiligt waren und die insbesondere die oft schwierigen Recherchen für zahlreiche Tabellen durchgeführt haben. Bei der Endredaktion haben sie mir, zusammen mit Andrea Anger-Sankowsky und Britta Koch, unersetzliche Hilfe geleistet.

Witten, im Februar 2006

# ZUGÄNGE

# 1. Die Medienwirtschaft, ihre Ökonomik und die Bedeutung von Neuheit

## Einleitung

Was soll das heißen – „ihre Ökonomik"? Ist denn Ökonomik nicht ein wissenschaftlicher Apparat, der auf alle Sektoren der Wirtschaft gleichermaßen anwendbar ist? Hat denn jeder kleine Wirtschaftssektor seine eigene Ökonomik?

Die rhetorische Frage ist berechtigt. Ökonomik ist nicht nur irgendein Ansatz zum Verständnis wirtschaftlicher Zusammenhänge. Sie ist ein Verfahren, das Wirtschaft konsequent aus den Bedürfnissen und dem Verhalten einzelner Menschen erklärt. Die Spannung zwischen der prinzipiellen Unendlichkeit der Wünsche und der Endlichkeit der Mittel zu ihrer Erfüllung schafft die Sprache der Knappheit, die auf den Märkten gesprochen wird, und in der sich regelt, wer auf welche Mittel Zugriff bekommt. Gerade die Universalität, mit der sich das Prinzip der Wahl der nutzenmaximierenden Alternative anwenden lässt, macht die Stärke der Theorie aus.

Nun ist im Verlauf der selben Jahrzehnte, in denen sich die Wirtschaftswissenschaft als eine Theorie der rationalen Wahlhandlungen etabliert hat, derjenige Sektor der Wirtschaft, in dem die Produkte daraus bestehen, dass bestimmte Informationen produziert oder übertragen werden, überproportional schnell gewachsen. Das hat zum einen dazu geführt, dass Vorgänge innerhalb der Informationswirtschaft mehr wissenschaftliche Aufmerksamkeit bekommen haben. Dabei stellte sich heraus, dass das Auftreten von Information – ihre Entdeckung, ihre Reproduktion und ihre Verteilung – zu wirtschaftlichen Konstellationen führt, die in der konventionellen Theorie als Anomalien behandelt werden. Zum anderen entstand durch das wachsende Produktionsvolumen im Informationssektor ein zusätzlicher Bildungsbedarf auch für diejenigen Mitarbeiter, die zum redaktionellen bzw. zum technischen Teil einer Unternehmensbelegschaft zahlen. Mit den Leitsätzen einer Theorie, die sich modellhaft an der Herstellung von Nähnadeln und der Förderung von Steinkohle orientiert, ist allerdings im Fall von Informationsproduktion wenig erklärt. Das gilt insbesondere für die Medienwirtschaft, also den Teil der Informationswirtschaft, in dem verkaufbare Inhalte hergestellt werden. Das Medium ist dann beispielsweise das Buch, die DVD, die Filmvorführung oder die Funkübertragung. Die Abweichung vom Standard der Gütermärkte gilt für die beiden anderen Teilsektoren in geringerem Maß, denn im Sektor der Güter und Dienstleistungen der Informationstechnik wird immer noch ein erkennbarer Anteil Material bearbeitet, und im Sektor der Dienstleistungen der Telekommunikation liegt ein materielles Leitungsnetz zu Grunde.

Die Schwierigkeiten der Anwendung einer normalen, an materiellen Gütern orientierten Ökonomik treten also im Fall der Medienwirtschaft besonders deutlich zu Tage. Der Ansatz, der dieses Buch prägt, versucht deshalb den „Spieß umzudrehen“: Anstatt Medienproduktion und -verwendung als eine Ausnahme zu betrachten, weil es sich um pure Information oder ein Gemisch von Material und Information handelt, wird genau diese Beschaffenheit zum Normalfall erklärt. Dann ist allerdings auch zu berücksichtigen, dass Neuheit im Fall von Gütern, die aus Information bestehen, zu diesem Normalfall gehört.

Die Fragen an eine Medienökonomik sind dann: Wie sieht wirtschaftliches Handeln aus, wenn es nur die Erzeugung und den Verkauf von Inhalten zum Gegenstand hat? Wie verändert sich dieses Handeln, und damit die Marktergebnisse, wenn sich die technisch-materiellen und die gesellschaftlichen, insbesondere die politischen und die kulturellen Randbedingungen verändern?

Um mit einer so angelegten Konzeption von Medienökonomik beginnen zu können, werden in diesem einleitenden Kapitel vorbereitende Arbeiten ausgeführt. Zuerst wird über die Forschung zur Wertschöpfung in der Medien- und der restlichen Informationswirtschaft berichtet. Dann werden prominente Beiträge zur Medienökonomik aus der englisch- und der deutschsprachigen Literatur vorgestellt. Schließlich wird der Wechsel zu einer *Theorie neuer Information* vorbereitet. Diese Themen bieten, in verschiedenen Dimensionen, Hintergrundinformationen, die Zugänge zur weiteren Untersuchung schaffen. Wie das bei Hintergründen üblich ist, bleiben die Details noch unscharf. Aber das wird sich beim weiteren Eindringen in die neue Materie ändern.

## 1. Der Beitrag der Informationswirtschaft zur Gesamtwertschöpfung

### *1.1 Frühe Versuche der Messung*

Es gibt verschiedene Ansätze, um das Volumen wirtschaftlicher Aktivität quantitativ zu erfassen. Man kann die Unternehmen und ihren Ausstoß zählen, oder die Menge der Arbeitskräfte, oder die Summe der Einnahmen oder das Steuervolumen. Da es aber insbesondere die Bewertung der Güter auf ihrem Markt ist, die eine beliebige Aktivität zu einer wirtschaftlichen macht, kommt den Marktpreisen eine besondere Rolle zu. Erst der Umstand, dass für ein Objekt oder eine Hilfestellung Geld bezahlt wird, macht die Anstrengung der Herstellung zur „Produktion“ und die Anstrengung der Verwendung zum „Konsum“. In vielen Fällen bilden sich Ketten von Märkten, entlang derer ein Rohstoff über verschiedene Zwischenstufen auf vielen Produktmärkten auftaucht. Die Summe der im Verlauf eines Jahres bezahlten Güter und Dienstleistungen wird als Wertschöpfung einer Wirtschaft bezeichnet. Die Differenz zwischen den erzielten Erträgen und den dafür aufgewendeten Kosten ist der Beitrag, den ein Unternehmen, eine Branche oder ein ganzer Wirtschaftssektor zur Gesamtwertschöpfung beiträgt.

Zur Ermittlung der wirtschaftlichen Wertschöpfung sind eine Reihe von Kennzahlen eingeführt worden. Die bekannteste davon ist das Bruttosozialprodukt, zunehmend wird aber das Bruttoinlandsprodukt verwendet. Zur Ermittlung des Bruttoinlandsproduktes wird die Summe aller im Inland erzielten Zahlungen, bereinigt um die Vorleistungen, die dafür erbracht worden sind, gebildet. Auf diese Weise werden Doppelzählungen derselben Leistungen eliminiert.

Statistische Daten zur Entwicklung des BIP werden in Deutschland schon seit den 1920er Jahren des vorigen Jahrhunderts erhoben. Dabei ist ein Kontensystem (volkswirtschaftliche Gesamtrechnung) entstanden, das heute in den meisten Ländern der Erde verbindlich ist. In diesem System werden die Unternehmen nach Produktionsunternehmen, Kreditinstituten und Versicherungsunternehmen eingeteilt. Bei den Produktionsunternehmen wird des Weiteren nach Naturalwirtschaft (Land, Forst, Fischerei), produzierendem Gewerbe, Dienstleistungen sowie Handel und Verkehr unterschieden.

Dieses Schema erweist sich als nicht sehr hilfreich bei dem Versuch, den Teil der Wertschöpfung abzugrenzen, der durch die „Informationswirtschaft“ erbracht wird. Informationswirtschaft ist in der Systematik der traditionellen volkswirtschaftlichen Gesamtrechnung kein eigenständiger Sektor. Informationsleistungen werden in jedem Sektor der Wirtschaft erbracht. Erst in jüngster Zeit wurden sehr schwierige und aufwendige Versuche unternommen, die Wertschöpfung der Informationswirtschaft als eigenständigen Sektor zu messen.

Das Verdienst, erstmals auf die besondere Bedeutung der Informationswirtschaft hingewiesen zu haben, fällt zweifellos Fritz Machlup zu. Machlup, der aus Wien nach Princeton emigriert war, veröffentlichte 1962 sein dreibändiges Werk *The Production and Distribution of Knowledge in the United States.* Dazu gehören nach seiner Definition *„industries that produce, process and transmit information“* (Machlup 1962). Machlup stellte die Relevanz von Wissen und Information für die Entwicklung von Wirtschaften ins Zentrum seiner Theorie, und er unternahm erstmals den Versuch, den Umfang der Wertschöpfung durch Universitäten, Büromaschinen, Finanzdienstleistungen, Zeitungen und alle anderen, an Informationsprodukten beteiligten wirtschaftlichen Aktivitäten zu messen. Aufbauend auf Machlups Definitionen und Datenreihen erstellte Marc Porat 1976 seine zweibändige Dissertation *The Information Economy*, die sich stärker auf die empirische Erfassung beschränkt. Porat misst in hunderten von Datenreihen Einkommen im Bildungsbereich, Umsätze bei Schreibmaschinen, Budgets von Telekommunikationsgesellschaften und Auflagen von Büchern. Die Zahlen belegen beispielsweise, dass der *information sector* seinen Anteil an der Gesamtbeschäftigung in den Jahren zwischen 1920 und 1970 von 18% auf 47% erhöht hat. Sie belegen auch die produktivitätssteigernde Wirkung von Informationstechniken und –technologien im „sekundären Sektor“ der restlichen Wirtschaft (Porat 1967).

## *1.2 Neuere Kennzahlen zur Informations- und Medienwirtschaft*

Mit dem raschen Wachstum der IT-Produktion stieg das Interesse innerhalb der daran beteiligten Industrien, genaueres über die eigene Wertschöpfung, ihre Verteilung und ihre Wachstumsraten, zu erfahren. Die Aufgabe wurde von einigen Großunternehmen der IT- und Telekommunikationsindustrie dem *European Information Technology Observatory* übertragen. So sind seit 1993 Datenreihen entstanden, die den Beitrag zumindest eines Teils der Informationswirtschaft aus der wirtschaftlichen Gesamtrechnung herauslösen. Dabei wird aber die „weiche Kommunikation" im Bildungs- und Finanzbereich ebenso außer Acht gelassen wie die Produktion reiner Inhalte. Die Datenreihen verfolgen den Beitrag zur Wertschöpfung in ausgewählten Branchen des produzierenden Gewerbes und des Dienstleistungssektors. Das Volumen der jeweiligen Märkte wird durch Verbraucherausgaben *(end-user spending)* ausgedrückt. Wie Abb. 1.1 zeigt, wird nach vier Hauptbereichen unterschieden: Der erste Bereich sind materielle Produkte (*hardware*) zum Zweck der Informationsverarbeitung. Dazu gehören Computer, andere Bürogeräte wie Drucker, die Ausstattung der Telekommunikationsnetze und die Endgeräte für Informationsverarbeitung und Telekommunikation. Der zweite Bereich umfasst Software, also Programme zur Steuerung der Informationsverarbeitung und Telekommunikation. Zum dritten Bereich gehören Dienstleistungen im IT-Bereich. Der vierte Bereich erfasst Telekommunikationsdienstleistungen und Dienste, die Telekommunikationsnetze voraussetzen.

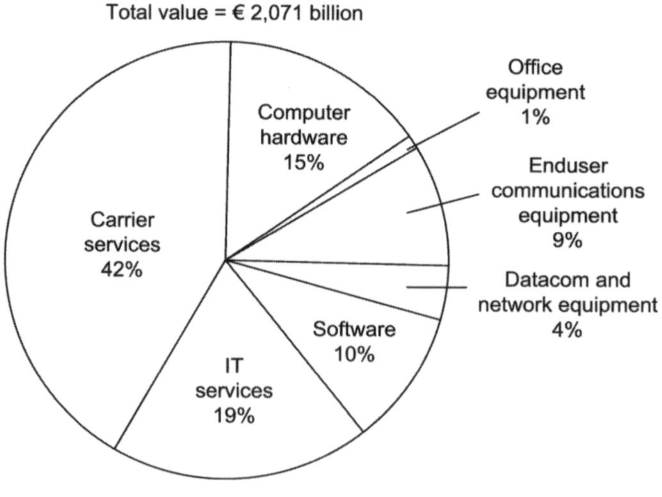


Abb. 1.1: ITK-Märkte weltweit nach Produktgruppen, 2003
Quelle: EITO 2004: 262

In jüngster Zeit finden sich auch Ansätze zur statistischen Erfassung der Informationswirtschaft unter Einschluss der Medienwirtschaft. Am tiefgreifendsten ist wohl die Einführung eines *information sector* im *North American Industry Classification System* (NAICS). Die Kategorien des NAICS sind 1997 vom *U.S. Census* übernommen worden, und so finden sich dort seitdem Kennzahlen für vier Bereiche: *publishing, motion picture and sound, broadcast and telecommunications, sowie information services*. In dieser Systematik sind wesentliche Bereiche der Medienwirtschaft integriert, während IT-Hardware ausgeschlossen ist.

Die Zahlen, die in Abb. 1.2 wiedergegeben sind, messen die Bruttoeinnahmen der Unternehmen, nicht deren Beitrag zum Bruttoinlandsprodukt. Dennoch geben die Daten einen zutreffenden Eindruck von den Proportionen der Wertschöpfung in der Medienwirtschaft. Der Anteil der Telekommunikationsbranche (NAICS 5133), der immerhin ein Drittel des Gesamtumsatzes ausmacht, ist nur auf den ersten Blick Teil des benachbarten ITK-Sektors. Die Nutzung der Kommunikationsnetze über Telefonleitungen, Satellitenrichtfunk und Mobilfunknetze erfolgt größtenteils, um private und kommerzielle Informationsinhalte selbst herzustellen. Wir werden darauf in Kap. 7 genauer eingehen.

Die Wertschöpfungsentwicklung der deutschen Informationswirtschaft war das Thema einer Untersuchung, die Wolfgang Seufert 2001 veröffentlichte. Ziel war es, die von Machlup und Porat lancierte und seitdem vielfach wiederholte These zu prüfen, wonach der relative Beitrag der Informationswirtschaft zur Gesamtwertschöpfung steigen wird. Seufert operiert mit einer Abgrenzung des Sektors, zu dem IT-Technologie, Datenverarbeitung, Telekommunikationsdienste und Medieninhalte gehören. Das Ergebnis bestätigt die These nicht: der Anteil des so definierten Sektors an der Gesamtwertschöpfung hat sich zwischen 1980 und 1998 kaum verändert. Allerdings muss man berücksichtigen, dass die Preissteigerung im Informationssektor im gleichen Zeitraum ungewöhnlich gering war, und der Anteil der Importe am Informationskonsum relativ hoch ist (Abb. 1.3). Bemerkenswert ist dabei die auffallende Steigerung des Wertschöpfungsanteils der Datenverarbeitung, und die relativ gleichmäßige Verteilung der Ausgaben innerhalb des Informationssektors: je ein Viertel der Wertschöpfung entfiel 1998 auf materielle Technologie, auf Datenverarbeitung, auf Telekommunikationsdienste und auf Medieninhalte. Zu den Inhalten wurden von Seufert Werbung, Druck, Film und Funk gerechnet, nicht aber Musik. Keine Rolle spielen in diesem Zusammenhang Inhalte des Bildungssektors oder der vielen Informationsdienstleister, die etwa im Finanzsektor florieren.

| NAICS code | Kind of business | 2004 | 2003 | 2002 | 2001 | 2000 | 1999 | 1998 |
|---|---|---|---|---|---|---|---|---|
| **51** | **Information** | **955,084** | **908,209** | **891,846** | **883,975** | **863,871** | **782,644** | **700,836** |
| 511 | Publishing Industries | 260,348 | 247,635 | 246,043 | 247,090 | 246,800 | 231,687 | 212,688 |
| 5111 | Newspaper, periodical, book, database, and other publishers | 148,087 | 142,914 | 142,537 | 141,552 | 144,763 | 137,371 | 128,694 |
| 51111 | Newspaper publishers | 48,599 | 47,443 | 46,402 | 46,039 | 50,290 | 47,270 | 44,446 |
| 51112 | Periodical publishers | 41,760 | 39,560 | 39,757 | 40,189 | 40,770 | 38,792 | 36,383 |
| 51113 | Book publishers | 26,786 | 26,058 | 26,926 | 25,831 | 24,979 | 23,883 | 22,252 |
| 51114 | Database and directory publishers | 20,249 | 19,181 | 18,992 | 18,933 | 18,180 | 16,830 | 15,485 |
| 51119 | Other publishers | 10,693 | 10,672 | 10,459 | 10,560 | 10,543 | 10,595 | 10,128 |
| 511191 | Greeting card publishers | 5,114 | 5,242 | 5,397 | 5,255 | 5,354 | 5,662 | 5,784 |
| 511199 | All other publishers | 5,579 | 5,431 | 5,062 | 5,305 | 5,189 | 4,934 | 4,345 |
| 5112 | Software publishers | 112,262 | 104,721 | 103,506 | 105,538 | 102,037 | 94,317 | 83,994 |
| 512 | Motion picture and sound recording industries | 88,267 | 83,113 | 78,250 | 72,904 | 71,560 | 66,720 | 60,389 |
| 5121 | Motion picture and video industries | 71,772 | 67,589 | 62,927 | 57,886 | 55,978 | 52,271 | 47,238 |
| 5121x | Motion picture and video production and distribution | 56,604 | 52,374 | 47,924 | 43,234 | 41,786 | 38,789 | 34,884 |
| 51213 | Motion picture and video exhibition | 11,180 | 11,147 | 10,838 | 10,150 | 9,689 | 8,947 | 8,142 |
| 512131 | Motion picture theatres (except drive-ins) | 11,069 | 11,048 | 10,730 | 10,039 | 9,596 | 8,845 | 8,030 |
| 512132 | Drive-in motion picture theatres | S | S | S | S | S | S | S |
| 51219 | Postproduction services and other motion picture and video industries | 3,988 | 4,067 | 4,165 | 4,503 | 4,504 | 4,534 | 4,212 |
| 512191 | Teleproduction and other postproduction services | 3,193 | 3,143 | 3,209 | 3,469 | 3,471 | 3,418 | 3,273 |
| 512199 | Other motion picture and video industries | 796 | 924 | 956 | 1,034 | 1,033 | 1,116 | 939 |
| 5122 | Sound recording | 16,495 | 15,525 | 15,324 | 15,018 | 15,582 | 14,450 | 13,151 |
| 51221 | Record production | 352 | 324 | 337 | 316 | 259 | 240 | 249 |
| 51222 | Integrated record production/distribution | 11,021 | 10,194 | 10,512 | 10,315 | 10,963 | 9,944 | 9,013 |
| 51223 | Music publishers | 3,885 | 3,844 | 3,348 | 3,344 | 3,426 | 3,416 | 3,144 |
| 51224 | Sound recording studios | 724 | 671 | 664 | 622 | 578 | 529 | 487 |
| 51229 | Other sound recording industries | 513 | 492 | 463 | 421 | 356 | 322 | 258 |

| | | | | | | | | |
|---|---|---|---|---|---|---|---|---|
| 513 | Broadcasting and telecommunications | 512,896 | 492,997 | 485,607 | 487,451 | 473,503 | 428,460 | 383,457 |
| 5131 | Radio and television broadcasting | 52,093 | 48,708 | 48,589 | 44,855 | 49,326 | 44,246 | 40,890 |
| 51311 | Radio broadcasting | 16,494 | 15,820 | 15,603 | 14,493 | 15,618 | 13,740 | 12,217 |
| 513111 | Radio networks | 2,677 | 2,254 | 2,099 | 1,798 | 1,896 | 1,662 | 1,463 |
| 513112 | Radio stations | 13,817 | 13,566 | 13,503 | 12,696 | 13,723 | 12,078 | 10,755 |
| 51312 | Television broadcasting | 35,599 | 32,888 | 32,987 | 30,362 | 33,707 | 30,506 | 28,673 |
| 5132 | Cable networks and program distribution | 104,690 | 93,314 | 83,082 | 76,760 | 70,097 | 61,780 | 53,942 |
| 51321 | Cable networks | 31,373 | 28,463 | 25,373 | 23,082 | 22,034 | 18,628 | 15,814 |
| 51322 | Cable and other program distribution | 73,317 | 64,851 | 57,709 | 53,678 | 48,063 | 43,153 | 38,128 |
| 5133 | Telecommunications | 356,113 | 350,976 | 353,936 | 365,836 | 354,080 | 322,434 | 288,625 |
| 51331 | Wired telecommunications carriers | 211,176 | 221,231 | 237,697 | 260,736 | 270,150 | 251,674 | 231,680 |
| 51332 | Wireless telecommunications carriers (except satellite) | 127,602 | 112,089 | 99,193 | 86,336 | 65,846 | 54,180 | 42,584 |
| 513321 | Paging | S | 2,155 | 2,663 | 3,815 | 5,149 | 5,797 | 5,446 |
| 513322 | Cellular and other wireless telecommunications | 125,693 | 109,933 | 96,530 | 82,521 | 60,696 | 48,383 | 37,138 |
| 51333 | Telecommunications resellers | 9,849 | 10,320 | 9,717 | 9,770 | 9,995 | 9,415 | 7,865 |
| 51334 | Satellite telecommunications | 6,030 | 5,959 | 5,748 | 6,902 | 6,007 | 5,034 | 4,458 |
| 51339 | Other telecommunications | 1,456 | 1,377 | 1,581 | 2,093 | 2,084 | 2,131 | 2,038 |
| 514 | Information services and data processing services | 93,572 | 84,464 | 81,946 | 76,531 | 72,009 | 55,777 | 44,302 |
| 5141 | Information services | 36,242 | 31,193 | 28,857 | 29,161 | 29,925 | 18,515 | 11,611 |
| 51411 | News syndicates | 1,972 | 1,873 | 1,844 | 1,885 | 1,911 | 1,754 | 1,526 |
| 51412 | Libraries and archives | 1,879 | 1,692 | 1,649 | 1,518 | 1,566 | 1,385 | 1,298 |
| 51419 | Other information services | 32,390 | 27,628 | 25,364 | 25,757 | 26,448 | 15,377 | 8,786 |
| 514191 | On-line information services | 20,202 | 19,157 | 18,711 | 19,579 | 18,384 | 11,878 | 7,153 |
| 514199 | All other information services | 12,189 | 8,472 | 6,654 | 6,178 | 8,064 | 3,499 | 1,633 |
| 5142 | Data processing services | 57,330 | 53,271 | 53,089 | 47,370 | 42,084 | 37,262 | 32,692 |
| S=Estimate does not meet publication standards because of high sampling variability or poor response quality. | | | | | | | | |

Abb. 1.2: Information Sector Services (NAICS 51): Geschätzter Umsatz für Unternehmen in Tsd. $, 1998-2004
Quelle: U.S. Census Bureau 2004

| | 1980 | 1982 | 1984 | 1986 | 1988 | 1990 | 1992 | 1994 | 1996 | 1998 | 1980 | 1990 | 1992 | 1998 |
|---|---|---|---|---|---|---|---|---|---|---|---|---|---|---|
| Gross value added | In DM billion at current prices | | | | | | | | | | 1980=100 | | | |
| IC electronic | 23 | 24 | 28 | 32 | 32 | 33 | 37 | 31 | 27 | 32 | 100 | 144 | 160 | 140 |
| Printing, Reproduction | 11 | 11 | 13 | 13 | 15 | 18 | 21 | 18 | 19 | 19 | 100 | 159 | 185 | 167 |
| IC technology | 34 | 35 | 40 | 45 | 47 | 51 | 58 | 49 | 46 | 51 | 100 | 149 | 168 | 149 |
| Data processing services | 2 | 3 | 4 | 8 | 11 | 13 | 28 | 32 | 39 | 54 | 100 | 583 | 1280 | 2502 |
| Telecommunications services | 26 | 28 | 31 | 32 | 36 | 39 | 42 | 41 | 41 | 45 | 100 | 151 | 162 | 174 |
| IC services | 28 | 32 | 36 | 40 | 47 | 52 | 70 | 74 | 79 | 99 | 100 | 184 | 248 | 354 |
| Advertising | 6 | 6 | 7 | 8 | 10 | 11 | 16 | 15 | 16 | 17 | 100 | 200 | 275 | 301 |
| Film, Radio and Television | 4 | 4 | 5 | 5 | 6 | 7 | 10 | 10 | 11 | 14 | 100 | 198 | 271 | 397 |
| Publishing, news agencies | 9 | 11 | 13 | 13 | 15 | 16 | 20 | 22 | 26 | 27 | 100 | 178 | 212 | 293 |
| IC content | 18 | 21 | 25 | 27 | 31 | 35 | 45 | 48 | 53 | 58 | 100 | 189 | 243 | 316 |
| IC sector total | 81 | 88 | 101 | 112 | 125 | 138 | 172 | 171 | 178 | 208 | 100 | 170 | 213 | 258 |
| Overall economy | 1362 | 1472 | 1619 | 1790 | 1946 | 2246 | 3155 | 3394 | 3586 | 3763 | 100 | 165 | 232 | 276 |

Sources: Federal Statistical Office, DIW calculations.

Abb. 1.3: Bruttowertschöpfung in IC-Subsektoren in Deutschland im Mrd. DM, 1980-1998
Quelle: Seufert 2000: 505

Die so ermittelten Zahlen geben die Größenordnungen an, in denen sich das wirtschaftliche Geschehen in und um die Medienwirtschaft abspielt. Neben dem aggregierten Zahlenmaterial sind innerhalb der einzelnen Medienbranchen viele Studien entstanden, die von Verbänden und Behörden in Auftrag gegeben wurden, um spezifische Fragen zu beantworten. Viele davon werden in den folgenden Kapiteln zitiert werden.

## 2. Die Geschichte der Medienökonomik in zwei Stationen

### *2.1 Anfänge in der amerikanischen Literatur*

Der Bedarf für eine spezielle wirtschaftswissenschaftliche Behandlung einzelner Sparten der Medienwirtschaft entstand aus der Berufspraxis. Redakteuren und Technikern waren die Prinzipien des ökonomischen Überlebens ihrer Unternehmen beizubringen, Betriebswirte mussten sich mit den institutionellen und materiellen Gegebenheiten in den verschiedenen Branchen vertraut machen. So bedeutete Medienökonomik erst einmal die Anwendung allgemeiner Prinzipien der Ökonomik auf das wirtschaftliche Geschehen im Sektor der Medienmärkte. Typisch für die ökonomisch orientierte Forschung waren bis in die späten achtziger Jahre Aufsätze und Bücher, die sich stark an der Beschreibung einer konkreten regionalen oder nationalen Branche orientierten und kaum mit allgemeineren Konzepten argumentierten. Das änderte sich, als Robert Picard 1989 sein Buch *Media Economics* veröffentlichte.

Picard verzichtet auf den konkreten Hintergrund einer Branche. Exemplarisch wendet er die zentralen Konzepte der ökonomischen Theorie auf Medienfirmen an – er verwendet dabei den Begriff *media* durchgängig als Synonym für *media companies*. Wie in einem Standard-Lehrbuch wird zunächst mit der Abgrenzung der Märkte begonnen, dann werden Konsumentenentscheidungen bei begrenzten Budgets, Produzentenentscheidungen bei unterschiedlichen Kostenverläufen sowie Monopole und Wettbewerb behandelt. Sonderkapitel beschäftigen sich mit der Firmenbewertung auf Kapitalmärkten, Gründen für staatliche Intervention und spezifischen Arbeitsmärkten. Unternehmen, die Radio- und Fernsehprogramme, Druckerzeugnisse, Filme, Videokassetten und Musikaufnahmen herstellen, liefern die Anwendungsfälle. Gleichwohl kommen sie eher am Rande vor. Zentral ist die Präsentation der ökonomischen Konzepte, deren Gültigkeit an ausgewählten Beispielen vorgeführt wird. Eigentümlichkeiten des Sektors, wie Größenvorteile der Produktion und externe Effekte im Konsum (Kap. 2), werden zwar erwähnt, spielen aber keine Rolle. Der Fokus liegt auf Anwendbarkeit, nicht auf Abweichung (Picard 1989).

Picards Buch hat eine Tradition in der Medienökonomik begründet. Inzwischen sind eine Reihe von Darstellungen erschienen, in denen ebenfalls der ökonomische

Instrumentenkasten im Zentrum steht, und die ohne Weiteres als Einführungslehrbücher in die mikroökonomische Theorie verwendbar sind (Owers, Carveth et al. 1998; Albarran 2002).

### *2.2 Führende Beiträge der deutschsprachigen Literatur*

In der deutschsprachigen kommunikationswissenschaftlichen Literatur hat sich daneben eine Variante der Medienökonomik entwickelt, die ihren Schwerpunkt anders setzt. Dafür stehen insbesondere die Lehrbücher von Jürgen Heinrich und Marie-Louise Kiefer.

Heinrich behandelt in Band 1 seiner *Medienökonomie* den Zeitungs- und Zeitschriftensektor (Heinrich 2001), und in Band 2 den Rundfunk- und Fernsehsektor (Heinrich 1999). Der jeweils erste Teil der Bände enthält eine allgemeine Analyse. Die theoretische Effizienz von Wettbewerbsmärkten wird erläutert, dann wird der Katalog der Ursachen von *Marktversagen* aufgezählt: er umfasst öffentliche Güter, externe Effekte, Strukturprobleme der Industrien, Informationsmängel der Konsumenten und meritorische Güter, also Güter, die politische und andere Instanzen für wünschenswert halten. Beim Auftreten von Marktversagen greifen staatliche Instanzen regulierend ein, indem sie die fraglichen Güter in eigener, staatlicher Regie erstellen oder indem sie die private Produktion kontrollieren.

Zur Rechtfertigung von Regulierung im Zeitungs- und im Rundfunksektor treten auch wettbewerbspolitische Gründe. Insbesondere der Sachverhalt der Konzentration, also der Kumulation von Marktanteilen bei einem oder wenigen Marktteilnehmern, wird zur juristisch relevanten und deshalb intensiv beforschten Kennziffer. Wir werden auf diese Diskussion in Kap. 10 zurückkommen.

Zur wirtschaftspolitischen Begründung tritt eine medienpolitische: Aus Sicht der politischen Instanzen sind die Informationen, die durch Medienprodukte gestreut werden, wesentlicher Bestandteil der Öffentlichkeit, die eine Zivilgesellschaft ausmacht. Die Informationen entstehen in einem publizistischen Wettbewerb, der Kosten und Kunden missachtet und „publizistische Qualität“ zum Erfolgsmaßstab macht. Wenn kommerzielle Zwänge dazu führen, dass die produzierten Inhalte an Vielfalt und an Qualität verlieren, dann ist es Aufgabe des Staates, den publizistischen gegenüber dem kommerziellen Wettbewerb zu stärken. In der Auseinandersetzung mit den Eigentümern, die auf die Produktionsbedingungen verweisen und Gewinne beanspruchen, wird für Heinrich der Staat zum Verbündeten der Redakteure und „Medienarbeiter“.

Kiefers *Medienökonomik* (Kiefer 2001) geht noch eindeutiger von einem kommunikationswissenschaftlichen Selbstverständnis aus. Das Wachstum der Medienwirtschaft hat zu einer „Ökonomisierung der Medien“ geführt, deren Gesetzmäßigkeiten erkannt und berücksichtigt werden müssen. Medienökonomik wird somit zur Teildisziplin der Publikations- und Kommunikationswissenschaft. Gleichwohl wird akzeptiert, dass das ökonomische Verhaltensmodell mit einer eigenen Logik operiert, die dem Leser verständlich gemacht werden kann. Wir haben es, so Kiefer, mit zwei „Normensystemen“, Publizistik und Ökonomie, zu tun. Vielfalt ist Zentralnorm des ersten, Wohlfahrt die des zweiten Systems. Ebenso wie die Medien komplexe soziale Institutionen spezifischer Funktionalität und Leistungen gebildet haben, sind auch die wirtschaftlichen Institutionen wie Unternehmen und Märkte entstanden.

Kiefer weist auf die Divergenz der Normen hin, vermeidet es aber, den Staat als überlegene Interventionsinstanz einzuführen. Konsequent ökonomisch argumentierend zeigt sie wie sich die Institutionen des Marktes fließend ändern, wenn es die Bedingungen der Produktion erfordern. Daraus resultieren die Steuerungssysteme Wettbewerb, Hierarchie, Verhandlung und Ethik ebenso wie die Varianten der Rezipienten- und der Werbefinanzierung. Politik, ein weiteres interdependentes Normensystem, greift aufgrund von „Informationsmängeln“ in vielfacher Weise, von der direkten Leistungserstellung bis zur Funkfrequenzenauktion, in das wirtschaftliche Geschehen ein.

Dem Fehlen von Information in Gestalt von Unkenntnis der Konsumenten über Qualität, Nutzen und Preise von Medienprodukten, wird im Rahmen dieser Darstellung ungewöhnlich breiter Raum gegeben. Information als Medieninhalt taucht nur einleitend auf, wenn von Medien als Kommunikationskanälen und Zeichentransport-Systemen die Rede ist. Später werden Medieninhalte als „immaterielle, öffentliche Güter mit externen Effekten und teilweise meritorischem Charakter“ (S. 155) definiert, deren Konsum Erfahrung oder Vertrauen erfordert. Aber die besondere Rolle von Information wird in dieser Diskussion immer nur am Rande erwähnt.

So unterschiedlich die hier vorgestellten Varianten der Medienökonomik scheinen mögen, sie sind doch alle von der Entdeckung getrieben, dass eine alte, bereits ausgearbeitete Theorie auf den neuen Bereich der Medienwirtschaft angewendet werden kann. Die nun vorzustellende, neue Variante wird von einer weiteren Entdeckung getrieben: der Entdeckung der Neuheit als zentralem Merkmal aller Informationsprodukte.

## 3. Medienökonomik II: Die Entdeckung der Neuheit

### *3.1 Kommunikation in Gesellschaft und Wirtschaft*

Kommunikation ist der Stoff aus dem Gesellschaft besteht. Sie ist eine Textur, eine vielfach ineinander verwobene Abfolge von Ereignissen zwischen den Individuen, die an Gesellschaft kommunizierend teilnehmen. Sie ist ein improvisiertes, immer unvollständiges Spiel von Frage und Antwort, das sich endlos, durch immer neue Ereignisse, die an frühere Kommunikationen anschließen und ihrerseits zum Ausgangspunkt weiterer Kommunikationen werden, fortsetzt. Jede Familie, jeder Clan, jede Stadt und jede Kultur hat ihren eigenen Kommunikationsstrom produziert und prozessiert, lange bevor irgendjemand auf die Idee kam mit der Beförderung von Mitteilungen oder mit der Herstellung eigener Mitteilungen Geld zu verdienen.

Kommunikation ist überlebensnotwendig. Sie hilft uns, gegenwärtige und zukünftige Situationen zu verstehen und zu bewältigen. Erst durch Kommunikation entsteht so etwas wie soziale Ordnung: Jedes Individuum signalisiert seine Position in der Gesellschaft durch Kommunikation und registriert sehr genau, welche Signale andere über deren eigene Position, Fähigkeiten und Werturteile abgeben. Deshalb ist es nicht übertrieben zu sagen, dass wir in einer Umwelt von Kommunikation leben, die für uns ebenso überlebensnotwendig ist wie die Umwelt von Wasser, Luft und anderer Materie.

In unserer Kommunikationsumwelt haben sich fundamentale „Medien" der Kommunikation durchgesetzt. Die frühesten Phasen der Menschheitsentwicklung waren getrieben von der Entwicklung des Mediums der Sprache. Durch Sprache grenzten sich Lebensgemeinschaften ab, und in Sprache, sei es in Ritualen oder in Beratungen, entschieden sie über gemeinsames Verhalten. Das Medium der Schrift, vor nicht mehr als 4000 Jahren aufgetaucht und in Form phonetischer Buchstaben heute weltweit verbreitet, hat der Kommunikation, die bis dahin auf Auswendiglernen angewiesen war, ein externes Gedächtnis und eine sprunghaft gestiegene Reichweite ermöglicht. Große Territorien konnten so verwaltet und mit Befehlen, ebenso wie mit Produkten, versorgt werden. Die Diffusion des Buchdrucks ließ in Europa seit etwa 1500 das Volumen der Reproduktion von Informationen noch einmal explosionsartig ansteigen. Jetzt konnten große Segmente der Bevölkerung an solchen Kommunikationen teilnehmen, und sie zahlten, bei rasch sinkenden Preisen von Druckwerken jedweder Art, für eine Menge an vervielfältigter Information. Die Druckmedien beschleunigten die Vereinheitlichung der Schrift.

Auch heute noch bewegen wir uns in einer Kommunikationsumwelt, die maßgeblich von Printmedien gestaltet wird. Innerhalb dieser Strukturen haben die elektronischen Medien neue Möglichkeiten geschaffen. Mit der Signalübertragung durch elektromagnetische Wellen, die etwa seit 1925 staatlich und kommerziell eingesetzt wird, war Kommunikation über Bild, Sprache und Musik möglich geworden. Die elektronischen Medien arbeiten bis heute mit einer asymmetrischen Sender-Empfänger-Struktur. Diese Beschränkung wird aber zurzeit durch digitale und dezentrale Vernetzungen rasch aufgelöst, sodass bald mit einer neuen Welle bislang unbekannter Kommunikationsformen zu rechnen ist.

Ein Angebot an Informationsinhalten, die professionell hergestellt sind und gegen Bezahlung zugänglich gemacht werden, gibt es seit den Schreibern in antiken Hochkulturen. Bücher und Zeitungen wurden von Anfang an kommerziell produziert. Das Inhalteangebot über elektrische und elektronische Medien, also Radio, Fernsehen, Film, Musikaufnahmen, Videospiele und Internet-Inhalte, hat inzwischen ein Volumen erreicht, mit dem große Teile der Freizeit, quer durch die Altersschichten der Bevölkerung und weitgehend geschlechtsunspezifisch, mit kommerziell angebotenen Produkten gefüllt werden. Aber nicht nur die Menge an Inhalten, die einer Bevölkerung kommerziell angeboten werden, ist gestiegen.

Gleichzeitig ist im 20. Jahrhundert ein steigender Anteil der selbst gemachten, also privaten und geschäftlichen, Kommunikation in Telefon- und Computernetze verlagert worden. Heute haben mobile Telefone die Muster der Kommunikation innerhalb von Familien und Gemeinwesen in vielen Ländern drastisch verändert, und Laptop-Computer ermöglichen es, komplexe Informationen eines Unternehmens zwischen Mitarbeitern an beliebigen Orten auf der Erde auszutauschen.

Die Wirtschaftstheorie hat traditionell Situationen untersucht, in denen Kommunikation im Wesentlichen überflüssig ist. Mit dem Stichwort „vollkommene Information" wird eine Situation bezeichnet, in der die Wettbewerber sich gegenseitig kennen, und die zu verkaufenden Güter längst bekannt sind. Jede relevante neue Information, die auftaucht, wird sofort als solche erkannt und führt zu raschen Anpassungsreaktionen aller Beteiligten. Nur wenige Parameter der Entscheidung werden variiert, vorzugsweise der Preis, das „optimale Informationskonzentrat" (Heinrich 1999: 600).

In jüngerer Zeit ist dieser Teil der traditionellen Modellkonstruktion deutlich weiter entwickelt worden. Modelle mit „asymmetrischer Information" und „Reputationssignalen" sind konstruiert und sogar nobelpreiswürdig geworden (Stiglitz 2000). Die Raffinesse dieser Vorschläge besteht darin, den Auswirkungen kommunikativer Verknüpfung auf die Spur zu kommen, ohne den Boden einer sozialwissenschaftlichen Theorie zu verlassen, deren Grundelemente die Handlungen von Menschen sind. Die Akteure verhalten sich weiterhin rational optimierend, sie haben jetzt aber ein Gedächtnis und die Fähigkeit zum Senden und zum Empfangen von Signalen bekommen.

Im Folgenden werden demgegenüber Kommunikationsereignisse zu Grundelementen der Theorie erklärt. Die Analyse verlässt den Boden der Handlungstheorie.

### *3.2 Eine kommunikationstheoretische Sicht der Medienmärkte*

Wenn es darum geht, die Entwicklung eines Wirtschaftssektors zu verstehen, dessen Produkte aus Informationsinhalten und ihren Medien bestehen, dann genügt es nicht, Kommunikation als Anomalie am Rande der Theorie zuzulassen. Stattdessen können wir uns einer anderen, in vieler Hinsicht komplementären Theorie bedienen. Diese Theorie ist explizit als Kommunikationstheorie konzipiert. Sie ermöglicht es uns Operationen, die Information als Inhalt haben, zum zentralen Gegenstand der Beobachtung zu machen. Dabei genügt es, Teile dieser Theorie der „Evolution sozialer Systeme", auf unseren Untersuchungsgegenstand anzuwenden, und damit der ökonomischen Analyse eine neue Perspektive zu geben. Wie sich die ökonomische und die kommunikationssoziologische Erklärungswelt zueinander verhalten, werden wir klären, wenn wir den ersten Durchlauf einer Beobachtung mit dieser erst in den letzten zwanzig Jahren entstandenen Theorie (Luhmann 1997) hinter uns haben.

Ausgangspunkt der hier verwendeten Theorie der Kommunikation ist eine neue Interpretation von Information: Information ist kein Ding, sondern Information besteht aus Unterscheidungen. Sie ist, um die grundlegende Formulierung von Gregory Bateson zu verwenden, „ein Unterschied, der einen Unterschied macht" (Bateson 1979). Eine so genannte „Information" begegnet uns in der Regel als eine lange Kette solcher Unterschiede, wie sie etwa jeder Satz enthält. Sie wird mit einer neuen, ähnlichen Folge von Unterschiedsketten beantwortet. In letzter Konsequenz können alle diese Informationsketten in ja-nein-Unterscheidungen aufgelöst werden. Sie sind dann „digitalisiert". Die Umwandlung in eine computerlesbare Form verweist auf die fundamentale Struktur von Informationen.

Die Information einer „Antwort" besteht nicht darin, einen Informations-„austausch" abzuschließen, sondern ihn im Gegenteil fortzusetzen. Um eine solche Fortsetzung wahrscheinlich zu machen, werden Informationen in bestimmte Mitteilungsformen gekleidet, etwa in Reden, Agenturmeldungen, Fotos oder Konzerte. So können sie von den Adressaten leichter erkannt werden – etwa so wie eine Information, die in einem Umschlag steckt, als Brief erkannt wird. In der Welt der Unterhaltungsmitteilungen sind Formate, also fest etablierte Muster der Präsentation, die häufigste Variante, in der Welt der Wissenschaft sind es Aufsätze und Bücher. Es gibt Fälle, in denen Informationen in unerwarteten Mitteilungsformen auftauchen, etwa wenn ein Nachrichtensprecher in einer *comedy show* auftritt. Aber selbst dann kann dieser Effekt Teil der intendierten Kommunikation sein: Die Nachrichten sind komisch, weil der Zuschauer weiß, dass sie im falschen Mitteilungs-Umschlag übertragen werden. Theoretisch formuliert: Kommunikation entsteht durch die Unterscheidung von Information und Mitteilung. Diese Unterscheidung wird erfahren als „Verstehen" (Luhmann 1997: 60-78).

Informationen werden, einmal in Mitteilungen verpackt, in materielle oder elektronische Trägermedien transformiert. Die Begriffe „Transformation" und „Medien" können nun präzise definiert werden: Medien bestehen aus Elementen, die sich in einem Zustand variierbarer Verbindung (lose Kopplung) befinden. Formen bestehen aus Elementen in einem Zustand nicht variierbarer Verbindung (feste Kopplung) (Luhmann 1997: 190-202). Medien sind demnach etwa die Druckerschwärze, die zu Buchstaben geformt wird. Allerdings sind die Buchstaben wieder Medium, das zu Worten geformt wird, die Worte sind Medium für Satzformen, und so weiter. In ähnlicher Weise werden im Medium der Funkwellen Bild- und Tonaufnahmen in Signale transformiert, die ihrerseits im Medium des Lautsprechers wieder in bestimmte Klänge und Worte transformiert werden.

Die Eigenart der Medienunternehmen besteht also darin, die Komplementarität von Formen und physischen Medien kommerziell zu nutzen. Sie stellen neue Formen her, die über die technologisch verfügbaren Medien verteilt und verkauft werden können. Man könnte auch eine andere als die physische Medienunterscheidung ins Auge fassen: Die Gattungen Literatur, Musik und Bildgestaltung unterscheiden etwa nach den Medien, mit denen Informationen von den menschlichen Wahrnehmungsorganen aufgenommen werden.

Es ist festzuhalten, dass die so entwickelte Definition der Medien sich von derjenigen unterscheidet, die in der medienökonomischen Literatur des vorigen Abschnitts verwendet wird. Wenn dort von den „Medien“ die Rede ist, wird in der Regel auf die handelnden Unternehmen Bezug genommen (Picard 1989, Heinrich 2001: 19). Aus kommunikationstheoretischer Sicht sind Medien die Elemente, in denen Informationsinhalte ausgedrückt, gespeichert vervielfältigt werden können. Für die Unternehmen bilden physische Medien den peripheren, leichter austauschbaren Bestandteil der Produkte, während die Informationen den zentralen Bestandteil, das Kerngeschäft bilden. Ein Film ist beispielsweise eine Inhaltsform, die sowohl auf Zelluloidrollen als auch auf DVDs gespeichert und transportiert werden kann. Erst eine Kette von physischen Medien, die vom Zelluloid bis zur Leinwand oder zum Bildschirm reicht, macht Informationsinhalte oder -formen zum wirtschaftlich relevanten *content*. Deshalb wird auch der Begriff der Informationsmedienprodukte verwendet werden.

In den folgenden Kapiteln wird auf weitere medienökonomische Literatur hingewiesen werden.

## *3.3 Wie kommt die Neuheit in den Verwender?*

Wir wenden nun unsere Aufmerksamkeit von den Produkten, die Informationsinhalt und -medium kombinieren, ab und beobachten den Vorgang der Informationsaufnahme durch die Individuen. Diejenigen, die an Kommunikation teilnehmen, nehmen Informationen mit ihren Sinnesorganen auf und untersuchen sie auf ihre Bedeutung. Dieser Vorgang ist zum einen kognitiv, d.h. er wird durch das Zentralnervensystem prozessiert. Das Verstehen eines Informationsinhalts findet aber nicht allein als organisch gesteuerter Prozess statt. Gleichzeitig findet ein mentaler Vorgang statt, in dem die einmal wahrgenommene Information verstanden und bewertet wird.

Dieser Punkt ist wichtig genug, um noch einmal betont zu werden: Ein Informationsinhalt ist keine *Übertragung* an einen Empfänger, so, wie ein Container befördert oder ein Brief zugeschickt wird und dann beim Empfänger verbleibt. Vielmehr löst die Information eine Resonanz im Empfänger selbst aus. Die Resonanz führt zur *Reproduktion* der Information im Informationsbestand des Empfängers, der nun zum Verwender geworden ist. Die Reproduktion ist eine Kopie, die mit den Unterscheidungskategorien erfolgt, über die das Bewusstsein des Verwenders verfügt. Die Unterscheidungskategorien stammen aus früheren Kommunikationen mit anderen Teilnehmern an Kommunikation, etwa an der Interaktion der eigenen Familie, der eines Betriebs oder einer *Lifestyle*-Szene. Dadurch sind bestimmte Erkennungsmuster vorhanden, in deren weitem Rahmen sich das Verständnis und die Erinnerung an eine Mitteilung und ihren Informationsinhalt vollzieht. Es gibt Fälle, in denen der Verwender den Inhalt exakt wiedergeben kann, etwa, wenn er einen Text abschreibt und als Buch druckt. In anderen Fällen besteht die Reproduktion lediglich in einer vagen Erinnerung, die diesen Text etwa Hermann Hesse zuordnet, und die diese Erinnerung in einem Gespräch wiedergibt.

An dieser Stelle ist eine kurze Erklärung dafür angebracht, dass im Folgenden dort vom „Verwender“ die Rede sein wird, wo in traditionellen Modellen der „Verbraucher“ oder „Konsument“ auftritt. In beiden Fällen sind die Käufer der Endprodukte gemeint. Aber die Rede von der „Verwendung“ hält fest, dass der Käufer das Produkt nicht auflöst, so wie ein Abendessen aufgelöst wird, oder eine physische Dienstleistung wie Haare schneiden erschöpft wird. Der Käufer wendet, im Wortsinne, den gekauften Inhalt selbst an, gleichgültig, ob die Anwendung auf indirekten kommerziellen, oder auf direkten persönlichen Nutzen zielt.

In der betriebswirtschaftlichen Literatur zur Medienbranche ist der Begriff „Rezipient“ gebräuchlich, um die Differenz zwischen Nutzer und Konsument auszudrücken. Der „Empfänger“ ist allerdings eine weniger aktive Modellfigur als der Verwender. Für die Computerwelt hat sich der Begriff des *Users* eingebürgert. Gegen dessen Verwendung in diesem Buch sprechen primär stilistische Gründe.

Neue Information ist nicht nur andere, bisher nie da gewesene Information. Zu dieser Menge würde auch ein Text gehören, dem zwei Tippfehler hinzugefügt worden sind oder ein Bild, bei dem eine Farbe fehlte. Derjenige, der die Information versteht, erkennt nicht nur die Differenz zum Bekannten, sondern auch den Zusammenhang mit ihm schon bekanntem Wissen. Der Kulturphilosoph Boris Groys hat diesen Bezug zu einem gesellschaftlichen Wissensbestand so ausgedrückt:

> „Das Neue ist nicht bloß das andere, sondern es ist das wertvolle Andere – das als wertvoll genug befunden worden war, um aufbewahrt, erforscht, kommentiert und kritisiert zu werden, um nicht im nächsten Augenblick wieder zu verschwinden. Die Differenzen, die sich aus dem Fluss der Zeit, aus der ständigen, zeitlichen Verschiebung des Sinns ergeben, bedeuten noch nicht das Neue.“ (Groys 1992: 43).

Neuheit erfordert also, dass die Information *gleichzeitig* als vergleichbar mit vorhandener Information erkannt wird, und als unvergleichbar, weil ein Element des Unterschieds „zum wertvollen Anderen“ hinzugefügt worden ist. Dabei ist offen, ob das individuelle Verwender-Bewusstsein die andersartige Information als bekannt, neu oder unverständlich einordnet. Entscheidend ist die weitere Kommunikation der Verwender. Sie müssen in der Lage sein, die Information beschreibend wiedergeben oder sie sogar wiederholen können. Dann hat die neue Information die Chance, eine zeitlang Bestandteil der Kommunikation von Teilöffentlichkeiten zu sein – wie etwa im Fall von Moden – oder gar zu einem festen, kanonischen Bestandteil einer Gesellschaft zu werden.

Neuigkeiten werden von den Verwendern, die damit „etwas anfangen“ können, wiederholt. Sie verwenden sie, indem sie in ihrer eigenen Kommunikation Bezug nehmen. Das geschieht am einfachsten durch die Thematisierung in Kommentaren. Weitaus anspruchsvoller ist die Wiederholung des neuen Mitteilungsinhalts. Wirklich fortgesetzt wird eine Neuheit allerdings nur in Werken, die zwar auf den früher einmal neuen Inhalt Bezug nehmen, gleichwohl aber ihrerseits neue Unterscheidungen platzieren. Beispielsweise zitiert ein TV-Serien-Autor wie Josh Weeldon in *Buffy – The Vampire Slayer* die Werke von Filmregisseuren wie Quentin Tarantino und Howard Hawks, erfindet aber seinerseits völlig neue Handlungsstränge und Darstellungsweisen. Derartige Inhalte werden dann von Teenagern und von Feuilletonkritikern in ihren eigenen Äußerungen kommentierend und wertend verwendet.

Die Neuheit oder Neuigkeit wird, je nach ihrer Mitteilungsform, unterschiedlich zu einem *Inhalt* komponiert. Informationsinhalte zu aktuellen Ereignissen in der natürlichen oder gesellschaftlichen Umwelt heißen Nachrichten (oder *news*). Informationsinhalte, die ihren eigenen Unterschied durch den Aufbau von Spannung und Komik erzeugen, sind beispielsweise Krimis, Fußballspiele und *game-shows*. Sachbücher und Dokumentarfilme sind Inhalte, die eine neue Erkenntnis oder neues, überprüftes Wissen mitteilen. In jedem Fall ist Neuheit das entscheidende Wertungskriterium für das Interesse der Verwender.

Wie kommen die Verwender zu einer Einschätzung der vielen Informationen, die sie täglich erreichen? Neue Information bedeutet Vorteile im Kampf mit der Konkurrenz, gleichgültig in welchem Bereich. Außerdem füllt sie Zeit wirkungsvoll, weil Neugier befriedigt wird. Damit sind zwei Gründe genannt, die Menschen dazu bringen, einen Großteil der täglichen Aufmerksamkeit auf das Aufnehmen und Bearbeiten von Informationen zu richten (Franck 1998). Mitteilungen werden deshalb regelrecht nach Unterschieden abgesucht, die die vorhandenen Erwartungen bestätigen, von ihnen abweichen und sie vielleicht sogar verändern können. Bei komplexen Informationen, etwa einem Spielfilm wie *From Dusk till Dawn*, bleibt auch bei einer Wiederholung noch genug Unbemerktes, das für den Verwender neu ist. Er kann es dann, um beim Beispiel zu bleiben, professionell in einer Filmkritik verwerten oder seine an Tarantino interessierten Freunde darauf hinweisen.

### *3.4 Überraschung und Vernetzung*

Ein wesentlicher Aspekt für die subjektive Erfahrung von Neuheit liegt darin, dass sie nicht als objektive Eigenschaft, sondern als *Überraschung* empfunden wird. Irgendetwas, das in einem Informationsinhalt auftaucht, ist unerwartet oder zumindest nicht mit völliger Sicherheit erwartbar: das Ergebnis einer Landtagswahl, die filmische Gestaltung einer Liebesgeschichte, Verlauf und Ergebnis eines Sportereignisses, die Leistung eines Dirigenten oder die eines Quizkandidaten. Neuheit wird erlebbar als die Wahrnehmung des Unterschieds zwischen dem Vorher, als der Verwender etwas noch nicht verstanden hatte und deshalb noch nicht wusste, und dem Nachher, das eben durch die Neuheit vom Vorher unterschieden ist.

Das Phänomen der Überraschung ist ein Vorübergehendes, weil die gerade präsenten Inhalte ständig von anderen Inhalten aus der Aufmerksamkeit gedrängt werden. Es gibt nur wenige Informationsformen, die ihre Neuheit auch bei langfristiger Wiederholung aufrechterhalten. Die am höchsten geschätzten Werke der Kunst gehören dazu, etwa *Don Giovanni*, die *Divina Commedia* oder die *Mona Lisa*. Bei derart komplex komponierten Kunstwerken ist es möglich, dass sie durch einen ständigen Strom neuer Interpretationen immer wieder neue Unterscheidungen auslösen können. Besonders virtuose Darbietungen der Musik oder des Schauspiels bieten eine andere Version der Neuheit, denn in ihnen besteht immer die Unsicherheit des Scheiterns an den selbst gesetzten, exorbitant hohen Maßstäben. Im Fall der Formulierung von Naturgesetzen ist es die einmal gemachte Entdeckung wert, immer neuen Generationen von Schülern mitgeteilt zu werden.

Die Fortsetzung von neuen Informationsunterscheidungen geschieht, wie gesagt, durch Varianten der Verdoppelung und Vervielfachung. Ein Inhalt wird durch Thematisieren in einem anderen Medium der Verständigung verbreitet, oder durch Kopieren, also durch die Imitation seiner wichtigsten Elemente oder durch seine technische Vervielfältigung. Erst die Bezugnahme in der Fortsetzung zeigt, dass eine Mitteilung und einige der in ihr enthaltenen Informationsunterscheidungen im Kreis der Teilnehmer eines privaten oder öffentlichen Gesprächs verstanden wurden. Durch die Bezugnahme entstehen Verbindungen oder Fäden zwischen Mitteilungen. Sie werden durch Wiederholung gefestigt und durch Variation zu immer größeren Netzen erweitert. Innerhalb einer Gesellschaft lassen sich vielfältige Netze solcher gemeinsamer Bezugnahmen identifizieren. Die Grenzen der Netze können territorial sehr weit sein, wie im Fall ganzer Sprachgemeinschaften, deren Mitglieder durch Verbreitungsmedien verbunden sind, oder ortlos und rasch fluktuierend, wie im Fall von Musikszenen oder *filesharing communities*. Wir werden darauf in späteren Kapiteln zurückkommen.

### *3.5 Ausblick auf die folgenden Kapitel*

Für das Verständnis des Geschehens auf Märkten für Informationsmedienprodukte hat die hier entwickelte Theorie einer Kommunikation, an der sich die Käufer der Produkte beteiligen, indem sie neue Inhalte suchen und sie dann selbst verwenden, weit reichende Implikationen. Sie bestimmen die Abfolge und den Inhalt der folgenden Kapitel.

Die Auswirkungen von Neuheit, etwa die Erfahrung von Überraschung oder die Verbreitung über Netzwerke, können in Begriffe gefasst werden, die mit konventionellen ökonomischen Darstellungen kompatibel sind. In Kap. 2 werden diese Auswirkungen in drei Besonderheiten der Märkte für neue Informationsgüter gebündelt.

Die Welt der sich ständig erneuernden Information ist die Umwelt, in der Informationsgüter angeboten und gekauft werden. Die Käufer bezahlen für neue Mitteilungen, die sie oder andere über wahrscheinliche Veränderungen der materiellen und informationellen Welt informieren. Sie bezahlen auch für Informationsinhalte, die um ihrer selbst willen Aufmerksamkeit finden, wie bahnbrechende wissenschaftliche Erkenntnisse, unglaubliche Kunstwerke und spannende Unterhaltungsprogramme. Unser Interesse konzentriert sich auf alle Informationsprogramme, die in vervielfältigter Form hergestellt und verwendet werden. Kapitel 3 ordnet die Abfolge der Märkte zwischen Urhebern, Herstellern, Verteilern und Verwendern von Medienprodukten erst modellhaft. Dabei wird der Begriff der „Qualitätsarena" eingeführt, über den es gelingt, die Wertschöpfungskette zur „Neuheitsspirale" zu erweitern. Außerdem berichtet Kap. 3 über die Marktanteile der Unternehmen, die auf globalen und auf deutschen Medienmärkten agieren.

Die Kapitel 4, 6 und 8 zeichnen die „Neuheitsspirale" nach, entlang derer sich die Märkte der Medienwirtschaft gebildet haben, theoretisch und, zumindest beispielhaft, auch empirisch. Die Kapitel 5 und 7 beschäftigen sich mit zwei weiteren Märkten, die nicht notwendiger Bestandteil der Wertschöpfung sind, ohne deren Kopplung jedoch keine Medienmärkte existieren würden. Der Erste ist der Markt für Werbeinhalte, der Zweite der Markt für die Geräte und Kanäle, mit denen Informationsinhalte aufgenommen, vervielfältigt und empfangen werden.

Die kommunikationstheoretische Beobachtung orientiert sich prinzipiell an Unterscheidungen. Deshalb sind Informationen, die außerhalb, also in der Umwelt der Medienwirtschaft entstehen, notwendiger Bestandteil der Erklärung. Das gilt insbesondere für Wettbewerbe um die „Qualität" bestimmter Inhalteformate, die nach selbst gegebenen Regeln gespielt werden. Die Gewinner tauchen dann wieder als Anbieter auf den Medienmärkten auf. In Kap. 9 werden Erkenntnisse zur Rolle von Wertungsarenen zusammengetragen. In Kap. 10 wird die politische Umwelt berücksichtigt. Ohne diese Dimension ließen sich die institutionellen Gegebenheiten in Medienmärkten, gleichgültig in welchen Ländern, kaum schlüssig erklären.

## Literatur

Albarran, A. (2002). *Media Economics. Understanding Markets, Industries and Concepts.* Ames, Iowa State University.

Bateson, G. (1979). *Mind and Nature. A Necessary Unity* New York, Dutton.

Franck, G. (1998). *Ökonomie der Aufmerksamkeit.* München, Carl Hanser.

Groys, B. (1992). *Über das Neue. Versuch einer Kulturökonomie.* München, Carl Hanser.

Heinrich, J. (1999). *Medienökonomie, Bd.2: Hörfunk und Fernsehen.* Opladen, Westdeutscher Verlag.

Heinrich, J. (2001). *Medienökonomie, Bd.1: Mediensystem, Zeitung, Zeitschrift, Anzeigenblatt.* Opladen, Westdeutscher Verlag.

Kiefer, M.-L. (2001). *Medienökonomik. Einführung in eine ökonomische Theorie der Medien.* München, Oldenbourg.

Luhmann, N. (1997). *Die Gesellschaft der Gesellschaft*. Frankfurt, Suhrkamp.

Machlup, F. (1962). *The Production and Distribution of Knowledge in the United States*. Princeton, Princeton University Press.

Owers, J., R. Carveth et al. (1998). *Media Economics. Theory and Practice*. Mahwah, Lawrence Elbaum.

Picard, R. G. (1989). *Media Economics: Concepts and Issues*. Newbury Park, Sage.

Porat, M. (1967). *The Information Economy*. Stanford, Stanford University.

Seufert, W. (2000). „The Development of the Information and Communications Sector in Germany." *Vierteljahrshefte zur Wirtschaftsforschung* 69(4): 491-509.

Stiglitz, J. (2000). „The Contributions of the Economics of Information to Twentieth Century Economics." *Quarterly Journal of Economics* 114: 1441-1478.

# 2. Die ökonomisch relevanten Besonderheiten der Informationsgüter

## Einleitung

Dieses Kapitel soll eine Brücke schlagen zwischen den abstrakten Kategorien der Kommunikationstheorie und den konkreten Vorgängen auf einzelnen Märkten der Medienwirtschaft. Informationsinhalte sind keine materiellen, greifbaren Objekte, sondern ungreifbare Bewusstseinszustände. Dennoch gibt es eine Nachfrage nach solchen Zuständen, und Märkte entstehen dort, wo es trotzdem gelingt *Transaktionen* durchzuführen. Die Art und Weise wie sich das Verhalten der Akteure auf die Eigenarten der Produktion von neuen Inhalten einstellt, und wie sie von den Regeln der betreffenden Märkte abgebildet werden, macht die Eigenart der Medienwirtschaft aus. Dabei sei noch einmal darauf hingewiesen, dass mit der Betonung neuer Ideen, Entdeckungen und Werke in den Kreativ- oder Kulturindustrien keineswegs unterstellt wird, dass in allen anderen Branchen – beispielsweise in der Landwirtschaft, im Autobau oder in der chemischen Industrie – geistige Schöpfungen keine Rolle spielen. Jede dieser Branchen ist durchtränkt mit Information, und doch hat diese Beobachtung bislang in der theoretischen Modellierung bislang kaum Spuren hinterlassen.

Richard Caves (Caves 2000) hat diese Eigenarten der Medienproduktion und –konsumtion erstmals umfassend dargestellt. Er definiert sieben Eigenschaften, die den Unterschied zwischen den Branchen, in denen neue geistige Schöpfungen das Geschehen bestimmen – und all den anderen Branchen ausmachen. Caves sieben Eigenschaften werden im Folgenden auf eine Weise gebündelt, die sie zu drei Besonderheiten reduziert. *Nobody knows* und *infinite variety* befördern das Auftauchen *überraschender Gewinner* (Kap. 2.1). Gemischte Teams (*motley crew*) und zeitliche Koordination (*time flies*) tragen zu den *Größenvorteilen der Vervielfältigung* bei (Kap. 2.2). Die Trennung in Qualitätsstufen (*A-List/B-List*) und die potentiell endlose Nutzbarkeit von einmal geschöpften Werken (*ars longa*) sind Teil der *Öffentlichkeit* von Informationsgütern (2.3). Die siebte Eigenschaft, *art for art's sake*, wird in Kap. 9 wieder auftauchen.

Im Folgenden werden wir auf eine jede der drei Besonderheiten genauer eingehen.

## 1. Überraschende Gewinner

### *1.1 Vom überraschten Konsumenten zum überraschend erfolgreichen Produkt*

Allein die Eigenschaft der Überraschung ließe sich noch in den Kategorien traditioneller Theorie darstellen. Bei Ernten sorgt das Wetter für Überraschungen, bei der Suche nach Ölquellen ist der Zufall nicht auszuschließen. Gewisse Risiken müssen eben mitkalkuliert werden, und der Einsatz wird dann von unerwartet hohen Erträgen belohnt. Wir beobachten in solchen Branchen, statistisch gesprochen, eine normale glockenförmige Verteilung der Erfolgswahrscheinlichkeiten: Ein bescheidener Ertrag hat die größte Wahrscheinlichkeit, mit abnehmender Wahrscheinlichkeit treten zunehmende Ertragsabweichungen nach unten oder nach oben auf. Eine wichtige Konsequenz solcher Verteilungen liegt darin, dass der kalkulierbare Erwartungswert solcher Unternehmungen gleichzeitig der wahrscheinlichste Wert ist: in beiden Fällen liegt der Wert auf der Kuppe der Verteilungsglocke (Siehe die linke Verteilung in Abb. 2.1).

Das ist bei vielen Informationsgütern anders. Insbesondere bei einmaligen Werken, etwa Romanen, Filmen oder Musikalben, herrschen enorme Varianzen in den eingespielten Einnahmen. Im Wettbewerb der neuen Inhalte um die Aufmerksamkeit und die Kaufkraft der Nutzer gibt es eindeutige Gewinner. Diese Eigenschaft trifft allerdings periodisch verteilte Mediengüter, etwa Zeitungen und Krimiserien, in geringerem Maß.

Der Grund für die eindeutigen Gewinner liegt im Überraschungscharakter von Kommunikation. Autoren und andere Urheber bieten neue Inhalte an. Für die Konsumenten und auch für die Unternehmen, die die Konsumenten mit neuen Informationsgütern versorgen, sind diese Inhalte erst einmal unbekannt. Die Kombinationsmöglichkeiten, die sich innerhalb eines bildlichen, musikalischen oder literarischen Ausdrucksmediums ergeben, sind prinzipiell unendlich. Deshalb müssen die Inhalte Bestandteile enthalten, die verständlich sind und die dadurch demjenigen, der den Inhalt verstehen will, eine Struktur der Interpretation liefern. Mitteilungen sind deshalb so konstruiert, dass sie für die Verwender vertraute und erwartbare Bestandteile haben. Aber gleichzeitig müssen sie auch Teile haben, die für die Konsumenten neu sind, die also von denen, die sie wahrnehmen, zum ersten Mal verstanden werden. Beispielsweise bleiben das Erscheinungsbild und die Floskeln einer Nachrichtensendung immer gleich, und doch können konkurrierende Sendungen diese Versatzstücke so verändern, dass sie „neu“, und damit andere Formate dagegen „alt“ aussehen. Das Neue kommt in den vorhandenen Erwartungen nicht vor. Auch die Nachfrager wissen nicht, ob sie eine Veränderung übersehen, sie als störend oder als neu wahrnehmen werden. Das Gefühl der Überraschung entsteht im Moment des Erkennens der neuen Interpretationsmöglichkeit. Solche Überraschungen sind der Grund, warum dann auch die Gewinner im Markt für Teilnehmer und Beobachter überraschend sind.

Oft ist es so, dass das Neue nicht einmal erwünscht ist. Erst in der Erfahrung mit einem neuen Inhalt stellt sich heraus, ob die darin enthaltene Variation als Vorteil und Nutzengewinn gesehen wird. Dabei ist es häufig gerade bei grundlegenden Neuheiten der Fall, dass auf eine spontan ablehnende Reaktion eine sich langsam durchsetzende Akzeptanz folgt. Eine wichtige Rolle spielen dabei die Reaktionen im eigenen sozialen Umfeld, weil der Konsum von Informationsgütern immer auch seinerseits Information über die Stellung innerhalb dieses Umfelds enthält. Taucht der neue Inhalt wiederholt im eigenen Umfeld auf, dann bekommt er die „Chance des zweiten Blicks". Umgekehrt kann ein neuer Effekt, durch begleitende Werbung angekündigt, von den Verbrauchern zwar sehr schnell verstanden, aber ebenso schnell als unerheblich eingeschätzt und vergessen werden.

Medienunternehmen müssen Inhalte selektieren, die ihnen auch abgekauft werden. Unter den geschilderten Umständen gelingt es nur schwer, erfolgreiche Entscheidungen zu treffen. Der Ausspruch *„Nobody knows anything"* ist in den kreativen Industrien zum geflügelten Wort geworden. Welcher Song zum Hit wird, welcher Roman auf den Bestsellerlisten landet und welches TV-Format vom Publikum angenommen wird, bleibt immer noch überraschend, und deshalb bleibt jede Entscheidung zum Ankauf eines Inhalts und zur Investition in seine Produktion und Vermarktung riskant.

### *1.2 Ereigniswahrscheinlichkeiten in Nabennetzwerken*

Allerdings lässt sich über die Medienmärkte doch mehr sagen, als dass auf ihnen die Erträge riskant sind. Die Verteilung der Erträge folgt anscheinend einer Funktion, bei der wenige Ereignisse mit sehr hohen und viele Ereignisse mit geringen oder negativen Erträgen registriert werden. Dieses Phänomen ist in der Wirtschaftstheorie unter dem Stichwort „Superstar-Phänomen" untersucht worden (Rosen 1981). Arthur De Vany's Studien zur Filmindustrie in Hollywood haben den tatsächlichen Zusammenhang zwischen Gewinnern und dem Anteil ihrer Erträge an den Gesamteinnahmen statistisch präzisiert: danach haben beispielsweise in den 1990er Jahren 6,3% der erschienenen Filme 80% der Gewinne erzielt (De Vany 2004).

De Vany kommt zu dem Schluss, dass die Ertragsergebnisse anstatt der üblichen Gauss-Verteilung einer so genannten *Power-Law*-Verteilung folgen. Gauss-Verteilungen weisen einen charakteristischen Durchschnittswert auf, um den herum sich Abweichungen symmetrisch mit abnehmender Wahrscheinlichkeit verteilen. *Power-Law*-Verteilungen weisen keine relevanten Durchschnittswerte auf. Wenige Ereignisse mit hohen Werten sind mit vielen, um Größenordnungen niedriger bewerteten, Ereignissen verknüpft. Der Zusammenhang wird logarithmisch abgetragen. Die *Power-Law*-Verteilung ist also eine exponentielle Verteilung – daher auch ihre Bezeichnung – bei der die Breite des Funktionsastes, in dem sich fast alle Ereignisse befinden, durch den Wert des Exponenten angegeben wird (De Vany 2004: 211-18).

Die Studien von De Vany ermöglichen es wegen ihrer formalen Genauigkeit, die Verbindung zu neueren Ergebnissen der Netzwerkforschung zu schlagen, mit denen das Auftreten überraschender Gewinner plausibel und präzise erklärt werden kann. Wegen ihrer Bedeutung für alle Netzwerkstrukturen, die in der Medienwirtschaft eine Rolle spielen, sollen diese Ergebnisse hier etwas genauer dargestellt werden.

Im Zentrum stehen dabei die Arbeiten im Umfeld des Netzwerkforschers Alfred-László Barabási. Er analysiert Netzwerke, deren Knoten und Verbindungen in einem ungeplanten, oft durch einen scharfen Wettbewerb der Netzwerkteilnehmer gekennzeichneten Prozess wachsen. Dabei nimmt er an, dass es für Knoten des Netzes vorteilhaft ist, sich mit Knoten zu verbinden, die bereits über mehr Verbindungen verfügen als andere (*preferential attachment*). Unter diesen beiden grundlegenden Bedingungen entwickeln sich Netze, die genau die Form der Verteilung der Verbindungen aufweisen, die De Vany bei der Verteilung der Filmerträge festgestellt hat: Wenige Knoten bündeln einen hohen Prozentsatz der gesamten Verbindungen, während viele Knoten nur über wenige direkte Verbindungen verfügen, aber über die *hubs* oder „Naben" des Netzwerks alle anderen Knoten in wenigen Schritten erreichen können. Typische Beispiele für solche Netzwerke sind die Flugroutenstrukturen der Fluggesellschaften, von denen auch der Begriff der *hubs* entlehnt ist oder die Verteilung der Zugriffe auf bestimmte Seiten im *World Wide Web*. Abb. 2.1 zeigt den Unterschied zwischen Normalverteilung und *Power-Law*-Verteilung und illustriert ihn mit einem Beispiel. Barabási schreibt dazu:

> „Die Verteilung der Verbindungen in einem Zufallsnetzwerk folgt einer Normalverteilung, bei der viele Knoten eine ähnliche Anzahl von Verbindungen haben. Ein Zufallsnetzwerk ähnelt einem Straßennetz, bei dem Städte die Knoten und Autobahnen die Verbindungen sind. Dagegen haben skalenfreie Netzwerke viele Knoten mit wenigen Verbindungen und einige wenige Nabenknoten (*hubs*) mit sehr vielen Verbindungen. Das Netzwerk ähnelt einem Flugverkehrssystem, bei dem kleine Flughäfen an wenige große Drehkreuz-Flughäfen angeschlossen sind" (Barábasi 2002: 71 Übersetzung M. H.).

Barabási führt zahlreiche weitere Beispiele für Nabennetzwerke im organischen, technischen und sozialen Bereich an. Bei Internet-Routern, bei Filmschauspielern, beim Gebrauch von Wörtern einer Sprache und bei der Anzahl sexueller Kontakte kann beobachtet werden wie bei Geräten, Personen, Zeichenbedeutungen und Geschlechtsverhalten wenige Großknoten mit sehr vielen Kleinknoten verbunden sind. Solche Netze sind sehr robust gegenüber Störungen, weil die meisten zufallsverteilten Ausfälle nur Kleinknoten betreffen, und die Großknoten immer in hinreichender Zahl existieren, um sich gegenseitig substituieren zu können. Wir haben es also mit einer Struktur zu tun, die zwar auf der Ebene der Wahrscheinlichkeit, mit der ein bestimmtes Verbindungselement zu einem zentralen oder zu einem peripheren Netzknoten wird, viel Zufälligkeit aufweist, die aber als vollständige Form mit hoher Zwangsläufigkeit auftritt. Dass es wenige Gewinner und viele Verlierer im Verlauf einer Saison geben wird, ist sicher. Wer die erfolgreichen Knoten sein werden, bleibt überraschend. Die Überraschung tritt bei einzelnen Filmen oder Musikalben im Verlauf weniger Monate auf, bei Unternehmen sind dafür Jahre nötig.

Das Phänomen der überraschenden Gewinner lässt sich also analytisch aufschlüsseln, wenn wir uns die Beziehungen zwischen den Verwendern als eine Struktur vorstellen, die den Gesetzmäßigkeiten eines spontan wachsenden Nabennetzwerks folgt. Die Verwender sind andauernd von einem Überfluss an Inhalten

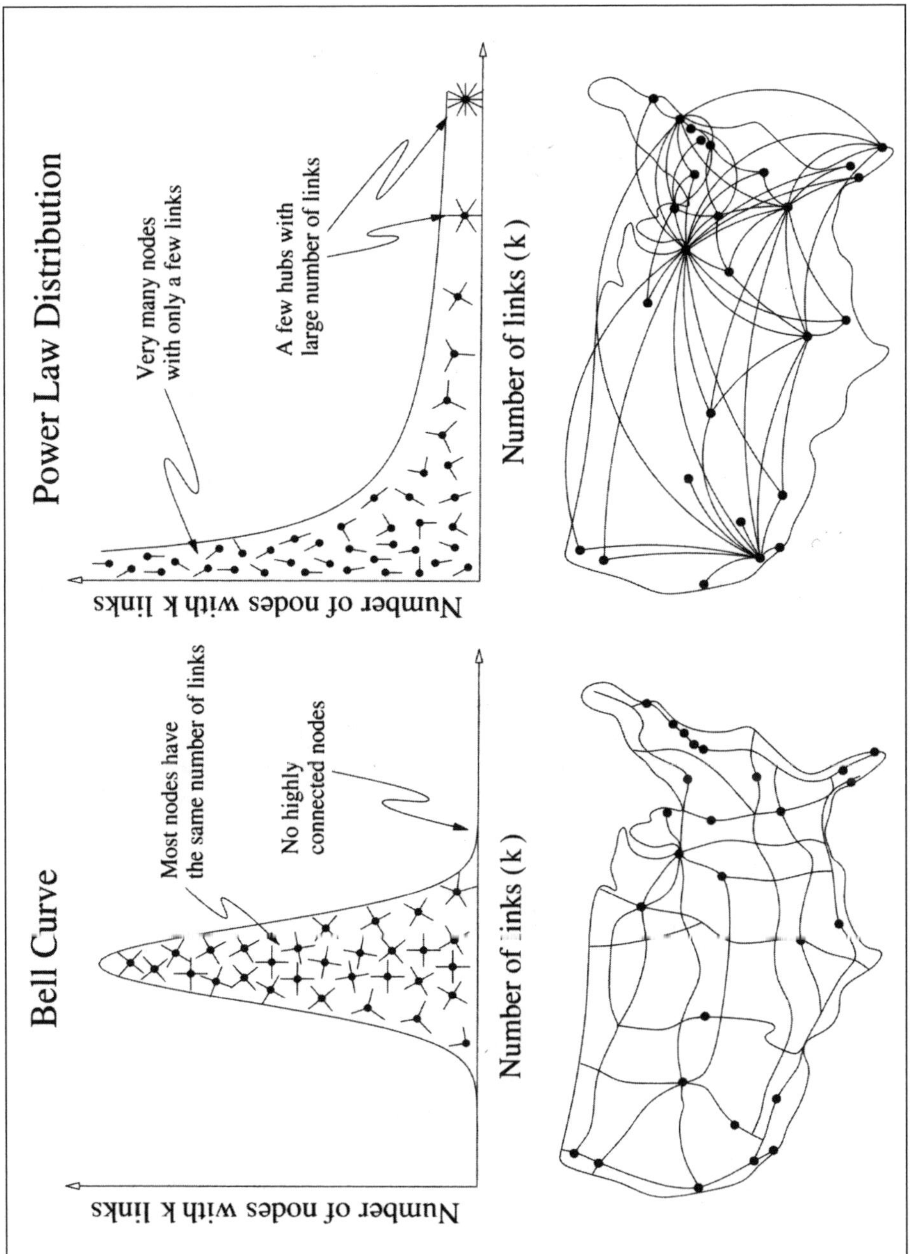


Abb. 2.1: Normalverteilung, *Power-Law*-Verteilung und Beispiele
Quelle: Barabási 2002: 71

umgeben. Nicht nur kommerzielle Inhalte konkurrieren dauernd um Zuschauer, Hörer und Leser, Menschen kommunizieren auch privat und beanspruchen dafür gegenseitig zumindest ihre knappe Zeit.

Die Hinwendung der Aufmerksamkeit zu erfolgreichen Inhalten entspricht der Regel des *preferential attachment*, weil der erfolgreiche Inhalt bei sehr vielen Gesprächspartnern zum Gegenstand der eigenen, privaten Kommunikation gemacht werden kann. Wenn der Bekanntheitsgrad eines Films hoch ist, dann ist eher zu erwarten, dass ein Gesprächspartner ihn auch gesehen hat oder zumindest etwas darüber gehört hat. Also sind viele Akteure über den Film, der nun für eine gewisse Zeitspanne Nabenfunktion hat, mit anderen Akteuren verbunden. Mediensoziologen sprechen wegen der spezifischen Dynamik von einem Ansteckungseffekt, bei dem die Zugriffszahlen auf einen bestimmten Inhalt innerhalb eines Verwenderkreises rapide zunehmen, und dann langsam wieder sinken (Kretschmer, Klimis et al. 1999).

Die Verteilung der Zugriffe auf bestimmte Inhalteprodukte, macht wenige Produkte zu „Hits". Die Menge an potentiellen Verknüpfungen zwischen den Produktverwendern konstituiert die Gewinner und damit die Großknoten des Netzwerks. Alle anderen Produkte verknüpfen ihre Urheber mit wenigen Verwendern, und tauchen entsprechend selten in der Kommunikation zwischen Verwendern auf. Sie stellen im Diagramm der *Power-Law*-Verteilung von Verknüpfungshäufigkeiten den Ast der Inhalte dar, die in Kopienzahlen von wenigen Tausend Verbreitung und Interesse finden. Eine große Zahl kleiner Gemeinschaften (*communities*) von Verwendern ist so miteinander verknüpft.

Das Grundmuster bei der Markteinführung und -durchsetzung neuer Werke ist allen Beteiligten bekannt: Sie wissen, dass kreative Leistungen eine endlose Vielfalt von Variationen erzeugen können. Sie wissen auch, dass wenige Werke weit überproportionale Erträge generieren werden, aber keiner weiß verlässlich, welche unter den neu angebotenen Werken es schaffen, zum *hub* der Verknüpfungen zwischen den Teilnehmern einer *community* zu werden. Daraus resultiert ein gravierendes Entscheidungsproblem für die Medienunternehmen: Der Erwartungswert, also der Wert, zu dem sich die mit ihren Wahrscheinlichkeiten gewichteten Erträge aufaddieren, liegt höher als der Durchschnittswert, also der Wert, der sich im Mittel der tatsächlich realisierten Erträge ergibt. Der Durchschnittsertragswert aller realisierten Filmprodukte liegt unter Null. Der Erwartungswert neuer Produkte ist nach oben verzerrt, weil alle großen Erfolge bekannt sind, während die meisten kleinen Erfolge und Verluste unbekannt bleiben. Wegen des überhöhten Erwartungswerts werden deshalb immer wieder Investitionen für neue Projekte realisiert, obwohl der negative Durchschnittswert signalisiert, dass die Mehrzahl der Projekte Verluste einfährt.

### *1.3 Unternehmensstrategien*

Unter derartigen Bedingungen verwundert es auf den ersten Blick, dass es überhaupt Unternehmen gibt, die die systematische Überschätzung zukünftiger Erträge überleben. Das liegt erst einmal an den Finanzierungsbedingungen in den Branchen, die insbesondere einmalige Inhalte herstellen. Der besondere Reiz der Investition in riskante Projekte mit hoher Aufmerksamkeit in der Öffentlichkeit – selbst wenn sie scheitern sollten – lockt Investoren an, die die Kosten gerne tragen oder sie gar steuerlich geltend machen können (Vogel 2002). Zum anderen gibt es eine Reihe von Strategien, um in diesem Umfeld als Unternehmen erfolgreich operieren zu können.

1) Begleitende Werbung kann tatsächlich neuen Produkten den für Gewinner nötigen Startvorsprung verschaffen. Allerdings gelingt es zahlreichen Inhalten, Gewinnerpositionen auch ohne solche Strategien zu entwickeln. Anscheinend ist in solchen Fällen die positive Mund-zu-Mund-Kommunikation in sozialen Netzwerken mindestens so effektiv wie künstlich generierte Informationskaskaden. Sie lenkt die Aufmerksamkeit auf Werke, in denen ihre Verwender das Neue zumindest soweit entdeckt haben, dass sie darüber berichten können. Bei denjenigen Filmen, bei denen die versprochene Überraschung nicht geliefert wird, führt die Enttäuschung zu negativer Propaganda, und so nähern sich nach den ersten Aufführungstagen die Erträge an der Kinokasse gleichmäßig und asymptotisch dem Nullpunkt (De Vany 2004: 138).

2) Eine grundlegende Strategie der Risikobewältigung besteht darin, ein Portfolio von Projekten mit unterschiedlicher Risikostruktur (Laufzeit, Volatilität, Ertragsart) zu betreiben. Angesichts der großen Risikostreuung übersteigen die notwendigen Finanzmittel, etwa bei Filmproduktionen und Fernsehprogrammen, die Möglichkeiten von mittelständischen, auf eine Medienform spezialisierten Unternehmen. Also setzen sich auf den einzelnen Medienmärkten größere Aggregationen von Finanzmacht durch. Organisiert als Aktiengesellschaft oder Beteiligungsfonds aktivieren sie das notwendige Fremdkapital, um optimal breite Produktionsportfolios zu betreiben (Vogel 2002).

3) Die Entwicklung verschiedener Technologien zur Verbreitung von Inhalten hat dazu geführt, dass viele der einmaligen Inhalte in einem anderen Medium wiederholt und verkauft werden können. So entstehen bei Filmen Einnahmen durch Videoverleih und Senderechte, die schließlich doch noch die Kosten der Produktion und der Filmvermarktung decken. Allerdings eignen sich Filme für solche Verwertungsketten deutlich besser als Romane. Außerdem steigern die Zweitverwertungen eher die Gewinne der Gewinnerprodukte als die Erträge von Inhalten, die immer noch niemand kennt.

4) Innerhalb eines Unternehmens gelten für den einzelnen Entscheider oft sehr viel einfachere Verhaltensregeln. Bei jedem Projekt geht es für ihn darum, das Risiko, das er im Auftrag des Unternehmens eingeht, plausibel zu machen und nach Möglichkeit zu minimieren. Überlegungen, die ein Vertrauen in die Entdeckerqualitäten der Verwender voraussetzen, haben dabei geringe Chancen. Vernünftiger ist es, Produkte mit geringem Neuheitsgrad einem wohl bekannten Zielpublikum anzubieten. Wenn ein gewagteres Projekt vorgeschlagen wird, dann hilft der massive Einsatz von Promotionsmaßnahmen gegen spätere Vorwürfe, man hätte zu wenig für die Durchsetzung des Inhalts getan.

## 2. Größenvorteile der Vervielfältigung

Größenvorteile bei der Produktion und Verteilung von *Content*-Gütern sind ein wesentliches Strukturmerkmal des Wettbewerbs in der Medienwirtschaft. Sie haben zwei primäre Ursachen: Unteilbarkeit beim Erstellen eines Inhalts und damit verbundene degressive Kosten der Vervielfältigung des Inhalts, und Netzeffekte bei seiner Verteilung. Es sei darauf hingewiesen, dass die Größenvorteile von denen hier die Rede sein wird, nicht identisch sind mit Skalenerträgen. Skalenerträge sind definiert als überproportionaler Output, der bei der Vervielfachung einer spezifischen Kombination von Inputfaktoren entsteht. Um eine derartige Vervielfachung fixer Kombinationen geht es hier nicht.

### *2.1 Unteilbarkeiten*

Neues muss erkennbar und später wieder erkennbar sein als eine Form oder Gestalt, die sich vom bisher Wahrgenommenen unterscheidet, aber dennoch verständlich ist. Bei jedem Inhalt haben wir ein feines Gespür für Vollständigkeit. Ein Rap-Song wird durch eine Kombination von Text, Stimmeinsatz und Musikhintergrund erkennbar, ein Kriminalroman durch Handlungskonstruktion, Stil und Auflösung. Wir bemängeln, wenn ein Film kein „Ende“ hat oder ein Bild „unfertig“ ist. Diese Eigenschaft von Inhalten bedingt abhängige Verflechtungen der Produktion in den Medienbranchen. Sie erfordert beispielsweise eine bestimmte Zusammenstellung der kreativen Talente, die einen Film, ein Musikalbum oder ein Nachrichtenmagazin produzieren. Erst die Kombination heterogener Fähigkeiten und Kompetenzen ergibt Produktionsteams, die „komplette“ Werke abliefern können – bei der Aufnahme einer Oper ebenso wie bei einem Spielfilm oder einer Comic-Serie. Die Kombination der Einzelkompetenzen führt zu Mindestgrößen. Es ist zwar immer möglich, dass etwa Autoren, Musiker oder Maler ohne solche Teams auskommen. Aber wann immer Ereignisse für Zwecke der Vervielfältigung produziert werden, kommen Drehbuchschreiber, Arrangeure und Designer nicht mehr um den Aufbau und den zumindest temporären Erhalt eines gemischten Teams, also einer *motley crew*, nicht herum.

Des Weiteren erfordert die Produktion einen technischen Apparat, um ein bestimmtes Erscheinungsbild zu erzeugen. Die Kosten für die Ausrüstung, mit der das Originalereignis erst aufgenommen und dann vervielfältigt wird, sind geprägt von den Unteilbarkeiten der jeweiligen Technologie: Druckstraßen, Senderketten und Presswerke haben mindestoptimale Betriebsgrößen. Diese Unteilbarkeit scheint bei allen industriellen Produktionsanlagen aufzutauchen. Der Unterschied liegt in den geringen variablen Stückkosten, die bei Vervielfältigungsprozessen anfallen. Im Fall digitaler Technologien geht dieser Kostenfaktor gegen Null. Das Resultat sind hohe Fixkosten, die am Anfang des Herstellungsprozesses aufgebracht werden müssen. Mit jeder weiteren Kopie sinken dann die durchschnittlichen Stückkosten. Die Durchschnittskosten nehmen daher mit der produzierten Menge beharrlich und asymptotisch ab.

Eine solche Kostenstruktur ist die Ausgangssituation des Wettbewerbskonzepts eines natürlichen Monopols. Von einem „natürlichen Monopol" wird dann gesprochen, wenn das gesamte Nachfragevolumen für ein Gut durch die Ausbringung eines einzigen Anbieters befriedigt werden kann (Knieps 2001). Da die Durchschnittskosten beim natürlichen Monopolisten beständig sinken und sich so dem Nullpunkt nähern, gibt es unter den gegebenen Nachfragebedingungen auch keinen Wettbewerber mit nur annähernd ähnlich niedrigen Durchschnittskosten. Das macht den Wettbewerber, der seinen Größenvorteil nutzt, zum Monopolisten. Der Ausfall des Wettbewerbs führt dann dazu, dass der Monopolist nicht seinen Kostenvorteil an die Konsumenten weitergibt, sondern denjenigen Preis durchzusetzen versucht, bei dem ihm die Kombination von Preishöhe und verkauftem Gütervolumen den größten Gewinn verschafft. Wir werden solche Situationen in den meisten der Märkte, die in den nächsten Kapiteln untersucht werden, wieder finden – allerdings selten bei den Urhebern, vermehrt bei den Herstellern und häufig bei den Verteilern von Medieninhalten.

## 2.2 Netzeffekte

Die einmal geschaffenen Originale werden – in Form eines geeigneten Mediums, in das sie transformiert werden – wiederholt und als Kopien verteilt. Das Medium ist entweder ein Trägerstoff oder ein physikalisches Netzwerk, über das die Wiederholungen oder Kopien die Verwender erreichen. Dazu dienen elektrische Kabel und andere Leitungen, aber auch elektromagnetische und optische Übertragungsverfahren. All diese Netze zeigen die typischen Eigenschaften von Nabennetzwerken: Der größte Teil des Verkehrs läuft über wenige Hauptstränge oder Sender, der Rest verteilt sich auf kleine, interaktive Verbindungen.

Zu den Größenvorteilen der Vervielfältigung, die durch die hohen Fixkosten bedingt sind, treten also die Effekte, die sich auf die Vorteile von Großknoten in der Operation von Verteilungsnetzwerken zurückführen lassen. Die Unternehmen stellen die Übertragungskanäle zur Verfügung, über die die Verwender auf die

Produkte zugreifen können. Zur Telekommunikationsstruktur, die die Verbindungen schafft, müssen sie außerdem Informationstechnologien einsetzen, die die Leistung der Knoten – Aufnahme, Verarbeitung, Wiedergabe – erzeugen. Das Gesamtvolumen des ITK-Sektors übertrifft das der Medienwirtschaft bei weitem (vgl. Kap. 1). Die unumgängliche Kopplung der kreativen Produkte an ihre technische Form der Übertragung und des Empfangs führt zwangsläufig zu Unternehmensvarianten, bei denen entweder Inhalteproduzenten Vertriebskanäle und Endgeräte dazukaufen, oder ITK-Unternehmen die Inhalteproduktion internalisieren, um ihre Übertragungskapazitäten auszulasten.

Große Netze können nicht nur mit geringeren Durchschnittskosten bereitgestellt werden. Mit der Größe des Netzes steigt auch der Nutzen für die Verwender. Der Wert wächst dabei exponentiell mit der Zahl der Teilnehmer. Die einfachste Formulierung findet sich in *Metcalfe's Law*, wonach der Wert eines Netzwerks mit dem Quadrat der Zahl der Nutzer ansteigt (Shapiro und Varian 1999). Produkte, denen große Netze zur Verfügung stehen, haben deshalb deutlich bessere Chancen, zu einem Hit oder zum Standard ihres Genres zu werden.

Schon die Investitionsportfolios, die aufgrund der Risikostruktur von Mediengütern entstehen, bedingen Unteilbarkeiten, die zu Wettbewerbsvorteilen für große Unternehmenseinheiten führen. Nun sind Größenvorteile in Produktion, Vervielfältigung und Vernetzung als weitere Ursache dafür identifiziert, dass in den einzelnen Medienmärkten wenige Unternehmen die Herstellung und Verbreitung neuer Inhalte dominieren. Das bedeutet aber, wie wir in späteren Kapiteln sehen werden, nicht notwendigerweise, dass dort unangreifbare Monopole entstehen. Wenn gleichzeitig die Bedingung der überraschenden Gewinner gilt, dann operieren selbst große Unternehmen unter der ständigen Drohung, dass Marktanteile von einem der anderen, ähnlich großen Unternehmen übernommen werden, oder dass kleine Unternehmen in der Lage sind, rasch Märkte für spezielle kreative und technische Produkte zu besetzen. Dadurch wird die Neigung zum überhöhten Preis in Schach gehalten. Große Unternehmen befinden sich außerdem in der Gefahr, die nächste Welle der Neuerung zu übersehen und dadurch langfristig aus Märkten gedrängt zu werden.

# 3. Öffentlichkeit von Information

## *3.1 Informationsgüter als öffentliche und private Güter*

Der Begriff des „öffentlichen Gutes“ ist in der Wirtschaftstheorie erst vor etwa 50 Jahren aufgetaucht. Davor war man der Meinung, dass es nur einen wirtschaftlich relevanten Typ von Gütern gibt, nämlich die privaten Güter. Die Bedeutung von „privat“ war historisch sehr langsam entwickelt worden. Im alten römischen Recht galt etwas als „privatus“, wenn es aus dem imperialen Autoritätszugriff herausgelöst worden war. Im Verlauf der Neuzeit vergrößerte sich der Kreis der mobilen und immobilen Güter, auf die ein separates Privateigentum beansprucht werden konnte. Erst im 19. Jahrhundert hatte sich die Rechtsauffassung in Europa so weit gewandelt, dass die Vollständigkeit der Ansprüche auf sämtliche Nutzungsmöglichkeiten einer Sache legitim wurde. In der Welt der ökonomischen Modelle werden inzwischen private Güter, also Güter, über die deren Eigentümer vollständige Verfügung haben, vorausgesetzt.

Die Identifikation öffentlicher Güter trägt dem Umstand Rechnung, dass Privatheit in der Regel eine Eigenschaft voraussetzt, die nicht bei allen Gütern gegeben ist: diese Eigenschaft ist die Rivalität im Konsum. In anderen Worten: Güter können in der Regel nur einmal verbraucht werden. Das gegessene Brötchen, das verbrauchte Öl, die ausgeführte Operation – in jedem Fall rivalisiert der Konsum eines Nutzers mit dem Konsum aller anderen potentiellen Nutzer. Diese Eigenschaft ist aber nicht allen begehrenswerten Objekten und Leistungen gegeben. Viele davon sind nicht-rivalisierend im Konsum und damit öffentlich: der Spaziergang im Park, der Besuch eines Konzerts, das Lernen eines Kochrezepts. Die Nicht-Rivalität im Konsum ist auch der Grund, warum im Zusammenhang mit Informationsprodukten genauer von „Verwendern" statt von „Verbrauchern" gesprochen wird.

Die Eigenschaft der Öffentlichkeit kann verhindern, dass sich Unternehmer finden, die derartige Objekte oder Leistungen bereitstellen, weil aufgrund der Öffentlichkeit jeder darauf zugreifen könnte, ohne dafür zu zahlen. Das Objekt oder die Leistung wird nur dann zum Gut, also zum Gegenstand einer Transaktion, wenn Knappheit und dadurch Zahlungsbereitschaft durch Ausschließung anderer Nutzer erzeugt werden kann. Ausschließbarkeit ist demnach ein weiteres Kriterium, das erfüllt sein muss, damit nicht-rivalisierende Güter dennoch bereitgestellt werden.

Wir sind nun prinzipiell mit vier Möglichkeiten der Kombination von Rivalität und Ausschließbarkeit konfrontiert:

1) Rivalität und Ausschließbarkeit sind beide gegeben; das Ergebnis sind *private Güter,* etwa Brötchen oder Golfbälle.

2) Rivalität ist gegeben, aber Ausschließbarkeit ist nicht durchsetzbar; das Ergebnis sind *Common-pool-Güter*. Dazu gehört etwa der Bestand an Nutzfischen, oder die Luftqualität einer Region. Häufig ist auch von „Kollektivgütern" die Rede.

3) Ausschließbarkeit ist gegeben, nicht aber Rivalität; das Ergebnis sind *Club-Güter*. Bei solchen Gütern kann zumindest eine Unterscheidung zwischen Mitgliedern und Nicht-Mitgliedern durchgesetzt werden. Die Mitglieder können dann einen Golfplatz oder ein Konzert im Stadion nutzen, während andere davon ausgeschlossen werden.

4) Weder Rivalität noch Ausschließbarkeit sind gegeben; das Ergebnis sind *öffentliche Güter*. Beispiele sind Leuchttürme, die allen vorbeifahrenden Schiffen Orientierung geben, oder einmal entdeckte Naturgesetze, die von allen genutzt werden können.

Die Bezeichnung „Güter" tragen die öffentlichen Güter eigentlich zu Unrecht, weil sie erst zu privaten oder zumindest zu Club-Gütern gemacht werden müssen, um überhaupt marktfähig zu werden. Weil das häufig nicht gelingt, werden entsprechende Leistungen in vielen Fällen von staatlichen Instanzen bereitgestellt, oder sie entstehen zur Eigenverwendung, ohne die Absicht, je auf einem Markt gehandelt zu werden. Darauf werden wir in Kap. 10 zurückkommen.

Die Gründe, die zur Öffentlichkeit eines Gütertyps führen, können sehr unterschiedlich sein. Deshalb müssen wir sie uns im Fall von Information genauer ansehen. Wir werden dabei feststellen, dass im Prozess der Vermarktung von Informationsgütern auch andere Faktoren zum Tragen kommen. Deshalb wird es notwendig sein, verschiedene Arten von Öffentlichkeit zu berücksichtigen. Danach werden wir uns mit den Strategien beschäftigen, mit denen die kommerziell notwendige, zumindest teilweise Ausschließung von der Informationsgüternutzung durchgesetzt werden kann.

### *3.2 Varianten von Öffentlichkeit und ihr Bezug zu Informationsprodukten*

Nicht-Rivalität entsteht im Fall der Informationsinhalte dadurch, dass jede einzelne Person relevante Unterscheidungen, die in Bildern, Filmen oder Romanen enthalten sind, individuell wahrnimmt und dann für sich selbst reproduziert. Jeder Zuschauer, jeder Leser und jeder Hörer nimmt das Ereignis mit seinem nur ihm eigenen Wahrnehmungsapparat auf, löst damit für sich persönlich Reaktionen und Gefühle aus und speichert die Information in seinem Gedächtnis, sodass er sie wiederholen oder sich zumindest auf Teile des Inhalts beziehen kann. Der „Verbrauch" der Information verbraucht sie nicht, sie steht weiterhin allen zur Verfügung. Sie ist nur als Auslöser von Ereignissen im Inneren der Menschen genutzt worden. Die „Öffentlichkeit" entsteht also aus den vielen Bewusstseinsoperationen, die durch die auslösende Information geschaffen worden sind.

Um die Besonderheit dieser selbst erzeugten Öffentlichkeit besser einschätzen zu können, wird sie im Folgenden in vier Varianten diskutiert.

1) Als Modellfall eines öffentlichen Gutes wird oft Sicherheit genannt. Dieser Zustand wird etwa durch militärische Maßnahmen erreicht. Er bezieht sich gemeinhin auf ein Territorium, etwa ein Staatsgebiet, oder auf eine Zeitperiode, etwa die einer Sportveranstaltung. Die Sicherheit wird für jeden, der sich zu bestimmter Zeit an einem bestimmten Ort befindet, geschaffen. Sie ist nicht-rivalisierend, weil sich am Nutzen des Einzelnen nichts ändert, wenn andere Nutzer in der Sicherheitszone

auftauchen oder daraus verschwinden. Ein effektives Kriterium der Ausschließung lässt sich in solchen Fällen leicht finden: Die Grenzen der räumlichen Zone trennen die Nutznießer von denjenigen ohne Nutzen. Auf diese Weise lässt sich das öffentliche Gut zum *Club-Gut* machen: Tatsächlich werden nur die Einwohner des gesicherten Territoriums zu Beiträgen für das Club-Gut herangezogen. Diese räumliche Abgrenzung der Nutzung kann auch in virtuellen Räumen beobachtet werden: *Firewalls* grenzen Netzwerke ab. Nutzer können somit ausgeschlossen werden, der Konsum der Sicherheit innerhalb der Sicherheitszone ist auch hier nicht-rivalisierend.

Im Fall von Informationsgütern entstehen vergleichbare Zonen vor allem durch Sprachbarrieren. Was in einer bestimmten Sprache, etwa Deutsch, geschrieben ist, steht allen Menschen, die diese Sprache gelernt haben, für ihre Informationsreproduktion zur Verfügung. Sie entsteht auch durch gelernte Bedeutungen, die spezifische Bild-, Musik- und Literaturwelten zugänglich machen. Die unentrinnbare Öffentlichkeit der Information wird besonders fühlbar bei Werbebotschaften, die sich der individuellen Wahrnehmung etwa beim Straßenverkehr in den Weg stellen.

2) Nur diejenigen Objekte und Leistungen werden zu privaten Gütern gemacht, die so knapp sind, dass für sie bezahlt wird. Wenn die Objekte und Leistungen im Überfluss vorhanden sind, dann besteht freier Zugang. Selbst Güter, deren Nutzung eigentlich rivalisierend ist, wie etwa der Verbrauch von Wasser, sind unter solchen Umständen nicht rivalisierend, weil ja genug für jeden vorhanden ist. Man spricht in diesem Fall besser von freien Gütern. Das ändert allerdings nichts an der Tatsache, dass auch hier rivalisierender Konsum im Spiel ist.

Im Fall von Informationsgütern ist Überfluss eine wichtige weitere Eigenschaft. Das liegt einmal daran, dass neue Informationen ständig und von allen Akteuren erzeugt werden. Selbst Formen, die spezielle Fähigkeiten und Ausstattungen zu ihrer Realisierung erfordern, wie Spielfilme und Musikproduktionen, werden in überreicher Menge hergestellt und angeboten. *Nobody knows* – keiner weiß genau, welche Variante ihre eigene Öffentlichkeit finden wird. In diesem Fall ist mit Öffentlichkeit ein *Publikum* gemeint, also eine benennbare Untermenge von Menschen, die das Produkt wahrnimmt und – jeder auf seine Weise – versteht. Wir werden auf diese Interpretation zurückkommen, wenn wir in Kap. 8 Qualitätsarenen der Kommunikation untersuchen.

Der Überfluss kann im Fall von Informationsgütern auch durch das Verfahren der Vervielfältigung entstehen. Hier ist vom Überfluss der Kopien die Rede, während oben der Überfluss der Variationen gemeint war. Die Grundelemente der Vervielfältigung sind Zeichen, Symbole, Figuren und Ornamente. Effektive Kopiertechniken gibt es seit der Erfindung von Buchdruck, Fotokopie und elektromagnetischer Aufzeichnung zur Genüge. Das bedeutet, dass die wenigen erfolgreichen Informationsprodukte, deren Erfolg meist rasch erkennbar ist, mit geringem Ressourcenaufwand vervielfältigt werden können und so im Überfluss vorhanden sind. Dieser Konsequenz ist nicht einfach zu entkommen. Um dennoch Ausschluss zu erzeugen, muss die unkontrollierte Vervielfältigung verhindert werden. Die Hauptstrategie der Versorger richtet sich darauf, eigentumsähnliche Schutzansprüche mit rechtlicher Gültigkeit durchzusetzen. Darauf werden wir weiter unten zurückkommen.

3) Öffentlichkeit kann auch durch *soziale Netzwerke* entstehen. Für diejenigen, die an ein Netzwerk angeschlossen sind, ist die Nutzung des Netzes durch alle anderen Teilnehmer nicht rivalisierend. Diese Form der Öffentlichkeit hat Ähnlichkeiten mit der territorialen Variante, aber hier kann Zugehörigkeit sehr viel feiner, eben nur auf die Nutzer eines Straßen-, Schienen-, Strom-, Telefon- oder Abwassernetzes bezogen, verteilt werden. Entsprechend einfach ist in vielen Fällen die Ausschließbarkeit. Eine Grundgebühr erlaubt den Zugang zum Club-Gut, etwa einer Online-Kontaktbörse. Womöglich können sogar private Privilegien für einzelne Nutzer definiert und verkauft werden. Es bleiben aber Fälle, in denen der Ausschluss durchaus schwierig ist, etwa im Fall des Straßennetzes, oder im Fall interaktiver Netze wie dem Internet, bei dem die Netzbetreiber keine Kontrolle über den Zugang ausüben. Es bleiben auch Situationen, in denen ein Netzwerk überlastet wird. Dann ist, zumindest temporär, aus dem Club-Gut ein privates Gut geworden.

Informationsgüter sind in ihrer Verbreitung von solchen Netzen ebenso abhängig wie von den erwähnten Vervielfältigungstechniken. Die Informationen bewegen sich aber nicht nur in technischen, sondern auch in sozialen Netzen. Dabei können komplexe Architekturen entstehen, mit Haupt- und Nebenlinien, und mit sternförmigen, zirkulären und linearen Verbindungen. Die Muster bestimmen den Prozess der Ansteckung, der durch das Beziehungsnetz läuft. Im Fall kommerzieller Informationsprodukte gewinnen die Verbindungen besondere Bedeutung. Sie legen die Muster fest, nach denen sich die als neu wahrgenommenen Inhalte über verschiedene *audiences* verbreiten. Die Zugehörigkeit zu einem Ansteckungsnetz legt also fest, welche Öffentlichkeit erreicht wird. In der Regel verteilt sich die Neuigkeit kaskadenförmig von Insider-Kreisen, an denen überproportional viele Informationserfinder teilnehmen, zu peripheren Nutzern. Wie im Fall der technischen Netze steigt der Nutzen der Teilnahme exponentiell mit der Zahl der angeschlossenen Teilnehmer, und fällt nach Wochen oder Jahren, wenn der Interpretationsspielraum des Produkts erschöpft ist.

4) Der Begriff der Öffentlichkeit ist heute vornehmlich *politisch* besetzt. Das geht so weit, dass staatliche Institutionen synonym als „öffentliche" Institutionen bezeichnet werden, weil sie für alle Bürger da sind. Der Zugriff auf diese Institutionen ist demnach ebenfalls nicht rivalisierend. Aber in diesem Fall besteht kein gesellschaftliches Interesse daran, Ausschluss und direkte Bezahlung zu erzeugen. Im Gegenteil, die Gemeinschaftlichkeit wird dadurch bestärkt, dass einer Staatsgewalt das Recht eingeräumt wird, die Kosten ihrer Leistungen über Steuern und Abgaben

einzutreiben. Die Kriterien, nach denen die Zahlungen über die Bevölkerung verteilt werden, variieren breit, je nachdem welche politischen Zielsetzungen damit gleichzeitig verfolgt werden. Wegen des Gewaltmonopols im eigenen Territorium kann eine Club-Gut-Lösung meist durchgesetzt werden.

Informationen spielen in dieser Dimension von Öffentlichkeit eine entscheidende Rolle. Neue Informationsinhalte sind nicht nur der Pool, aus dem Informationsgüter selektiert und später verkauft werden. Sie sind gleichzeitig der Pool, aus dem Beschreibungen und Vorschläge für die politische Gestaltung einer Gesellschaft gewonnen werden. In dieser Gesamtheit werden die öffentlich geäußerten Beiträge zum Pool als *öffentliche Meinung* wahrgenommen. Deren Variationen und Entwicklungen können politischen Gruppen, die an Machterhalt und –gewinn orientiert sind, nicht gleichgültig sein. So finden wir viele Beispiele dafür, dass politische Organe neue Informationen unterdrücken, manipulieren oder sogar kontrollieren. Das System des „öffentlichen" Rundfunks und Fernsehens ist ein Versuch, durch aktive Bereitstellung und die eingeschränkte Zulassung von Alternativen die öffentliche Meinung zu beeinflussen. Dabei können die Motive dieser Beschränkung durchaus uneigennütziger Natur sein. Dennoch bleibt die Tatsache, dass durch Zugangsbeschränkungen die Meinungen und Inhalte anderer Anbieter entweder verhindert oder in andere, meist weniger wirkungsvolle Medien, abgedrängt werden.

Überall dort, wo Informationen einigermaßen frei produziert und weiter verbreitet werden können, haben es die kommerziellen Informationsgüterindustrien übernommen, die öffentliche Meinung zu formen. Dabei spielen die Medienvarianten, die in nur eine Richtung Information verbreiten, eine entscheidende Rolle. Konsequenterweise richtet sich die politische Aufmerksamkeit auf deren Aktivitäten. Soweit die politischen Akteure die Informationsproduktion nicht kontrollieren, versuchen sie zumindest, selbst zum Bestandteil der Nachrichten- und Unterhaltungsformate zu werden, um so die gesellschaftliche Öffentlichkeit zu erreichen. Daher sind Politiker häufige Gäste von Talkshows. Auch in neuen Medien, wie *Blogs* und *Podcasts*, sind sie bereits überdurchschnittlich stark repräsentiert.

### *3.3 Strategien der Ausschließung: die Konstruktion von „geistigem Eigentum"*

Wir haben gesehen, dass in der Frage der Marktfähigkeit von Informationsprodukten der Grad der Ausschließung potentieller Verwender eine große Rolle spielt. Das Interesse der Akteure entlang der Wertschöpfungskette an einer rigiden Ausschließung aller Verwender, die nichts für den Inhalt zahlen, ist allerdings unterschiedlich. Zum Beispiel ist die optimale Strategie der Urheber darauf ausgerichtet, rasch Bekanntheit und Reputation zu gewinnen, damit sie in zukünftigen Verhandlungsrunden mit Medienunternehmen mehr Schlagkraft einbringen können. Wenn einmal die Ansteckungswelle erfolgreich angelaufen ist, dann wird das Volumen der bezahlten Kopien auf jeden Fall groß genug, um damit individuell vermögend zu werden. Auch die Werbekunden sind an einer möglichst weiten Verbreitung ihrer Botschaften interessiert. Sie könnten höchstens zögern, wenn eine „billige" Verbreitung die Wertigkeit des Werbeumfelds mindert. Ganz anders liegt das Interesse der Medienunternehmen. Sie legen sich durch ihre Selektion auf relativ wenige Produkte fest, sie investieren in Kopierverfahren und Netze, um die Produkte zu vervielfältigen und zu verbreiten. Ihr kommerzielles Überleben hängt davon ab, die Nachfrage bezüglich der wenigen, überraschend erfolgreichen Produkte weitgehend abschöpfen zu können.

Wo setzt der Ausschluss am besten an? Auf der Ebene der Wahrnehmung und individuellen Reproduktion der Information ist der Eingriff schwierig. Traditionell wagten es nur religiöse und politische Gewalten, Individuen die Aufnahme bestimmter Informationen zu verbieten. Auf der Ebene der technischen Vervielfältigung von Originalinformation fällt das leichter. Man muss nur in der Lage sein, andere an der technischen Reproduktion, sei es durch Druck oder durch Digitalkopie, zu hindern. In digitalen Medien kann die Aufnahme sogar individuell kontrolliert und somit die eigentlich frei verfügbare Information privatisiert werden. Dennoch kann das Hindernis nicht so wirkungsvoll sein wie Mauern und Zäune. Deshalb werden zusätzlich Rechtsregeln aufgebaut. Die Verwerter von Inhalten haben ein vitales Interesse daran, sich über die Gesetzgebung und die Rechtsprechung ausschließende Rechte an der Vervielfältigung von Informationsinhalten zu sichern.

Allerdings trifft das Interesse der Rechteverwerter in der gesetzgeberischen Arena auf andere Interessen. Die Argumentation der Gegner von Ausschlussprivilegien setzt beim Gesamtnutzen von öffentlichen Gütern an: Wenn der Konsum nicht rivalisierend ist, dann kann die Gesamtwohlfahrt einer Gesellschaft dadurch erhöht werden, dass möglichst viele Menschen Zugang zu ihr erhalten – etwa zu politischen Nachrichten, zu wissenschaftlichen Erkenntnissen oder zu unterhaltsamen Aufführungen. Mehr noch: die so verbreiteten Informationen sind ihrerseits potentielle Auslöser für weitere neue Informationen, die sonst nie geschaffen würden. Die Lobby der Ausschließungsgegner profitiert dabei davon, dass diejenigen Branchen, die Geräte und Kanäle zur generischen Informationsbeschaffung und –verarbeitung anbieten, ebenfalls an einer möglichst billigen Verbreitung von Inhalten interessiert sind.

Die Informationsverbreitung weist also positive externe Effekte auf, die einer Gesellschaft zugute kommen, die aber in der Bewertung durch einzelne Marktteilnehmer nicht reflektiert sind. Dieses Argument ist ganz ähnlich dem, das in einem verwandten Bereich von Ausschlussprivilegien, dem Patentrecht, verwendet wird: Das Ausschlussrecht ermöglicht, bei erfolgreicher Vermarktung, eine temporäre Prämie. Die Prämie wird ausgesetzt, damit der nötige Anreiz zur Suche nach einer neuen Erfindung geschaffen ist. Wenn diese Zeitperiode abgelaufen ist, kann die ungehinderte Verbreitung und Nutzung der Erfindung beginnen. So wird ein Gleichgewicht zwischen dem Interesse an der Verwertung von Entdeckungen und dem Interesse an ihrer möglichst breiten Verwendung geschaffen. Mit dem stetigen Auftauchen neuer Varianten geistigen Eigentums wird auch die Diskussion um deren juristisch durchsetzbare Ausschlussrechte neue Nahrung erhalten.

Die grundsätzliche Validität des *Gesamtnutzenarguments* ist schwer zu bestreiten. Dennoch war erst spät im 19. Jahrhundert in den meisten Industriestaaten ein durchgängiger Schutz institutionalisiert, der zumindest den Rechtsursprung beim Urheber verortete. Der Gegenstand des Schutzes war und ist in zweierlei Weise konstruiert (Hutter 1995): Im kontinentalen Urheberrecht (*droit d'auteur*) werden dem ursprünglichen Erfinder bestimmte Rechte abgekauft, die dann für den Rest ihrer Laufzeit beim Erwerber liegen. Andere, „moralische" Rechte an seinem Werk, etwa das der Entscheidung über Veränderungen des Werkes, verbleiben beim Urheber. Zu diesem Rechtskreis zählt auch das deutsche Urheberrecht. Im angelsächsischen Recht (*copyright law*) gehen Rechte der Nutzung und der Vervielfältigung für die Dauer des Schutzes vollständig auf den Erwerber über.

Die Konstruktion von Ausschließungsrechten für Informationsprodukte erfolgt im sehr viel breiteren Kontext der Konstruktion von Rechten an allen geistigen, d.h. im menschlichen Bewusstsein angesiedelten, Inhalten. Die schon erwähnten Patentrechte sichern das Recht an einer gewerblich relevanten Erfindung. Dabei können heute schon Manipulationen an natürlichen Organismen patentiert werden. Im vergangenen Jahrhundert sind dann Leistungs-, Marken- und Namensrechte dazugekommen. Auch in diesen Bereichen wird Eigenständiges geschaffen, das Schutz gegenüber nicht autorisierter Vervielfältigung und Nutzung beanspruchen kann. Seit 2003 werden in den USA auch Geschäftsmodelle als eigenständige geistige Rechte angesehen und können – ähnlich den wissenschaftlichen Erfindungen – als *business process patents* vor unerlaubter Nutzung geschützt werden.

In jüngerer Zeit sind die Medienunternehmen mit ihrer Strategie, die vorhandenen Ausschlussrechte zu verlängern, zu stärken und auszuweiten, erfolgreich gewesen. Beispielsweise betrug nach 1845 die Laufzeit von Urheberrechten in Deutschland 30 Jahre. Heute beträgt sie 70 Jahre nach dem Tod des Urhebers. In den USA ist 1998, auf Betreiben von *Disney*, eine Verlängerung auf 95 Jahre *post mortem auctoris* Gesetz geworden. Die Durchsetzung der Verwerterinteressen findet in der Regel in der Gesetzgebung und in der Rechtssprechung wenig Widerstand. Die juristische Materie ist kompliziert, die in Frage stehenden finanziellen Werte sind, verglichen mit einer Steuerdebatte oder einer Umweltkatastrophe, vergleichsweise bescheiden. In vielen Fällen geht es außerdem um die Interessen derselben Medienkonzerne, die darüber entscheiden, ob und wie über Veränderungen der Rechtslage berichtet wird. Die wenigen großen, ihre Branchen beherrschenden Unternehmen und ihre Verbände sind deshalb in der Lage, ihre mit erstklassiger professioneller Hilfe verfertigten Stellungnahmen in internationale Vertragswerke, wie etwa die der *World Trade Organization* (WTO), in nationale Urheberrechtsnovellierungen und in letztinstanzliche Rechtsentscheidungen einzubringen.

Diese vorteilhafte Situation ist allerdings im vergangenen Jahrzehnt erschüttert worden. Im Zuge der Digitalisierung haben sich die Möglichkeiten der Verwender, selbst Kopien von Inhalten in hoher Qualität zu erstellen, stark verbessert. Dadurch ist für die Hersteller von leeren Trägermedien ein völlig neuer Markt entstanden. Durch die Vernetzung von Computern über das Internet ist es außerdem möglich geworden, auf die Bestände anderer Verwender weltweit zuzugreifen. Damit ist ein Nutzungsrecht, dem bislang wenig Bedeutung beigemessen wurde, ins Zentrum gerückt: das Recht privater Nutzer, den einmal erworbenen Inhalt für den eigenen Verbrauch zu vervielfältigen. Das Recht auf die Privatkopie, *fair use* im angloamerikanischen Recht, war bislang unbestritten. Dieses Recht kann jetzt aber Ausgangspunkt für Verwertungen sein, die den Gesamtertrag des Rechtehalters empfindlich schmälern. So können durch die erleichterten Bedingungen für kommerzielle Piraterie, also die geschäftsmäßig betriebene Verletzung von Schutzrechten, die Märkte halber Kontinente wegbrechen. Das Problem ist bislang in massiver Form in der Musikbranche registriert worden, inzwischen ist aber auch die Filmbranche davon betroffen.

Die Rechteverwerter bemühen sich angesichts dieser Situation, den alten Zustand der Ausschließbarkeit wieder herzustellen. Allerdings sind die Prognosen für einen Erfolg nicht sehr gut. Eine fundamental neue Technologie hat auf der Ebene der Vervielfältigung völlig neue Tatsachen geschaffen. Der Rechtehalter kann nicht auf mindere Reproduktionsqualität oder prohibitiven technischen Aufwand zur Umgehung seiner Rechte hoffen. Die Zeit, als der Informationsinhalt auf seinem Trägermedium eingesperrt war, sodass er gleichsam mit dem Sacheigentum am Medium verschmolz, ist vorbei.

## Literatur


Barabási, A.-L. (2002). *Linked. The New Science of Networks*. Cambridge, Perseus Publishing.

Caves, R. E. (2000). *Creative Industries. Contracts between Art and Commerce*. Cambridge, Harvard University Press.

De Vany, A. (2004). *Hollywood Economics. How extreme uncertainty shapes the film industry*. London, Routledge.

Hutter, M. (1995). „On the Construction of Property rights in Aesthetic Ideas." *Journal of Cultural Economics* 19: 177-185.

Knieps, G. (2001). *Wettbewerbsökonomie. Regulierungstheorie, Industrieökonomie, Wettbewerbspolitik*. Berlin, Springer.

Kretschmer, M., M. Klimis, et al. (1999). „Increasing Returns and Social Contagion in Cultural Industries." *British Journal of Management* 10 (Supplement): 61-72.

Rosen, S. (1981). „The economics of superstars.“ *American Economic Review* 71(1): 167-183.

Shapiro, C. und H. Varian (1999). *Information rules. A strategic guide to the network economy*. Boston, Harvard Business School Press.

Vogel, H. (2002). *Entertainment Industry Economics: A Guide for Financial Analysis*. New York, Cambridge University Press.

# 3. Die Medienwirtschaft in der Neuheitsspirale

## Einleitung

In diesem Kapitel verlassen wir die Ebene der abstrakten Konzepte und orientieren uns an den realen Gegebenheiten der Medienwirtschaft. Um die Vielfalt der Erscheinungen so zu ordnen, dass wir zu verlässlichen Aussagen über konkrete Entwicklungen kommen, brauchen wir allerdings noch eine Zwischenebene, auf der wir die Gesamtkonstellation der Medienwirtschaft ins Auge fassen. Das ist ein einigermaßen schwieriger Vorgang, weil es gewöhnlich langjährige Erfahrung erfordert, eine komplexe Branche und ihre Einordnung in größere wirtschaftliche Zusammenhänge zu kennen. Wir werden deshalb drei verschiedene Betrachtungsperspektiven wählen, über die sich mit unterschiedlichen Graden von Abstraktion immer dieselben Vorgänge beobachten lassen.

Die erste Betrachtungsperspektive verfolgt die Phasen der Wertschöpfung in den einzelnen Medienindustrien. Sie konzentriert sich auf die Schnittstellen, an denen die Phasen miteinander verknüpft sind. Das sind die Märkte auf denen die Rechte an Bestandteilen oder Kombinationen von Inhalten die Besitzer wechseln. Wir werden dabei feststellen, dass die Phasen nicht nur linear, sondern auch zirkulär miteinander verknüpft sind, sodass aus der Wertschöpfungskette eine Wertschöpfungsspirale wird. Diese Perspektive der Abfolge von fünf *Märkten* und einer *Qualitätsarena* bestimmt die weitere Struktur dieses Buches.

Die zweite Perspektive trennt nach Medien, die für *einzelne*, *periodische* und *interaktive* Inhalte eingesetzt werden. Damit wird die übliche Trennung nach Sinnesorganen – Ohr (akustische Wiedergabe), Auge (visuelle Wiedergabe) und mentale Interpretation (gedruckter Text) – ergänzt um das zeitliche Muster, mit dem die neuen Inhalte die Verwender erreichen.

Die dritte Perspektive blickt auf die konkrete Ebene der in Währungseinheiten gemessenen Umsätze derjenigen Unternehmen, die in den Märkten und Qualitätsarenen der Medienwirtschaft aktiv beteiligt sind. Wir werden feststellen, dass die asymmetrische Struktur, die unmittelbar aus der Struktur von Nabennetzwerken folgt (Kap. 2.1), von der Verteilung der Umsatzvolumina bestätigt wird.

## 1. Die Spirale der Wertschöpfungsphasen

Die Herausforderung für die Medienökonomik liegt darin, das Phänomen der Neuheit angemessen zu modellieren. In der betriebswirtschaftlichen Literatur wird üblicherweise die Wertschöpfung in der Medienwirtschaft, wie auch in anderen Sektoren der Wirtschaft, als eine Abfolge von Phasen dargestellt (Zerdick, Picot et al. 1999; Wirtz 2005). Auf dem Weg von den Rohstoffen zum verpackten Produkt am *point of sale* lässt sich so der zunehmende Marktwert der neuen Inhalte verfolgen. Der Verlauf der Wertschöpfung passiert nämlich Schnittstellen, an denen die Verfügung über die entstehenden Produkte den Besitzer wechselt. Durch die gleichzeitige Zahlung, die die Transaktion vervollständigt, wird der in der nächsten Phase erwartete „Mehrwert" markiert.

Im Fall der Informationsgüter unterscheiden wir vier Phasen der Wertschöpfung:

Phase 1: Inhalte erfinden und darstellen
Phase 2: Inhalte herstellen
Phase 3: Inhalte verteilen
Phase 4: Inhalte verwenden

Entsprechend lassen sich im Verlauf der Wertschöpfung *Urheber*, *Hersteller* und *Verteiler* unterscheiden. In gebräuchlicher Terminologie handelt es sich um Stufen der *Produktion*. Der Verkauf an die *Verwender* legt dann den monetären Gesamtwert offen. In diesem formalen Sinn handelt es sich um *Konsumtion*, auch wenn dabei nicht an einen Verbrauch im üblichen Sinn gedacht wird.

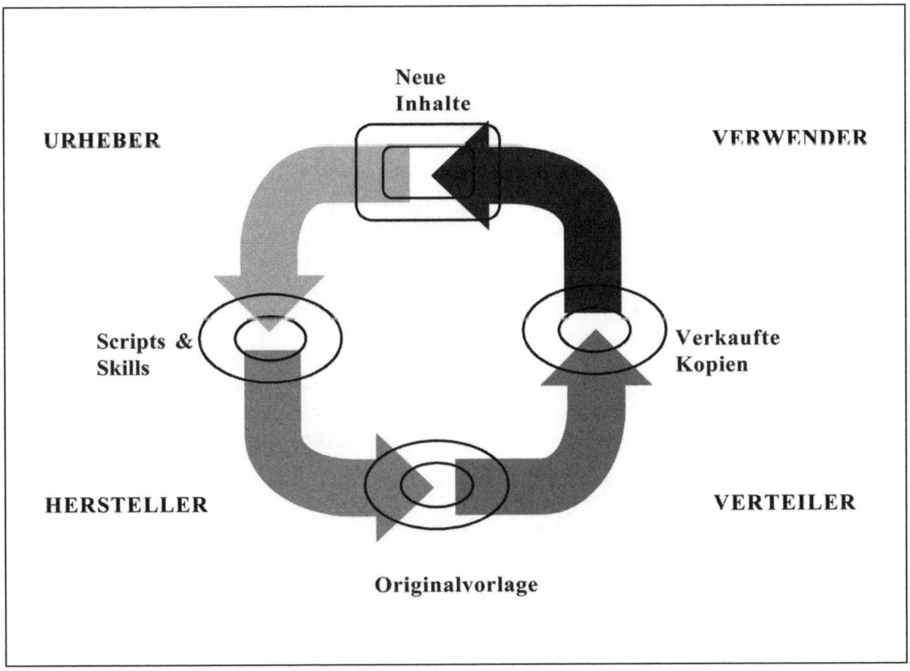


Abb. 3.1a: Die Spirale der Wertschöpfung durch neue Inhalte

Dazu kommen zwei weitere wertschöpfende Aktivitäten, die nicht in das Phasenschema passen, weil sie begleitend auftreten.

Die erste dieser Aktivitäten besteht darin, Inhalte zu *bewerben*. Die Wirkung der Werbebotschaften entsteht gerade aus der simultanen Kopplung mit Inhalten, die neu genug sind, um verlässlich Aufmerksamkeit zu finden. Auch die Werbeinhalte sind über eine Marktschnittstelle mit der Wertschöpfungskette verbunden. In manchen Fällen, etwa bei Zeitschriften, bündeln schon die Hersteller die beiden Inhaltetypen, in anderen Fällen, etwa bei *Free-TV*-Programmen, sorgen erst die Verteiler für die Kombination. Außerdem agieren beide, die Hersteller und die Verteiler, nicht nur als Anbieter, sondern auch als Nachfrager von Werbung. Die Medienbranche übertrifft in den meisten Industrieländern alle anderen Branchen im Volumen der Werbeausgaben.

Die zweite Aktivität besteht im *technischen* Vorgang des Kopierens und Übertragens der Originalvorlagen. Über Maschinen und Sender werden die Unterscheidungen des Originals vervielfältigt, oder in eine Form gebracht, die den Empfang über viele Geräte ermöglicht. Diese Leistungen werden allen, die an der Wertschöpfungsspirale beteiligt sind, vor allem aber von den Verteilern der Informationsinhalte, dazugekauft. Sie betreffen Geräte zur Transformation und Kanäle zur Übertragung von Informationssignalen, aber nicht die Inhalte der Information.

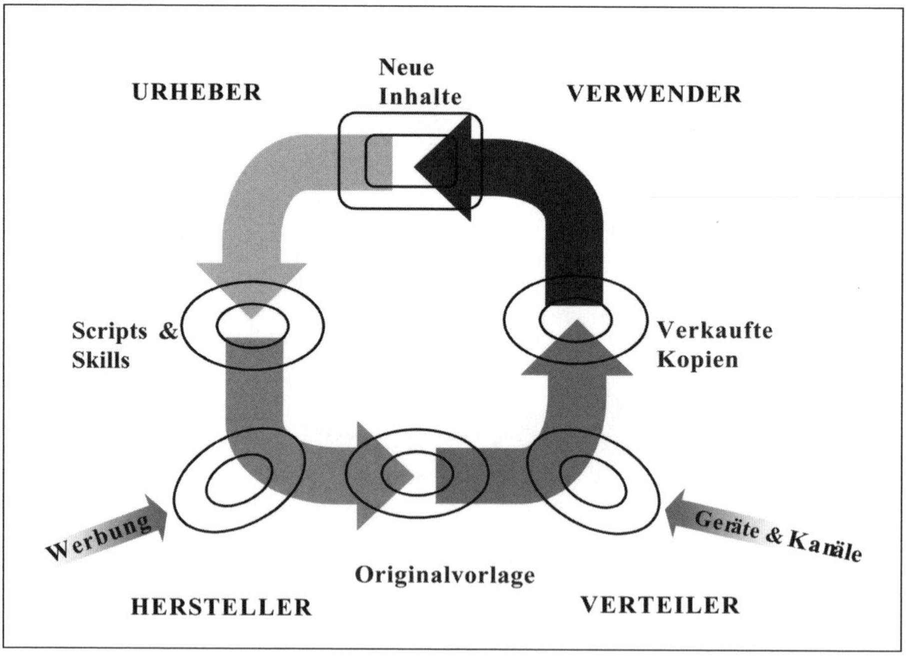


Abb. 3.1b: Die Spirale der Wertschöpfung durch neue Inhalte mit Kopplungen

Abb. 3.1b ist der Versuch, die *Abfolge* der vier Phasen, die zwei *Kopplungen* und die *Schnittstellen* zwischen den Phasen und Kopplungen grafisch darzustellen. Die Schnittstellen oder „Arenen", in denen der Wert der Inhalte bestimmt wird, bevor diese dann weiterbehandelt oder – verwendet werden, sind in der Grafik durch konzentrische Formen symbolisiert. Fünf dieser Arenen sind als Märkte organisiert. Das sind die Ovale, in denen diejenigen im Publikum der Arena, die die angebotenen Güter oder Lei(s)tungen bekommen wollen, denen, die sie im Spielfeld der Arena anbieten, Geld dafür zahlen. Die Sechste, wegen ihrer Andersartigkeit als abgerundetes Rechteck oder Stadion symbolisiert, ist als Qualitätswettbewerb organisiert.

Folgende Märkte verbinden die Akteure:

Zwischen der Phase der Urheber und der der Hersteller liegen die Märkte für kreative Inputs, die angekauft werden, um Inhalte herzustellen. Die beiden hauptsächlichen Erscheinungsformen solcher Inputs sind Konzepte, Regieanweisungen und Texte, nach denen Inhaltswerke angefertigt werden können, und gestaltende Fähigkeiten, etwa die Fähigkeit, Gitarre spielen zu können oder die Fähigkeit, eine Filmkamera zu bedienen. Unter *skills & scripts* werden diese Inputs zusammengefasst. Die Herstellung von vollständigen Originalvorlagen oder *master copies* erfordert eine Kette von Entscheidungen, die alle von den Besonderheiten der Informationsgüter geprägt sind, und die sich auf das Marktverhalten der Hersteller auswirken. Diese Märkte, für die sich der Begriff der *Beschaffungsmärkte* eingebürgert hat, sind Thema von Kap. 4.

Die *Werbemärkte* sind häufig an die Phase der Herstellung gekoppelt. Im Fall der Printmedien werden Inhalte, die der Werbekunde anfertigen lässt und mitbringt, in das Inhaltsprodukt oder in das Inhalteprogramm als *inserts* oder Inserate eingefügt. Bei Sende- und Internetmedien treten auf den Werbemärkten zwar die Verteilerunternehmen als Anbieter auf, aber dennoch bedeutet der Einbau der Botschaften in Programme oder Interaktionsoberflächen eine Erweiterung der *master copy*, und damit eine verlängerte Herstellung. Die Werbemärkte werden deshalb in Kap. 5 primär in Konstellationen untersucht, in denen Inhaltehersteller Werbeschaltungen anbieten.

Über die *Verteilermärkte* sind die Hersteller mit denjenigen Unternehmen verbunden, die die Inhalte bündeln und vertreiben. Verlage verteilen ihre Produkte über Grossisten- und Händlernetze. Die Produkte von Filmstudios werden in Kinosälen aufgeführt. Radiosender und Kabelnetzwerken verteilen die Signale ihrer *master copies* direkt an die Empfangsgeräte der Verwender. Verteilermärkte sind oft unternehmensintern, weil dasselbe Unternehmen den Inhalt herstellt und gleichzeitig verteilt. Sie sind Gegenstand von Kap. 6.

Die Phasen der Wertschöpfung sind gekoppelt an Märkte für Geräte und Kanäle der Aufnahme, der Vervielfältigung und der Übertragung. Bei der Vervielfältigung und Distribution materieller Kopien ebenso wie bei der Nutzung terrestrischer oder satellitengestützter Übertragungsnetze müssen teure technische Anlagen eingesetzt werden. Die Industrien, die derartige Produkte und Leistungen erfinden, herstellen und vertreiben, sind in ihrem Umsatzvolumen um ein Vielfaches größer als die Medienwirtschaft. Wir werden uns auf dasjenige Segment des Marktes konzentrieren, in dem die Produzenten und die Konsumenten von Medienprodukten als Nachfrager auftreten. Die *Märkte für Geräte und Kanäle* werden in Kap. 7 untersucht.

In den Verwendermärkten treffen die in die Kanäle der Verteiler (*distributors*) gepackten Inhalte auf ihre Nutzer. *Verwendermärkte* sind sehr unterschiedlich ausgestaltet, je nachdem, welches Geschäftsmodell der Finanzierung sich durchgesetzt hat. In manchen Fällen, etwa beim Büchermarkt, ist eine weitere Vertriebsstufe nötig, und der Konsument zahlt beim Einzelhändler ganz wie bei allen materiellen Waren. Im Fall des Radiomarkts entfällt diese Stufe, der Verwender muss nur für den Empfang sorgen, weil die Zahl der Kontakte den Preis des Programms auf dem Werbemarkt bestimmt. Die Verwendermärkte sind Gegenstand von Kap. 8.

Die sechste Arena, die zwischen der Verwendung und der Neuerfindung von Inhalten, ist nicht als Wettbewerb um Geldmittel, sondern als Wettbewerb um „Qualität" organisiert. Über die „Qualitätsarenen" sind die Verwender mit den Urhebern von *skills & scripts* einer neuen, zeitlich späteren Phase der Wertschöpfung verbunden. Qualitätsarenen versammeln die Verwender bestimmter Inhalte, zum Beispiel Tarantino-Filme, *country music* oder Romanliteratur, und trennen sie in Publikum und Aufführende. Die Aufführenden sind diejenigen, die dann mit den im Wettbewerb der Qualitätsarenen erworbenen *skills & scripts* auf den Märkten für kreative Inputs als Anbieter auftreten. Die genauere Darstellung muss bis Kap. 9 warten.

Die „Neuheitsspirale" ergibt sich daraus, dass sich die verkauften Kopien der Medieninhalte nicht in ihre Bestandteile auflösen, wie das materielle Produkte zu tun pflegen. Zwar werden manche Inhalte nicht mehr wiederholt und hören damit in ähnlicher Weise auf, in der Gesellschaft präsent zu sein, aber es gibt viele Inhaltevariationen, die von den Verwendern wiederholt aufgeführt, imitiert, oder mit anderen Inhalten kombiniert werden. Dieses Gemisch ist das Rohmaterial für die neuen Inhalte, die die Überraschungen von morgen auslösen werden. Die Spirale setzt sich fort und wächst, solange ihr die technologischen (Kap. 7) und politischen (Kap. 10) Möglichkeiten gegeben werden.

## 2. Marktunterscheidungen nach Inhalten

Die Abfolge der einzelnen Marktphasen bestimmt die weitere Struktur dieses Buches. Das hat zur Konsequenz, dass auf jeder Stufe alle Informationsinhalte gemeinsam behandelt werden. Die Vielfalt der in der Wirklichkeit operierenden Märkte ist aber ein wesentliches Merkmal der Medienwirtschaft. Information dringt über verschiedene Sinne in Menschen ein. Texte und Bilder, auch auf Bildschirmen, wirken auf das Auge, Musik und Sprache wirken auf das Ohr, die audiovisuellen Medien Film und TV wirken auf beide Organe, und alle wirken auf die menschliche Fähigkeit, Erscheinungen in der Umwelt Bedeutung zuzuweisen. Daraus müssen aber nicht notwendigerweise Unterschiede in den Medien resultieren. Texte und Bilder können beide auf Papier gedruckt werden, und Sendewellen übertragen Töne genauso gut wie Bilder. Für den Verwender konkurrieren aber im Zweifel nicht so sehr die Varianten der sinnlichen Erfahrung, sondern diejenigen Inhalte, die mit der gleichen Taktung auftreten. Wir werden deshalb zwischen einmaligen, periodischen und interaktiven Inhalten unterscheiden.

Bücher, Tonträger – Vinylplatten, Compact Discs, DVDs – und Filmkopien machen die Gruppe der *einmaligen Inhalte* aus (*one-time content*). Die Inhalte erscheinen zu beliebigen Zeitpunkten und können in der Regel zu beliebigen Zeitpunkten verwendet werden. Sie erscheinen nur einmal, wenn auch vielleicht wiederholt in verschiedenen Versionen. Aber nur im seltenen Falle großen Erfolgs wird eine kurze Serie daraus. Sie werden im Fall von Büchern und materiellen Tonträgern genau so verkauft wie andere Waren im Einzelhandel. Im Fall der Filmkopien ist lange Zeit noch die Stufe der Kinohäuser notwendig gewesen, auf der den Interessenten der Zutritt zu einzelnen Aufführungen verkauft wird. Inzwischen können auch Filminhalte auf Trägermedien gekauft und privat abgespielt werden.

*Periodische Inhalte* wiederholen das gleiche Layout oder Programmschema in regelmäßigen Abständen, meist täglich, wöchentlich oder monatlich (*repeat content*). Periodische Inhalte sind Programme. Diese Programme werden bei den Printmedien aus wechselnden Beiträgen und Anzeigen kombiniert, bei den Sendemedien werden die Beiträge zwar im Tagesverlauf kontinuierlich aneinander gereiht, wiederholen sich aber periodisch in den eingesetzten Formaten. In den Programmen werden Zweitverwertungen von Einzelinhalten verwendet, aber viele Formate werden auch durch eigens dafür produzierte Spiele, Shows oder Gesprächsrunden gefüllt. In den Programmen werden Nachrichten, Musik, Filme, Spielereignisse und Showformate gemischt. Der Erfolg periodischer Inhalte ist stark abhängig vom störungsfreien Funktionieren der Verteilungsnetzwerke, über die sie ihre Verwender erreichen.

Bei *interaktiven Inhalten* erfolgt die Taktung durch die ständige Umkehr der Sende- bzw. Empfangsrichtung: A schickt eine Mitteilung, etwa als SMS, an B, und B antwortet mit einer weiteren Mitteilung. Für diesen Austausch werden Dienste beansprucht, und diese Dienste machen den Großteil der kommerziellen Wertschöpfung aus. Die erste und einfachste Form für interaktiven Inhalt ist die Telefonie: Beim Telefongespräch werden zwar die Inhalte von den Teilnehmern selbst gemacht, aber die Miete einer Leitung ermöglicht es, sich gegenseitig zu unterhalten. Inzwischen werden Telekommunikationsleitungen auch dazu genutzt, Inhalte verschiedenster Konfiguration mit hohem Datenvolumen zwischen einzelnen Netzstellen auszutauschen. Grundtechnologie ist der Einsatz von Software, die einzelne Computer in die Lage versetzt, nicht nur als Empfangsgeräte zu dienen, sondern selbständig Inhalte an alle anderen Teilnehmer des Internets zu versenden. Die Unterteilung in Spezialmedien, die bestimmte Sinne ansprechen oder verschiedene Geräte einsetzen, entfällt hier. Nachdem die Informationssignale prinzipiell digitalisiert werden, können sämtliche Darstellungsformen – Musik, Bild und Text – integriert werden (Hutter 2003).

Die kommerziell wichtigsten interaktiven Inhalte sind Videospielprogramme. Der Markt ist prinzipiell differenziert in Spieleprodukte, die mit speziellen Endgeräten (Konsolen) kombiniert sind, und Spiele, die auf leistungsfähige PCs geladen werden. Ein weiterer interaktiver Inhalt mit hohen Wachstumschancen sind Glücksspielangebote, bei denen Server und Software das Spielkasino ersetzen. Zu den interaktiven Inhalten gehören aber auch sehr schlichte Dienste wie etwa herunterladbare Klingeltöne, die es ihren Verwendern ermöglichen, für ihre private Kommunikation Attraktivität dazu zu kaufen.

Die Medienmuster werden in allen Marktphasen hilfreich sein, um die Vielfalt der Einzelmärkte, die in jeder dieser Phasen aktiv sind, in eine bearbeitbare Ordnung zu bringen.

## 3. Medienunternehmen im Wettbewerb

Wir haben in diesem Kapitel die Medienwirtschaft bisher mit zwei verschiedenen Unterscheidungen beobachtet. Zuerst haben wir die Unterscheidung *vorher/nachher* gewählt. Dadurch ist erkennbar geworden, in welchen Phasen, mit welchen Kopplungen und über welche Schnittstellen hinweg die Wertschöpfung der Medieninhalte erfolgt. Die Einführung einer zu den Märkten komplementären Qualitätsarena (Wertungsarena) hat aus der traditionellen Wertschöpfungskette eine Wertschöpfungsspirale gemacht.

Dann haben wir nach der Taktung der Medieninhalte unterschieden. Die Unterschiede, die sich aus der Wahrnehmung über Ohr und Auge ergeben, wurden erweitert durch die Unterscheidungen *singulär/wiederholt* und *one-way/two-way*. Dadurch wurden verschiedene Medientypen erkennbar, die in jeder Marktphase zu unterschiedlich organisierten Transaktionen führen.

Mit der dritten Unterscheidung beobachten wir die Ebene der tatsächlichen Akteure in den Branchen der Medienwirtschaft: Wir unterscheiden nach der Höhe der Umsätze von Unternehmen, die in derselben Marktarena im Wettbewerb stehen. Wenn die These, dass die Herstellung und Verteilung von Informationsinhalten am effektivsten in *Hub*-Netzwerken erfolgt, dann ist eine Größenverteilung der Umsatzdaten zu erwarten, bei der einige Großunternehmen neben sehr vielen Kleinunternehmen operieren, und zwar im internationalen Wettbewerb ebenso wie im Wettbewerb bestimmter Formate.

Im Folgenden wird erst die vermutete Größenverteilung der Unternehmensumsätze näher erläutert. Dann wird der gegenwärtige Zustand des internationalen und eines nationalen – des deutschen – Wettbewerbs in den Medienbranchen mit diesen Erwartungen verglichen.

### *3.1 Wettbewerbsvorteile an den Extremen der Größenverteilung*

Aus der Netzwerkstruktur der Informationsgestaltung in allen vier Wertschöpfungsphasen folgt die Effizienz der Nabenstruktur und damit die Entwicklung einer *Power-law*-Verteilung der Umsätze. Es dürfte sich also in jeder Marktarena ein stabiler Wettbewerbszustand einpendeln, bei dem etwa ein halbes Dutzend universale *Hub*-Unternehmen mit Hunderten, oft Tausenden von Kleinunternehmen in den jeweiligen regionalen Märkten konkurrieren. An diesen Märkten nehmen nur wenige Unternehmen durchschnittlicher Größe teil – die statistische Berechnung von arithmetischen Durchschnitten ist bedeutungslos. Deshalb wird von „skalenfreien" (*scale free*) Verteilungen gesprochen (Barabási 2002).

Die *Hub*-Unternehmen übernehmen die Herstellung und die Verteilung derjenigen Produkte, auf die sich die Aufmerksamkeit der Mehrheiten der Verwender richtet. Sie können die Kosten jeder einzelnen Kopie senken, indem sie die Stückzahlen erhöhen. In den 1980er Jahren, als die Kostenvorteile der Digitalisierung wirksam wurden, konnten die bereits bestehenden Größenvorteile verstärkt werden. Heute wird das Nachfragerpotential in den wichtigsten Regionen durch werbeintensive Präsenz in den relevanten Öffentlichkeiten ausgeschöpft.

Die Kleinunternehmen sind so typisch für die Medienbranchen, dass sie einen eigenen Namen – *independents* – bekommen haben. Sie operieren mit einem insgesamt teureren Kostengerüst, weil sie nur kleine Kopienauflagen verkaufen. Sie beschränken ihr Verlustrisiko durch geringen Aufwand für Einzelprojekte, behalten aber die Chance eines Überraschungserfolgs. In den Kleinunternehmen werden durch Jobkombination, Einsatz von Privatvermögen und Selbstausbeutung die finanziellen und personellen Ressourcen generiert, die einen kontinuierlichen Betrieb bei geringen und unsicheren Erträgen ermöglichen. Urheber ziehen die Arbeit für ein Herstellerunternehmen, das in der Regel mit weniger als 20 Mitarbeitern auskommt, der Arbeit in Medienkonzernen vor, und arbeiten deshalb zu niedrigeren Lohnsätzen. Die *independents* halten ständigen Kontakt zu den Verwendern, primär über die Qualitätsarenen. Sie reagieren deshalb rascher und flexibler auf gewünschte Änderungen in den Inhalten. Der experimentelle Charakter der Kleinunternehmen sorgt für eine hohe Neuheitsrate, was wiederum von denjenigen, die die Unternehmen betreiben, als unmittelbarer Nutzengewinn geschätzt wird.

Unter den Bedingungen der hohen Unsicherheit bei der Neuheitsproduktion bieten sich Unternehmen unterschiedlicher Größe gegenseitige Vorteile: kleine Unternehmen übernehmen die Vorselektion im unübersehbar großen, ständig sich verändernden Pool der kreativen Inputs und der neuen Werke. Die Großunternehmen sind auf das Reservoir der bereits ausgewählten und meist auch bearbeiteten

Neuheiten angewiesen. Daran orientieren sie sich bei den eigenen Produktionen, oder sie kaufen sich in erfolgreiche Personen und Produkte ein. So können in der Medienwirtschaft sowohl Größenvorteile als auch Kleinheitsvorsprünge genutzt werden. Daraus folgt nicht, dass die Koexistenz der beiden Unternehmenstypen garantiert ist. Die Existenz der Kleinunternehmen ist immer dadurch bedroht, dass die ertragreicheren Inhalte in ihrem Portfolio von Großunternehmen übernommen oder wegkonkurriert werden, sodass ihnen nur noch die unrentablen Inhalte bleiben. Mit der Verdrängung der Kleinunternehmen berauben sich aber die Konzerne der neuen Inhalte, die nur in solchen kleinteiligen Produktionsmilieus entstehen können. Die Folge sind Stagnation und Nachfrageschwund im betroffenen Marktsegment. Erst, wenn sich, ihrer Ertragslogik folgend, die Universalunternehmen zurückgezogen haben, können neue Kleinunternehmen mit neuen Experimenten den Markt beleben.

In den beiden folgenden Abschnitten bekommen die abstrakten Akteure konkrete Namen. Die international umsatzstärksten Unternehmen und die Marktführer der deutschen Teilmärkte werden genauer unter die Lupe genommen. In knapper Form wird über die tatsächliche Verteilung der Umsätze, die in den letzten Jahren auf dem internationalen Medienmarkt und auf dem nationalen deutschen Medienmarkt erzielt wurden, berichtet.

## *3.2 Der internationale Wettbewerb der Medienunternehmen*

In Dutzenden von Fusionen und Unternehmenskäufen, die bis heute in ihrer Frequenz nicht nachgelassen haben, ist die heute gültige Wettbewerbssituation geschaffen worden (Peltier 2004). Die hohe Zahl der Fusionen zeigt, wie überzeugt die Unternehmensstrategen von den Wettbewerbsvorteilen überlegener Größe waren und sind.

Aus diesen Aktivitäten ist ein Tableau von acht Unternehmen entstanden, die 2004 Umsätze im Mediensektor in Höhe von mehr als 150 Milliarden Euro erreichten. Die nächsten Unternehmen in der Rangliste kommen bezüglich ihres Gesamtumsatzes nicht nur auf deutlich geringere Ergebnisse, sie sind auch viel stärker auf einen Medienbereich, in der Regel den Printsektor, konzentriert. Um diesen Bruch im Gesamtumsatzergebnis zu verdeutlichen, sind in der folgenden Tabelle zuzüglich zu den acht größten Medienunternehmen die drei der darauf folgenden mit aufgeführt.

| Unternehmen | Gesamtumsatz* | Medienumsatz* | Medienanteil % |
|---|---|---|---|
| AOL Time Warner | 30.872,9 | 25.640,7 | 83,1 |
| Viacom | 16.523,1 | 15.576,3 | 94,3 |
| News Corp | 15.258,6 | 15.258,6 | 100,0 |
| Disney | 22.549,7 | 15.030,4 | 66,7 |
| Sony | 57.213,2 | 14.536,0 | 25,4 |
| Bertelsmann | 17.016,0 | 13.830,0 | 81,3 |
| Vivendi Universal | 21.254,0 | 8.975,6 | 42,2 |
| Lagardère | 13.389,0 | 8.594,0 | 64,2 |
| Reed Elsevier | 6.929,8 | 6.929,8 | 100,0 |
| Pearson | 5.565,3 | 5.565,3 | 100,0 |
| EMI | 2.995,5 | 2.995,5 | 100,0 |

*Diese Zahlen sind nur bedingt vergleichbar, da die einzelnen Unternehmen unterschiedlichen Rechnungslegungsstandards unterliegen.

Abb. 3.2a: Gesamt- und Medienumsätze der größten Medienunternehmen in Mio. €, 2004
Quelle: eigene Berechnungen nach Geschäftsberichten

Die acht in dieser Liste führenden Unternehmen weisen in ihrer Entstehung und in der Verteilung ihrer Aktivitäten deutliche Unterschiede auf. *AOLTimeWarner* und *Disney* sind US-Unternehmen, die nicht mehr als ein Viertel ihrer Umsätze in ausländischen Märkten erzielen. *Sony* ist ein japanischer Konzern, der es als einziges Unternehmen aus dem Hardwarebereich geschafft hat, eine dominierende Position im *Content*-Bereich zu erreichen. Mit *NewsCorp* und *Bertelsmann* hat es ein australisches bzw. ein deutsches Unternehmen geschafft, durch hohe Anteile des Auslandsgeschäfts in verschiedenen Medienbranchen zu einem international gewichtigen Spieler zu werden. In beiden Fällen ist die Expansion mit zwei ungewöhnlichen Unternehmerpersönlichkeiten, Rupert Murdoch und Reinhard Mohn, verbunden. *Viacom* ist erst relativ spät mit einer Strategie der Nutzung von Kabel- und Fernsehnetzwerken in den Kreis der Großunternehmen vorgestoßen (Sjurts 2002).

Die Konstruktion von *Vivendi Universal* ist nur mit Bezug auf die dabei agierenden Personen zu verstehen: Vorstandsvorsitzender Jean-Marie Messier wollte einen traditionellen französischen Wasserhersteller und -verteiler durch Aktivität im Markt für ein anderes öffentliches Gut, nämlich Informationsherstellung und -verteilung, diversifizieren. Die *Compagnie Générale des Eaux* firmierte neu als *Vivendi* und fusionierte 2000 mit den Musik- und Filmunternehmensbeteiligungen, die Edgar Bronfman jr., musikbegeisterter Erbe der *Seagram*-Gruppe, zugekauft hatte, zu *Vivendi Universal.* Seitdem die Daten erfasst wurden, die in Abb. 3.2a wiedergegeben sind, ist schon wieder eine neue Konstellation entstanden: Das

Filmsegment des Konzerns, *Universal Studios*, ist an NBC, ein Tochterunternehmen von *General Electric*, verkauft worden. Gleichzeitig wurden restliche Teile der früheren *Universal Music Group* dazugekauft, und *Universal Games* entwickelt sich zum führenden *Distributor* von Videospielen. Der gesamte Medienumsatz von *Vivendi Universal* hat sich dadurch etwa halbiert, während *NBC Universal* mit etwa mehr als 10 Mrd. $ Umsatz an den Kreis der Branchenriesen Anschluss gefunden hat. Ein Großunternehmen aus dem Elektro- und Elektronikbereich ist offensichtlich interessiert daran, eine Wettbewerbsposition in der Medienwirtschaft aufzubauen.

Im Markt für Computer- und Videospiele spielen die großen Medienunternehmen – mit der Ausnahme von *Sony* – bislang noch eine geringe Rolle (Abb 3.2b). Konsolenspiele werden von *Microsoft, Nintendo* und *Sony* dominiert. Jenseits dieser drei Unternehmen ist *Electronic Arts* mit einem Umsatz von inzwischen 2.6 Mrd. $ Marktführer, während die nächstplatzierten Unternehmen in weitem Abstand folgen. Bei den Spieleverteilern hat *Universal Games* eine führende Rolle übernommen, die derzeit durch einige erfolgreiche Online-Spiele ausgebaut wird. Insgesamt ist dieser rasch wachsende Markt aber noch so neu, dass sich halbwegs stabile Umsatzverteilungen weder national noch international abschätzen lassen.

| **Unternehmen** | **Hauptsitz** | **Umsatz 2005** |
|---|---|---|
| Sony Computer Entertainment | Japan | 5.213,0 |
| Nintendo | Japan | 3.639,0 |
| Electronic Arts | USA | 2.627,0 |
| Microsoft Home Entertainment | USA | 2.306,0 |
| Konami | Japan | 1.931,0 |
| Activision | USA | 1.170,0 |
| Take2 | USA | 946,3 |
| THQ | USA | 635,4 |
| Vivendi Universal Games | Frankreich | 538,1 |
| Ubisoft | Frankreich | 538,0 |
| Atari | Frankreich | 390,7 |
| Midway Games | USA | 135,6 |

Abb 3.2b: Umsätze von Computer- und Videospieleunternehmen weltweit in Mio. €, 2005
Quelle: Eigene Berechnungen

### *3.3 Der Wettbewerb in den deutschen Medienmärkten*

Die Sorge, dass eine zunehmende Konzentration der Marktanteile die angemessene Meinungsvielfalt beeinträchtigen könnte, hat in Deutschland zu zahlreichen Studien über Umsatzgrößen und Marktanteile insbesondere im Presse- und Rundfunkwesen geführt. Deren Ergebnisse liefern den Hintergrund für die folgende Zusammenfassung.

a. Verlagswesen

| Rang | Verlag | Konzern | Umsatz in Deutschland 2004 |
|---|---|---|---|
| 1 | Springer Science+Business Media | Cinven and Candover | 554,0 |
| 2 | Cornelsen Verlagsgruppe | Cornelsen Holding | 339,0 |
| 3 | Klett-Gruppe | Ernst Klett AG | 330,0 |
| 4 | Weltbild | Weltbild | 220,6 |
| 5 | Süddeutscher Verlag Hüthig | Süddeutscher Verlag | 220,0 |
| 6 | Westermann Verlagsgruppe | Medien-Union | 214,4 |
| 7 | Vogel Medien Gruppe | Vogel Medien Gruppe | 209,0 |
| 8 | Random House | Bertelsmann | 195,8 |
| 9 | Weka Firmengruppe | Weka Firmengruppe | 195,0 |
| 10 | Wolters Kluwer Deutschland | Wolters Kluwer Germany Holding | 185,0 |
| 11 | Haufe Gruppe | Haufe Medien | 152,0 |
| 12 | C.H. Beck | C.H. Beck | 130,0 |
| 13 | MairDuMont | MairDuMont Gruppe | 125,0 |
| 14 | Deutscher Fachverlag | Deutscher Fachverlag | 118,4 |
| 15 | Rentrop Verlagsgruppe | Rentrop Gruppe | 114,0 |
| 16 | Thieme | Thieme | 101,0 |

Abb. 3.3a: Buchverlage: Umsätze der Verlagsgruppen in Mio. €, 2004
Quelle: Buchmarkt 2005; Buchreport 2006

| Verlagsgruppe | 2000 | 2002 | 2004 |
|---|---|---|---|
| Axel Springer-Verlag AG | 23,6 | 23,4 | 22,7 |
| Verlagsgruppe WAZ | 6,0 | 6,1 | 6,0 |
| Verlagsgruppe Stuttgarter Zeitung/ Die Rheinlandpfalz/Südwest Presse | 5,0 | 4,9 | 5,0 |
| Verlagsgruppe DuMont Schauberg | 4,4 | 4,2 | 4,0 |
| Ippen-Gruppe | 2,9 | 3,8 | 3,9 |
| Holtzbrinck | 2,5 | 2,5 | 3,4 |
| Frankfurter Allgemeine Zeitung | 3,0 | 2,9 | 3,1 |
| Gruner + Jahr | 2,8 | 2,8 | 2,8 |
| Gesamt | 41,9 | 42,4 | 41,6 |

Abb. 3.3b: Tageszeitungen: Prozentualer Anteil an der Gesamtauflage
Quelle: Röper 2004: 270

| Verlagsgruppe | 2000 | 2002 | 2004 |
|---|---|---|---|
| Bauer | 22,3 | 23,4 | 21,1 |
| Axel Springer | 15,4 | 15,7 | 16,3 |
| Burda | 10,8 | 12,4 | 13,5 |
| Gruner + Jahr | 10,1 | 9,7 | 9,5 |
| Gesamt | 58,6 | 61,2 | 60,4 |

Abb. 3.3c: Publikumszeitschriften: Prozentualer Anteil an der Gesamtauflage
Quelle: Vogel 2004: 323

Der deutsche Buchmarkt ist noch weitgehend zwischen mittelständischen Unternehmen aufgeteilt, die allerdings durchweg Gruppen von kleineren Verlagen bündeln. Random-House, die internationale Buch-Division von *Bertelsmann*, steht an mittlerer Position unter den 16 umsatzstärksten deutschen Verlagsgruppen, setzt aber weltweit fast das Zehnfache um. Der Markt ist zurzeit in starker Bewegung. Prägnantestes Zeichen dafür ist der 2005 erfolgte Weiterverkauf der wissenschaftlichen Verlagsgruppe *Springer* an die *Private-equity*-Gruppe *Cinven and Candover* (Abb. 3.3a).

Im Tageszeitungsbereich agieren fünf, im Zeitschriftenbereich vier große Verlagsgruppen (Abb. 3.3b und c). *Bertelsmann*, das hohe Anteile von *Gruner+Jahr* hält und der *Axel- Springer- Verlag* halten insgesamt klar dominierende Positionen. Die Tendenzen zur Konzentration in den Teilbranchen halten zwar an, aber noch immer operieren Hunderte von eigenständigen Buchverlagen, und neben etwa 400 Zeitschriften mit Auflagen über 125.000 Exemplare werden etwa 6.500 Titel mit Auflagen unter 25.000 Stück verkauft. Die Zahl der reinen Zeitschriften- und Zeitungsverlage hat in den vergangenen Jahrzehnten sogar zugenommen.

b. Film

Bei der Filmherstellung hat die deutsche Produktion einen geringen Anteil an den Umsätzen. 82,9% des Umsatzes im Jahr 2005 wurde von ausländischen Filmen eingespielt. Dank systematischer öffentlicher Filmförderung konnten aber 2005 dennoch 103 Spielfilme gedreht und veröffentlicht werden. Dazu kommen über tausend kleine Produktionsunternehmen, die primär durch Aufträge der öffentlichen und privaten Fernsehanstalten überleben.

Das Filmverleihgeschäft spiegelt diese Verteilung. Von den sieben großen Unternehmen sind vier Bestandteil von international operierenden Medienkonzernen: *UIP* gehört zu *NBC Universal*, *Warner Distribution* zu *AOLTimeWarner*, *Buena Vista* zu *Disney*, und *Fox* zu *NewsCorp*. *Constantin* und *Concorde* sind deutsche Unternehmen, die sich auf die Filmherstellung bzw. den Verleih ausländischer Filme spezialisiert haben.

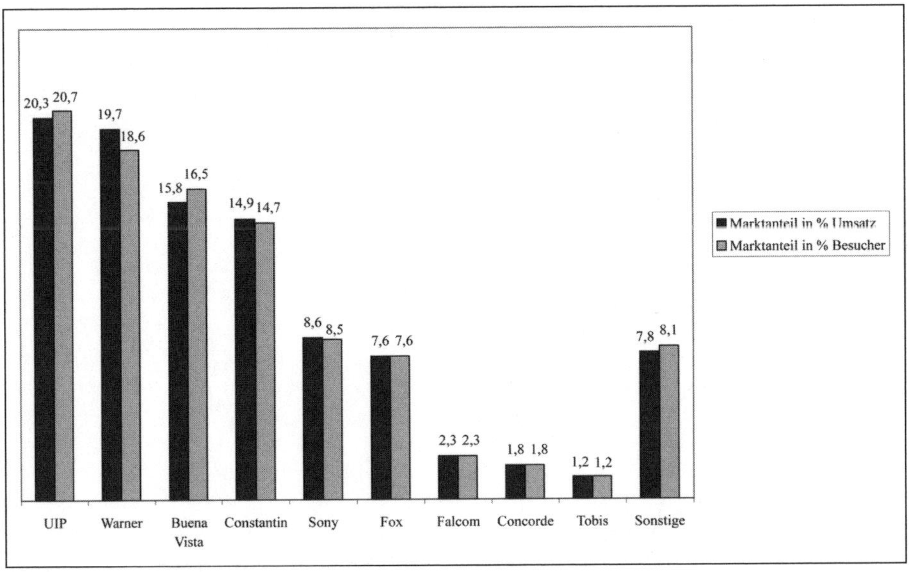


Abb. 3.4: Marktanteile deutscher Filmverleiher, 2004
Quelle: Blickpunkt Film 2005

c. Musik

| Unternehmen | Umsatzanteile 2004 in % | | |
|---|---|---|---|
| | Welt | Europa | Deutschland |
| Sony BMG | 21,5 | 25,5 | 26,3 |
| Universal Music Group | 25,5 | 26,8 | 24,7 |
| EMI | 13,4 | 16,7 | 12,1 |
| Warner Music Group | 11,3 | 11,7 | 9,9 |
| Übrige | 28,4 | 19,3 | 26,9 |

Abb. 3.5a: Umsatzanteile der vier größten Unternehmen der Musikbranche, 2004
Quelle: IFPI 2005: 7

Umsatzzahlen sind in der Musikindustrie ein besonders gut gehütetes Geheimnis. Nur zu den Umsätzen der vier Unternehmen, die etwa 75% des Marktes in Deutschland versorgen, liegen offizielle Zahlen vor (Abb. 3.5a). An diesen dominierenden Unternehmen sind drei der internationalen *Hub*-Unternehmen beteiligt. *EMI* – seinerseits ein Konzern, der aus Dutzenden von Hersteller- und Verteilerunternehmen besteht – ist das einzige Unternehmen, das sich auf den Musiksektor beschränkt.

Im Musiksektor sind die Aktivitäten von unabhängigen Produzenten und Verteilern besonders lebhaft, und deshalb ist es besonders interessant, Genaueres über deren Marktaktivitäten herauszufinden. Einen wichtigen Hinweis gibt die aggregierte Umsatzstatistik des *Verbandes unabhängiger Tonträgerunternehmen* (VUT), in dem die *„Independent"* Unternehmen organisiert sind (Abb. 3.5b). Danach hatten in 2004 mehr als 90% der Mitglieder Umsätze von weniger als 500.000 €.

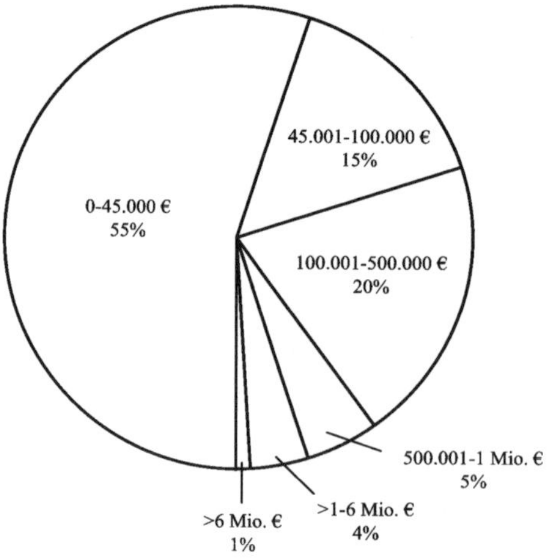


Abb. 3.5b: Umsatzklassen der Mitglieder des VUT, 2004
Quelle: Musikmarkt 2005

Einen weiteren Hinweis liefern die Statistiken, die über die Platzierung von Alben in den *Top-hundred*-Charts geführt werden. Die prozentualen Anteile entsprechen grob den Größenproportionen der Umsätze – nur, dass diese Zahlen auch Auskunft geben über die fünf kleinen und die elf winzigen Unternehmen, die Titel in der Liste der hundert bestverkauften Musikalben unterbringen konnten (Abb. 3.5c)

| **Unternehmen** | 2004 | | 2005 | |
|---|---|---|---|---|
| | **Platzierte Titel** | **Umsatz-anteil** | **Platzierte Titel** | **Umsatz-anteil** |
| Universal Music Group | 264 | 28,39 | 272 | 32,73 |
| Sony BMG | | | 262 | 29,56 |
| BMG Entertainment | 185 | 20,58 | – | – |
| Sony Music Entertainment | 145 | 14,59 | – | – |
| EMI Recorded Music | 107 | 15,58 | 101 | 14,99 |
| Warner Music Group | 110 | 13,70 | 112 | 12,48 |
| Edel Music | 57 | 2,49 | 62 | 2,30 |
| SPV | 37 | 1,84 | 41 | 2,00 |
| Rough Trade Distribution | 20 | 1,28 | 39 | 2,30 |
| Groove Attack | 5 | 0,33 | 9 | 0,85 |
| Indigo | 13 | 0,41 | 23 | 1,63 |
| ZYX | 4 | 0,19 | 7 | 0,29 |
| Pavement | 5 | 0,13 | 3 | 0,13 |
| Da Music | 4 | 0,09 | 3 | 0,04 |
| Alive | 1 | 0,07 | 8 | 0,28 |
| MCP | 2 | 0,06 | 2 | 0,01 |
| Discomania | 1 | 0,05 | 1 | 0,06 |
| In-Akustik | 2 | 0,03 | – | – |
| Intergroove | 1 | 0,03 | 2 | 0,20 |
| Ganser&Handke | 1 | 0,01 | 2 | 0,01 |
| MGM | 1 | 0,01 | – | – |
| Soulfood | – | – | 15 | 0,14 |
| MPM | – | – | 1 | 0,01 |
| EMS | – | – | 1 | <0,01 |

Abb. 3.5c: *Top-hundred*-Platzierungen: Anzahl der Titel und prozentualer Anteil der Musikunternehmen an deren Umsatz, 2004 und 2005
Quelle: Musikmarkt 2005/2006

| | Juni 05 | Dezember 05 |
|---|---|---|
| SAT.1 | 11,3 | 10,3 |
| ProSieben | 6,8 | 6,1 |
| Kabel1 | 3,9 | 3,6 |
| N 24 | 0,6 | 0,7 |
| 9Live | 0,2 | 0,2 |
| ProSiebenSAT.1 Media AG/ Saban Capital Group | 22,8 | 20,9 |
| RTL | 13,1 | 12,9 |
| RTL II | 4,3 | 3,7 |
| Super RTL | 2,8 | 2,7 |
| VOX | 4,2 | 4,0 |
| n-tv | 0,6 | 0,5 |
| RTL Group S.A. | 25,0 | 23,8 |
| ARD | 13,8 | 14,0 |
| ARD III (8 Dritte) | 12,8 | 14,6 |
| ZDF | 13,7 | 13,6 |
| 3Sat | 0,9 | 1,0 |
| Arte | 0,4 | 0,6 |
| KI.KA | 1,1 | 1,3 |
| Phoenix | 0,5 | 0,6 |
| Öffentlich-rechtlicher Rundfunk | 43,2 | 45,6 |
| Das Vierte | - | 0,5 |
| DSF | 1,0 | 1,1 |
| Eurosport | 1,1 | 0,8 |
| MTV | 0,5 | 0,4 |
| MTV 2 Pop (bis 11.9.) | 0,3 | – |
| Nick (seit 12.9.) | – | 0,5 |
| Tele 5 | 0,3 | 0,5 |
| VIVA | 0,5 | 0,5 |
| VIVA Plus | 0,3 | 0,3 |
| XXP | 0,2 | 0,1 |
| Sonstige | 4,8 | 5,0 |

Abb. 3.6: Zuschaueranteile im deutschen Fernsehmarkt in Prozent, Juli und Dezember 2005
Quelle: Kommission zur Ermittlung der Konzentration im Medienbereich 2005

d. Radio und Fernsehen

Im Fernsehmarkt stehen sich zwei öffentlich-rechtliche Anstalten und zwei private Sendergruppen mit etwa gleich großen Marktanteilen gegenüber (Abb. 3.6). Auf der einen Seite agieren die *Arbeitsgemeinschaft der Rundfunkanstalten Deutschlands* (ARD) – mit einem nationalen und 23 regionalen Programmen – und das *Zweite Deutsche Fernsehen* (ZDF) – mit einem nationalen und 3 Spartenprogrammen. Sie treten unter sehr ähnlichen, staatlich gesetzten Wettbewerbsbedingungen an. Auf der anderen Seite agieren die *RTL*-Gruppe, die zu über 90% im Besitz von *Bertelsmann* ist, und die Gruppe *ProSiebenSat*. Weitere Akteure im Fernsehmarkt haben nur geringe Marktanteile. Im Radiosektor dominieren die öffentlich-rechtlichen Anstalten aufgrund der restriktiven Lizenzierung privater Sender noch stärker. Allein den Verlagen wurde erlaubt, auf lokaler Basis Radiosender zu betreiben.

e. Internetdienste und Videospiele

*Internet Service Provider* (ISP) bieten Zugänge unterschiedlicher Bandbreite zum Internet an, sie stellen Plattformen bereit, auf denen Inhalte präsentiert werden können und sie bieten weitere Mehrwertdienste, wie Routenplaner oder Wetterinformationen. Der Markt wird derzeit in Deutschland auf ein Volumen von über 5 Mrd. € geschätzt. Zwar fehlen genauere Zahlen, weil sich der Markt in starkem Umbruch befindet. Der Marktanteil der *Deutsche Telekom* ist inzwischen auf etwa 50% gesunken, das Umsatzwachstum erfolgt weitgehend über kleine Unternehmen, die sich in einem scharfen Preis- und Qualitätswettbewerb zu positionieren versuchen.

Im deutschen Markt für Computer- und Videospiele wurden 2004 1.3 Mrd. € allein für Software umgesetzt, dazu kommen die Umsätze von Spielekonsolen und PC-Ausrüstung. Die führenden Unternehmen sind dieselben, die auch in Abb. 3.2b auftauchen. Deutsche Unternehmen sind zwar nur mit geringen Umsätzen beteiligt, aber auch in diesem Teilmarkt operieren Tausende von Kleinunternehmen, insbesondere auf der Ebene der Spieleentwickler.

## *3.4 Resümee*

Der Blick auf die Umsatzgrößen der Medienunternehmen bestätigt die Vermutungen, die am Beginn dieses Abschnitts formuliert wurden: Im internationalen Markt finden wir acht Unternehmen, deren Umsatz in Medienmärkten um Größenordnungen über den Umsätzen der kleineren, noch national und ausgerichteten Unternehmen liegt. Auf der Ebene nationaler Märkte, hier im deutschen Markt, finden wir in jeder Mediensparte eine Gruppe von nicht mehr als fünf Unternehmen, die zusammen etwa 80% des Gesamtumsatzes auf sich ziehen. Mit Ausnahme des Printbereichs sind die mittleren Größen schwach besetzt, aber in jeder Sparte gibt es eine drei- oder vierstellige Zahl von Kleinunternehmen. Bei diesen Kleinunternehmen ist oft schwer bestimmbar, ob es sich um individuelle Urheber handelt, die als juristische Person auftreten, um gelegentliche Produzenten von Musikeinspielungen oder Fernsehbeiträgen, um nebenerwerbliche Vertriebsorganisationen in Genrenischen, oder um alles gleichzeitig, wie im Fall der Bands aus der *Hardcore-Punk*-Szene, die ihre neuen Inhalte selbst spielen, aufnehmen und verteilen.

Von diesen Akteuren auf der Produktionsseite, den ganz großen und den ganz kleinen, handeln die folgenden Kapitel. Vor allem aber handeln sie von den Akteuren auf der Konsumtionsseite, die mit ihrer Verwendung ständig die Voraussetzungen für neue Mediengüter schaffen.

Das Phänomen der effizienten Spaltung der Netzwerkknoten in wenige große, vertikal und horizontal integrierte Nabenknoten und viele Kleinknoten mit Verbindungen zu kleinen Öffentlichkeiten, kann also offenbar auf mehreren Wettbewerbsebenen beobachtet werden. Wir fanden die Spaltung auf der Ebene der in allen drei Weltregionen aktiven Medienkonzerne, wir fanden sie wieder auf nationalen Märkten und in einzelnen Medienbranchen. Diese Selbstähnlichkeit des Verteilungsmusters ist darauf zurückzuführen, dass es auf jeder Ebene um den gleichen Typ von Produkt geht, nämlich um Informationsinhalte.

Die Schwierigkeiten bei der exakten Beschreibung der laufenden Fusions- und Akquisitionsprojekte haben die Relevanz der historischen Dimension deutlich gemacht. Die technologische Möglichkeit der Aufnahme und Wiedergabe von Ton und Bild gibt es erst seit wenig mehr als hundert Jahren. Seitdem ist die informationstechnologische Entwicklung, angeheizt durch zwei Weltkriege, sehr rasch verlaufen. Die Entwicklung der Unternehmensstrukturen ist deshalb immer sowohl von einer Bewegung hin zu einem Gleichgewicht in technisch ausgereiften Märkten als auch von einer Bewegung hin zur Marktführerschaft in neu auftauchenden Märkten bestimmt gewesen. Die Neuheitsspirale dreht sich nicht nur bei *Content*-Produkten, sondern auch bei Wissensprodukten mit zunehmender Geschwindigkeit. Angesichts der anhaltenden Beschleunigung der technologischen Innovation ist mit einer Änderung dieses Anpassungsmusters bis auf weiteres nicht zu rechnen.

## Literatur

Barabási, A.-L. (2002). *Linked. The New Science of Networks.* Cambridge, Perseus Publishing.

Hutter, M. (2003). Vernetzte Netze. Zur Auswirkung des jüngsten technischen Fortschritts auf die Unterhaltungsmedienmärkte. *Handbuch Medien- und Multimedia-Management.* B. Wirtz. Wiesbaden, Gabler: 967-980.

Peltier, S. (2004). „Mergers and Acquisitions in the Media Industries: Were Failures Really Unforeseeable?“ *Journal of Media Economics* 17(4): 261-278.

Röper, H. (2004). „Bewegung im Zeitungsmarkt 2004. Daten zur Konzentration der Tagespresse in der Bundesrepublik Deutschland im 1. Quartal 2004.“ *Media Perspektiven*(6): 268-283.

Sjurts, I. (2002). *Strategien in der Medienbranche: Grundlagen und Fallbeispiele*. Wiesbaden, Gabler.

Vogel, A. (2004). „Konsolidierte Großkonzerne bereit zu erneutem Wachstum. Daten zum Markt und zur Konzentration der Publikumspresse in Deutschland im 1. Quartal 2004.“ *Media Perspektiven*(7): 322-338.

Wirtz, B. (2005). *Medien- und Internetmanagement*. Wiesbaden, Gabler.

Zerdick, A., A. Picot, et al. (1999). *Die Internet-Ökonomie: Strategien für die digitale Wirtschaft*. Berlin, Springer.

# MÄRKTE

# 4. Die Beschaffungsmärkte

## Einleitung

Dieses Kapitel behandelt den Markt für *skills & scripts.* Auf der Anbieterseite treten die Lieferanten aller „kreativen“ Inputs von *Content*-Produkten an, auf der Nachfragerseite stehen die Hersteller der Originalvorlagen. Während die folgenden Marktphasen der Wertschöpfungskette – die Verteiler- und die Verwendermärkte – jeweils nach den Nachfragern benannt sind, wird für diese Marktphase der eingeführte Begriff der „Beschaffungsmärkte“ verwendet.

Fertige, vervielfältigbare Inhalte entstehen in der Regel über eine Kette von Märkten hinweg. Ein erster Blick auf die verschiedenen Medienbranchen soll den Formenreichtum zeigen, mit dem die Beschaffungsmärkte tatsächlich entfaltet sind.

Bei den Einzelmedien ist es im *Buchgewerbe* üblich, fast vollständig fertige Inhalte zu kaufen. Die Unterschiede zwischen dem Ankauf der Manuskripte unbekannter Autoren zum Festpreis, den langfristigen Verträgen mit erfolgreichen Autoren und den Auktionsgeboten für die Veröffentlichungsrechte an erstellten oder auch nur geplanten Manuskripten, werden uns noch beschäftigen. Die *Musikindustrie* ließ lange Zeit ihre Werke im eigenen Auftrag produzieren. Heute werden zunehmend Rechte an der Verwertung bereits produzierter Inhalte von Unternehmen, die auf Verteilungsleistungen spezialisiert sind (*major companies*), zugekauft. In der *Filmindustrie* hat ein ähnlich historischer Veränderungsprozess stattgefunden: In den 1920er und 1930er Jahren wurden die Filme von den *majors* selbst hergestellt. Die Produktionsverfahren wurden durch die Anwendung der in der Autoindustrie erfolgreichen Fließbandtechnik optimiert. Nach vorgegebenen Studioregeln wurden die Einzelaufnahmen für ein Filmprojekt erstellt und zu einem vollständigen Produkt zusammengefügt. Ein sorgfältiger Plan sicherte die bestmögliche Auslastung von Autoren, Technikern, Schauspielern und anderen Studioangestellten. Selbst Regisseure wurden als Teil des technischen, nicht des künstlerischen Personals eingestuft und entsprechend entlohnt. Seit den 1950er Jahren, als der Aufstieg der Fernsehindustrie der Filmindustrie den größten Teil des Marktes für einfache, nach Formeln herstellbare Produktionen wegkonkurrierte, hat sich ein neues Produktionssystem durchgesetzt, bei dem Teams für einzelne Projekte zusammengestellt werden (Caves 2000).

Bei den periodischen Medien ist die Vielfalt noch größer. Für *Zeitungen und Zeitschriften* werden die Druckvorlagen von Teams geschaffen, die innerhalb eines Verlagsunternehmens angestellt sind. Es gibt also einen Beschaffungsmarkt für die journalistischen Leistungen von „festen“ und „freien“ Mitarbeitern. Ergänzend werden für die Zeitung oder Zeitschrift Werke von Agenturen oder selbständigen Urhebern, etwa von Fotografen oder von Horoskopdiensten, zugekauft. Die *Fern-*

*sehsender* operieren mit einer Mischung aus eingekauften und selbst produzierten Produktionen, sodass sie flexibel auf Veränderungen in der Wettbewerbslandschaft und im Zuschauerverhalten reagieren können. Die Studios für Fernsehproduktionen sind mit den Studios der Filmbranche inzwischen verschmolzen. Die *Radiosender* werden von der Musikindustrie weitgehend kostenlos mit Inhalten versorgt, um dadurch Werbewirkung zu erreichen.

Interaktive Medienprodukte, insbesondere *Spielesoftware*, entstehen in der Regel im Kontext kleiner Teams, die dann die Rechte an der fertigen Masterversion einem *distributor* verkaufen. Aber auch hier tauchen bereits Superstars unter den Programmierern auf, die im Rahmen eines Projekts nur mehr ihre besonderen, hoch bezahlten Fähigkeiten beitragen.

Trotz dieser Vielfalt werden wir im Folgenden die Gemeinsamkeiten herausarbeiten, die aus den besonderen Eigenschaften von Informationsinhalten resultieren.

## 1. Märkte mit wechselnden Chancen

### *1.1 Optionsverträge statt Kaufverträge*

Medieninhalte werden in der Regel in Projekten erstellt. Die Projekte können so gleichförmig sein wie die nächste Ausgabe der *Ruhr-Nachrichten* oder so einzigartig wie die *Lord-of-the-Rings*-Trilogie. Sie werden von Teams produziert, die so stabil wie Redaktionen oder so flüchtig wie Talkshow-Gästegruppen sind. In den Teams arbeiten Spezialisten, die jeweils bestimmte Kompetenzen beitragen oder die schriftliche Vorlagen für Schauspieler, Musiker oder andere ausführende Künstler erstellen. Beide, Kompetenzen und Vorlagen, werden durch Verträge so in den Produktionsprozess eingebunden, dass zu einem geplanten Zeitpunkt die angestrebte *master copy* vorliegt. Die dafür fällig werdenden Zahlungen werden dann auf einem der *Downstream*-Märkte, also dem Verteiler- oder dem Verwendermarkt, wieder refinanziert. Wenn man die Unförmigkeit des Ausdrucks nicht scheut, könnte man die paradigmatische Form der Transaktionsgestaltung in den Beschaffungsmärkten *content construction project team participant contracts* nennen. Wir werden sie im Folgenden kurz *content contracts* nennen und feststellen, in welcher erstaunlicher Vielfalt sie heute in der Medienwirtschaft verwendet werden.

Ökonomisch gesehen sind Verträge eine Variante der Ausgestaltung von Transaktionen. Märkte bestehen aus Transaktionen. Genau besehen sind Märkte nichts anderes als die Summe der Transaktionen, die an einem Ort, in einem Zeitraum, mit einer bestimmten Art von Gütern, getätigt werden. Auch der wöchentliche Gemüsemarkt besteht eigentlich nicht aus den Ständen und den Rufen der Händler, sondern aus den vielen Kaufakten, in denen Kartoffeln und Tomaten den Eigentümer wechseln. Dem Käufer mögen diese einfachen Handlungen, bei denen fertige

Waren mit Geldstücken bezahlt werden, als Normalfall der Marktkommunikation erscheinen. Über das Spektrum sämtlicher Märkte betrachtet, handelt es sich aber eher um den Ausnahmefall besonders einfacher und billiger Transaktionen. Wenn die Verhältnisse komplexer und langfristiger sind, werden Verträge formuliert. Weil hinter dem Vertrag die Durchsetzungs- und Sanktionskraft des Rechts steht, können die Marktparteien hinreichend sicher sein, dass ihr Gegenüber den vereinbarten Tausch von Gütern und Leistungen gegen versprochene Zahlungen auch tatsächlich einhält.

Im Verlauf der Erstellung eines Inhalts – auf dem Weg von der ersten Skizze zum verkaufsfertigen Produkt – gewinnen die Beteiligten ständig neue Erkenntnisse über die Qualitäten des Projekts und über Außenereignisse, die den Erfolg positiv oder negativ beeinflussen. Häufig taucht auf Märkten das Problem der asymmetrischen Informationsverteilung auf, weil eine der beiden Parteien besser über die Produktqualität informiert ist als die andere. Dagegen herrscht auf Märkten für Inhalteinputs ebenso wie auf Märkten für Zwischenprodukte „symmetrische Ignoranz", weil beide Vertragsparteien über die Zukunft im Unklaren sind (Caves 2000: 14). Darauf wird mit der Vertragsform der Option reagiert: Optionsverträge lassen dem jeweils nächsten Partner in der Wertschöpfungskette die Möglichkeit, seine Option, also sein Recht auf Übernahme eines Inhalts zum Zweck der weiteren Bearbeitung, entweder verfallen zu lassen oder zu realisieren.

Wenn beispielsweise die *master copy* eines Hollywood-Films ins Kopierwerk kommt, hat sie einen jahrelangen Prozess hinter sich, in dem auf Dutzenden von Märkten die Leistungen kontraktiert wurden, die zu genau diesem Werk geführt haben. Verfolgen wir eine einigermaßen typische Sequenz:

- Ein Produzent kauft die Filmrechte an einem erfolgreichen Roman.
- Der Produzent gibt einem *script writer* den Auftrag, ein *treatment,* also eine Skizze des geplanten Inhalts, zu schreiben.
- Der Produzent gibt einem Drehbuchschreiber, den Auftrag, ein Drehbuch zu schreiben (der Drehbuchschreiber muss Mitglied der *Writers Guild* sein).
- Der Produzent engagiert die Mitglieder des Aufnahmeteams.
- Die Verträge für Stars diesseits und jenseits der Kamera werden in Abstimmung mit den Finanziers gestaltet.
- Der Produzent gibt die *Post-production*-Bearbeitung der Aufnahme in Auftrag.
- Der Produzent verkauft einen Teil der erwarteten Einnahmen an ein *major studio*
- falls er nicht von Anfang an im Auftrag des Unternehmens gehandelt hat. Im Gegenzug verpflichtet sich das Unternehmen, den Film zu finanzieren, zu vervielfältigen, zu bewerben und an ein Netz von Abspielstationen zu verteilen.

Der Punkt in der Kette, an dem der Produzent tatsächlich seinen Film verkauft, ist variabel. Die zunehmende Flexibilisierung des Herstellungsprozesses hat die *majors* heute auf die Kernkompetenzen der Finanzierung und der Verteilung konzentriert. *Production finance distribution deals* (PFDs) heißen die Kontrakte, in denen die Studios das Recht zu (üblicherweise) 50% der *net profits* eines Films ankaufen. Dafür bezahlen sie die Produktionskosten und sorgen für Werbung und Vertrieb (Vogel 2002).

Wir haben es also in der Filmbranche, wie in den anderen Medienbranchen, mit ineinander verwobenen Beschaffungsmärkten zu tun – von den Märkten, auf denen Produzenten Schauspieler einkaufen bis zu den Märkten, auf denen sich Universal- und Nischenunternehmen Verwertungsrechte an fertigen Filmen kaufen. Das grundlegende Merkmal aller Verträge, die auf diesen Beschaffungsmärkten geschlossen werden, ist ihre Optionsstruktur.

Über die Option hat der Käufer das ausschließliche, zeitlich limitierte Recht, ein Inhaltszwischenprodukt zu Bedingungen zu kaufen, die vereinbart wurden, bevor der Inhalt geschaffen war. Verzichtet er auf das Recht, so hat er keine Verpflichtungen, aber auch keine Ansprüche gegenüber dem Anbieter des Produkts. Durch die Option kann auf jeder Stufe der Herstellung die Vertragspartei, die gerade dabei ist, neue finanzielle oder kreative Mittel in ein Projekt zu investieren, die erwarteten Erträge mit den bereits aufgelaufenen und den noch zu erwartenden Kosten vergleichen. Der Produktionsprozess wird nur fortgesetzt, wenn der gegenwärtig erwartete zukünftige Ertrag des Projekts höher ist als die dann noch vermeidbaren weiteren Kosten des Projekts (Caves 2000: 10f.).

Optionen finden sich also bereits im Vertrag mit dem Autor, der seine zunehmend vollständigeren *Treatment*-Versionen einzeln an den Produzenten verkauft. Im Stadium der Drehbuchentwicklung ist es noch kein Problem, das gesamte Projekt abzubrechen – tatsächlich enden die meisten Projekte an diesem Punkt. Bei Filmen, die ihre Aufnahmephase fast oder ganz abgeschlossen haben, gelten andere Regeln: Sobald das Studio sich für die Ablehnung der Option entscheidet, befindet sich das Projekt im *turnaround*. Der Produzent kann dann, in der Regel binnen einen Jahres, die Rechte zurückkaufen, wenn er dem Studio bereits erfolgte Zahlungen zurückerstattet. Meistens wird der Vertrag ergänzt durch einen *completion bond*: Eine dritte Partei verpflichtet sich, das Projekt fertig zu stellen, falls ein vereinbartes Budget- oder Zeitlimit überschritten ist. Dadurch wird das Risiko des Financiers, auf die Kooperation des Produzenten bei der Fertigstellung angewiesen zu sein, begrenzt.

Das Risiko, einen Inhalt zu kaufen, der unter den Verlierern sein wird, kann deutlich gesenkt werden, wenn *skills & scripts* unter Vertrag genommen werden, die schon früher erfolgreich waren. Die Reputation für verlässliche Erfolge bauen sich Schauspieler, Regisseure, Musiker und Autoren meist langsam auf. In manchen Fällen bringt ein einziger Erfolg einen Star zum Leuchten, aber erst die Folgewerke zeigen, ob der erste Überraschungscoup wiederholt werden kann. Bei weniger als einem Dutzend Schauspieler in jedem Genre ist der Einfluss auf den Erfolg ihrer Filme tatsächlich messbar (De Vany 2004), aber allein die vermutete Bedeutung für den finanziellen Erfolg des Films genügt für finanzielle Ansprüche. Solche Ansprüche sind häufig so ausgestaltet, dass das Teammitglied am zukünftigen Ertrag beteiligt wird. Die Höhe der Beteiligung reflektiert die Bedeutung für den Gesamterfolg. Gleichzeitig gibt diese Bindung dem Produzenten und dem Financier mehr Sicherheit, dass der Vertragspartner sein Bestes gibt, um dann am Erfolg partizipieren zu können. Die Stars begeben sich ihrerseits durch die Vereinbarung variabler Zahlungsanteile in Abhängigkeit von denjenigen Projektteilnehmern, die die Endfassung des Films schneiden, die ihn bewerben und die ihn verteilen. Sie gehen ein geringeres Risiko ein, wenn sie sich den größten Teil ihres Honorars als feste Summe auszahlen lassen.

### *1.2 Wechselnde Verhandlungsmacht*

Bei der Schilderung der Vertragsbestandteile war schon deutlich geworden, dass die Marktmacht nicht so gleichmäßig auf die beiden Parteien verteilt ist, wie das in einfachen ökonomischen Modellen angenommen wird. Häufiger sind die beiden Extreme, bei denen entweder der Verkäufer oder der Käufer über die gesamte Marktmacht verfügt. Die Auswirkungen dieser Asymmetrie spiegeln sich in den Zahlungen wieder. Neue Talente oder auch neue Produzenten gehören erst einmal zur großen Menge der Anbieter, die ständig versuchen, mit einem erfolgreichen Produzenten oder einer schlagkräftigen Vertriebsorganisation ins Geschäft zu kommen. Das Verhältnis von Ablehnung und Annahme von Filmprojekten ist 100:1. Bei der Auswahl der Filmprojektteilnehmer sind die Relationen noch günstiger für die Käufer.

Die Gründe für das überschießende Angebot an Inputs liegen im Wissen der Anbieter, dass sie die Chance haben, zu überraschenden Gewinnern zu werden, wenn sie mit Herstellern und Verteilern koalieren. Die Erträge, die solche Gewinner in der Vergangenheit erreicht haben, verbunden mit der Reputation, die daraus erwächst, sind die Grundlage von Einschätzungen, die die Wahrscheinlichkeit des eigenen Erfolgs in ähnlich grotesker Weise übertreiben wie das bei der Teilnahme an Lotterien der Fall ist. Es ist also für junge Talente durchaus rational, über längere Zeiträume zu versuchen, durch Niedrigstangebote in den Markt zu kommen, weil ja die Chance des Durchbruchs anfängliche Selbstausbeutung und Verschuldung rechtfertigt. In einer derartigen Situation ist es für die Käufer einfach, Lohnzahlungen am Minimalpunkt der Skala für *skills* und niedrige, einmalige Abschlagszahlungen für *scripts* durchzusetzen. Dieser Punkt liegt im Schnitt unter jeglichen gesetzlichen Mindesttarifen, weil die Produzenten des Öfteren überhaupt nicht zahlen, ohne dass sie von denen, die ihre Leistung eingebracht haben, sanktioniert werden könnten.

Drei Wege führen aus dieser Verhandlungsposition: Den Ersten, Aufbau von Erfolgsreputation in der Öffentlichkeit, haben wir bereits kennen gelernt. Der Zweite schafft Nicht-Ersetzbarkeit durch eine kontinuierliche Folge von Leistungen gleich bleibender Qualität. Dadurch entstehen Routinen der Zusammenarbeit, die den Einzelnen von der Masse der alternativen Anbieter einer vergleichbaren Leistung unterscheiden. Der Produzent wird dann zu einer Zahlung bereit sein, die stabiles finanzielles Überleben in dieser Profession ermöglicht. Der dritte Weg schafft eine künstliche Verknappung des Angebots durch korporative Organisation.

In Hollywood hat sich sowohl eine *Writers Guild* als auch eine *Actors Guild* entwickelt, die durch ihr Regelwerk die Verhandlungsmacht ihrer Mitglieder steigert. Der Funktionsmechanismus ähnelt dem der Gewerkschaften in traditionellen Industrien: Standardtarife für alle Professions- und Einsatzvarianten werden vorab mit Vertretern der Arbeitgeberseite ausgehandelt. Nicht-Mitglieder werden wirksam daran gehindert, ihre Leistungen anzubieten. Die Bezeichnung *guild* weist aber schon darauf hin, dass das Selbstverständnis dieser Organisationen eher dem einer Zunft oder Profession entspricht als dem einer Gewerkschaft. Die Mitglieder verfügen über spezifisches Wissen und spezifische Fähigkeiten, und es ist im Interesse aller Mitglieder, dass die Qualität dieser Eigenschaften erhalten bleibt. So wie es im Interesse der Apotheker ist, dass das Wissen ihrer Mitglieder Reputation schafft, so ist es im Interesse der Autoren- oder Schauspielergilden, dass ihre Mitglieder über ein Können verfügen, das verlässliche Ergebnisse hervorbringt. Deshalb enthalten die Regeln der kollektiven Verhandlungen ein sehr ungewöhnliches Element: sie legen mit größtmöglicher Genauigkeit fest, für welche Leistungen *credits* angezeigt werden, und an welcher Stelle im Abspann eines Films sie erscheinen. Der Grund für die endlos lange Liste, die abläuft, während der normale Kinobesucher bereits den Saal verlässt, liegt darin, dass diese *credits* die Bausteine der Unterscheidbarkeit sind, die die kreativen Talente brauchen, um darauf ihre individuelle Karrieren aufzubauen: *„Screen credits for film participants work exactly as vita entries for research scholars: the bricks from which the structure of career and reputation are built“* (Caves 2000: 107).

Selbst bei den Stars der einzelnen Branchen finden sich deshalb in den Verträgen entsprechende Vereinbarungen über die Positionierung ihrer Namen im Film und in der Werbung für den Film. Reputationen sind im Grunde die Akkumulation solcher *credits*, die die Qualität ihres Trägers signalisieren. Hohe Reputation bedeutet *clout*, also Verhandlungsmacht. Mit der Verhandlungsmacht steigen die Preise beim Verkauf der eigenen Leistung (Vogel 2002).

Wenn Autoren, Schauspieler oder Produzenten selbst zum unverwechselbaren Reputationsgut, zu einem *household name*, geworden sind, dann sind sie in der Position des Monopolisten, der bei den Käufern den Maximalpreis abschöpft. Jetzt können sie ihren Verhandlungsgegner zu der Ertragsverteilung zwingen, an der für den Produzenten oder den Distributor das Geschäft unrentabel wird – und oft darüber hinaus, weil ja vielleicht der viel diskutierte, wenn auch unprofitable Film die Chancen auf ein anschließendes, profitableres Geschäft erhöht. Ausdruck dieser Verhandlungsmacht sind *play-or-pay clauses*, die dem Star seine Zahlung auch dann zusichern, wenn er oder sie aus dem Projekt ausscheidet oder wenn der Film nie gedreht wird, und *final cut clauses*, die dem Regisseur das Recht zusichern, die Endfassung des Films zu bestimmen. Auch im Fall der Verhandlung zwischen Produzent und Distributor kann es zu einer Machtverteilung kommen, die den

Gewinn eines besonders erfolgreichen Produzenten maximiert. Aber die Zahl der *major studios* ist eng begrenzt, und informelle Absprachen zwischen den Studios über Zahlungslimits sind relativ leicht zu etablieren und zu kontrollieren. Extravaganzen, wie sie bei den kreativen Talenten zu beobachten sind, kommen daher im Beschaffungsmarkt für *master copies* selten vor.

Die Vertrags- und Verhandlungsformen in der amerikanischen Filmindustrie zeigen also die Wirkungen der Besonderheiten von Mediengütern mit aller wünschenswerten Deutlichkeit. Der schwierige Schutz neuer Ideen, die Unsicherheit des Erfolgs, die Alleinstellung wichtiger Produzenten und großer Studios, die Unersetzbarkeit der Superstars und die Asymmetrien des Herstellungsprozesses finden alle ihre Entsprechungen in den *content contracts*. Die Beobachtungen in den anderen Branchen differieren davon nur in den Einzelheiten, die durch die jeweiligen Medien bestimmt sind. Auch Zeitungsjournalisten und Studiomusiker werden durch Berufsorganisationen unterstützt, auch Musik-, Literatur- und Fernsehstars sichern sich Anteile am Ertragsstrom. Optionsverträge sind die Regel in der Musikindustrie ebenso wie im Fernsehgeschäft, und die Verhandlungsmacht der Hersteller gegenüber unbekannten Musikern, freien Autoren und Fernsehschauspielern lässt sich nur schwer steigern.

## 2. Alternativen der Herstellung

### *2.1 Interne und externe Märkte*

Der zunehmende Wert eines Inhaltsprodukts ist nur selten wirklich anhand einer Abfolge von Markttransaktionen zu beobachten. Sehr häufig werden Teile der Kette oder auch die gesamte Kette innerhalb eines einzigen Herstellerunternehmens produziert – wobei das Unternehmen möglicherweise einem sehr viel größeren Verteilerunternehmen gehört. Die Entscheidung darüber, ob ein Produkt intern, also im Rahmen einer Organisationshierarchie, entsteht oder ob es extern, also im Rahmen von Markttransaktionen beschafft wird, hängt wesentlich von zwei Kriterien ab: der *Unteilbarkeit des Kapitalbestands*, mit dem der Mehrwert geschaffen wird, und der *Höhe der Transaktionskosten*, die zwischen den Vertragsparteien anfallen (Williamson 1990).

Integrierte Verfahren werden verwendet, wenn der Herstellungsprozess nicht in Teileinheiten aufgebrochen werden kann. Die geschlossenen Verträge beziehen sich auf die Arbeitsleistung der Mitarbeiter, nicht auf die erstellte Gesamtleistung. Solche Unteilbarkeiten gehören zu den Besonderheiten der Inhalteproduktion (Kap. 2).

Auf der anderen Seite wächst die Wahrscheinlichkeit einer Entscheidung für den Zukauf oder Verkauf von Leistungen über Märkte, wenn die Transaktionskosten sinken.

Transaktionskosten sind Kosten der Informationsbeschaffung, und entsprechend hoch sind sie unter den Bedingungen von ständig neuen Inhalten: Die Suchkosten sind höher, wenn das angebotene oder auch das gewünschte Produkt neu ist. Die Verhandlungskosten steigen, wenn der Verkaufserfolg des Produkts geschätzt werden muss, und die Kontrollkosten können unendlich sein, weil die im Produkt enthaltene Information nicht ausschließbar in der Verwendung ist. In Fällen, bei denen die Parteien ihre jeweilige Verhandlungsstärke unterschiedlich einschätzen, braucht es außerdem mehrere Verhandlungsrunden, um überhaupt erst Informationen über deren jeweilige Marktmacht entstehen zu lassen. Die Vorteile einer effizienten Verhandlungsführung sind beispielsweise so groß, dass ein eigener Markt für die Dienstleistungen spezialisierter Anwälte und Agenturen entstanden ist.

Wenn die Transaktionskosten des Erwerbs von Inputs gleich Null wären, dann würden die Vorteile eines (externen) Erwerbs auf dem Markt die Vorteile einer (internen) Eigenproduktion in der Regel überwiegen. Aber bei hohen Transaktionskosten ist es vernünftiger, Arbeitsleistung über Verträge anzukaufen, um für die vereinbarte Zeit vollen Zugriff auf die Leistungsfähigkeit der Mitarbeiter zu haben. Das ist der Grund, warum die Koordinationsform der Unternehmensorganisation neben der Koordination durch Märkte bestehen kann.

Da die Transaktionskosten positiv sind, fließen sie auch in einen Entscheidungsprozeß zu Gunsten der Eigenproduktion mit ein. So werden Filme und Musikaufnahmen in hundertprozentigen Tochterunternehmen hergestellt. In eigenen Betriebsstätten werden Schauspieler, Musiker und Techniker mit mehrjährigen Verträgen angestellt, weitere Inputs werden projektbezogen zugekauft. Die dabei entstehenden Kosten werden aus Verrechnungspreisen im eigenen Konzern kalkuliert. In Zeitungs- und in Senderunternehmen sind Redaktionen mit fest angestellten und „festen freien" journalistischen Mitarbeitern die Regel. Auch hier werden zusätzliche Leistungen, etwa von Nachrichten- oder Bildagenturen, dazugekauft.

Die vertikale Integration von Wertschöpfungsstufen in einem Unternehmen ist auch hilfreich, wenn Anschlussinhalte hergestellt werden sollen. Anschlussinhalte sind Fortsetzungen, die wesentliche Figuren und Handlungselemente oder Stilcharakteristika und Themen einer erfolgreichen Produktion beibehalten. Wenn es möglich ist, den Regisseuren vorzuschreiben, welche Drehbücher sie verwenden, und den Filmtheatern, welche Neuproduktionen sie für wie lange aufzuführen haben, dann kann dadurch Risiko deutlich reduziert werden. Allerdings kann es sein, dass sich die Verwender angesichts dieser Strategie zu langweilen beginnen und nach neuigkeitshaltigeren Alternativen suchen – entweder im selben Genre oder in anderen, überraschungsreicheren Medien.

Insgesamt zeigen Medienbranchen im historischen Verlauf eine Bewegung von der Marktkoordination hin zur Unternehmenskoordination und dann wieder zurück zur Marktkoordination. In der Frühzeit jeder Medienbranche waren die Unteilbarkeiten der Produktion gering. Kleine Unternehmen operierten auf leicht

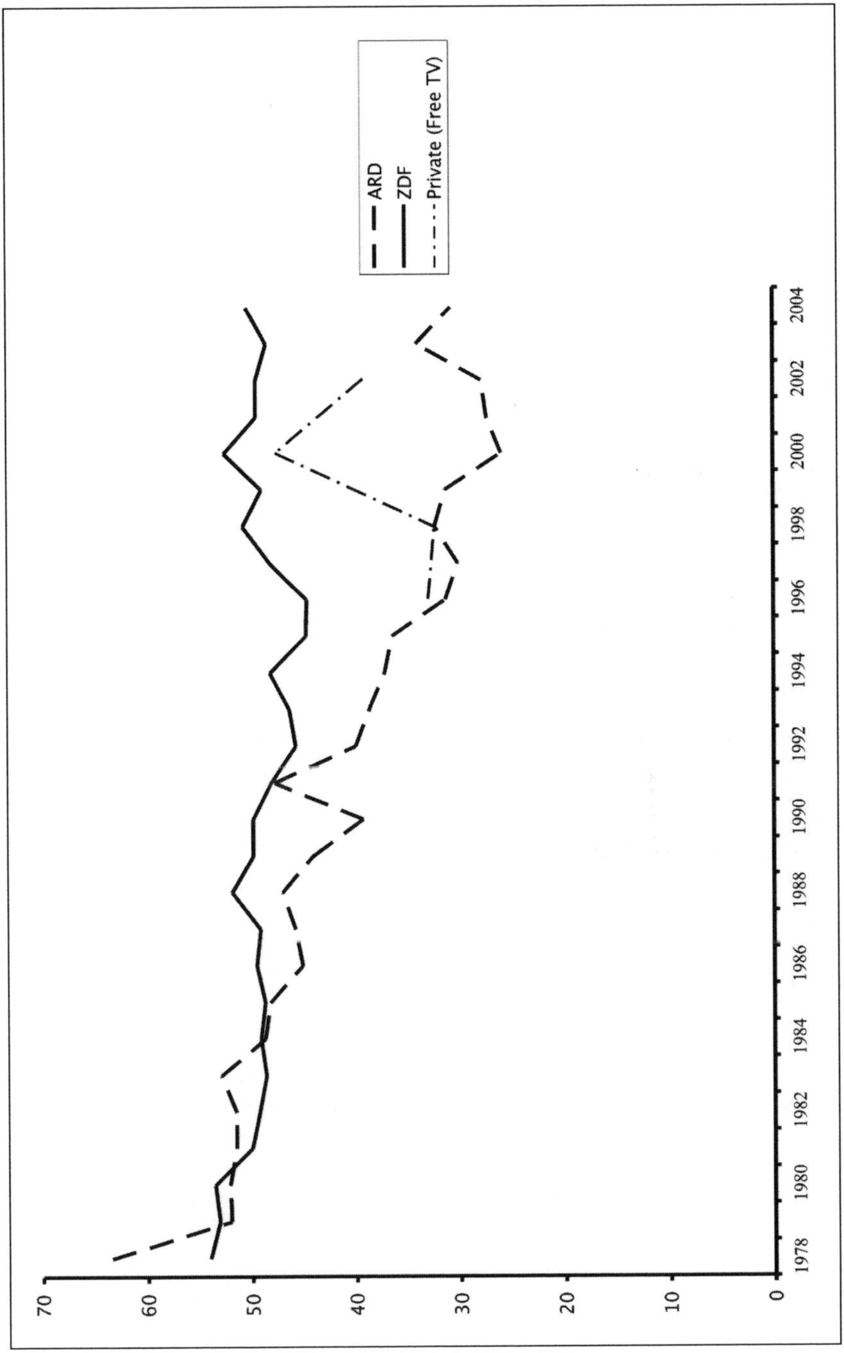


Abb. 4.1: Prozentuale Eigenproduktionsanteile deutscher Fernsehsender, 1978-2004
Quelle: Eigene Berechnungen auf Basis verschiedener Jahrbücher der Fernsehanstalten

bestreitbaren Märkten. Dann steigerten komplexere Aufnahme- und Vervielfältigungsverfahren die Unteilbarkeit des Kapitalbestands bei den Hersteller- und den Verteilerunternehmen. Das waren die Bedingungen, unter denen das Studiosystem der Musik- und Filmmajors in den 1930er und 1940er Jahren erfolgreich war. Seit den 1960er Jahren sorgt die technologische Entwicklung dafür, dass sowohl die Kapitalgüter als auch die Transaktionen für alle Teilnehmer billiger werden. Die Preise für Tonaufnahmegeräte, Kameras, Computer, Kopiermaschinen und Telekommunikation sind gesunken und sinken immer noch. Die Folge sind Redaktionen, die den größten Teil ihrer Nachrichten und Unterhaltungsprogramme von freien Anbietern – Individuen und kleine Spezialfirmen – beziehen, und *majors*, deren Kernkompetenz auf die Finanzierung und Verteilung extern produzierter Werke reduziert ist. Die Statistik bestätigt, dass in Deutschland bei den öffentlich-rechtlichen Sendern, insbesondere der ARD, der Eigenproduktionsanteil in den vergangenen Jahrzehnten gesunken ist. Bei den privaten Sendern lagen die Anteile von Beginn an niedriger (Abb. 4.1).

Im Musikbereich sind inzwischen die Preise der Herstellung von Inhalten so stark gesunken, dass die Verwender in der Lage sind, ihre eigenen Musikaufnahmen auf hohem technischem Niveau zu erstellen, und sie dann über *Peer-to-peer*-Systemen anderen kostenlos zur Verfügung zu stellen. Die Wertschöpfung findet in solchen Fällen in *communities*, also Gemeinschaften von Verwendern, statt.

### *2.2 Verwertungsketten und Marktprognosen*

In den vergangenen Jahrzehnten haben technologisch neue Übertragungsmedien eine mehrfache Verwertung von Inhalten ermöglicht. Daraus ist eine Reihe von Märkten entstanden, in denen die Rechte für diese Verwertungsformen gehandelt werden.

TV-Programme, die anfangs eine Existenz bedrohende Gefahr für das Kinogeschäft zu sein schienen, erwiesen sich als ein solcher zusätzlicher, neuer Vertriebskanal. Inzwischen besorgen eigene Spartenkanäle die systematische Wiederverwertung der in den Archiven gesammelten *master copies*. In neuerer Zeit wird auch damit experimentiert, Filme so anzulegen, dass sie sowohl im Film- als auch im TV-Format funktionieren. Die Betreiber von Fernseh- und Kabelnetzwerken verwerten damit nicht nur bereits vorhandene, längst amortisierte Inhalte, sondern sie finanzieren Inhalte vor, die dann Jahre später, nach dem Durchlauf der ersten Verwertungsstufe, von ihnen als Teil ihres Programms ausgestrahlt werden können.

Ein weiteres Glied der Verwertungskette entstand durch die Erfindung der *Video Home Systems* (VHS). Kinofilme konnten in ein Format übertragen werden, das dann auf dem eigenen TV-Gerät abgespielt werden kann. Inzwischen werden die störanfälligen Bänder durch *Digital Video Discs* (DVDs) ersetzt. Die in beiden Fällen nötigen materiellen Kassetten führen dazu, dass der Vertrieb in ähnlicher Form stattfindet wie im Fall der Bücher und Schallplatten. Gleichzeitig haben sich

Einzelhandlungen gebildet, die auf den Verkauf, vor allem aber auf den Verleih von Videokassetten und DVDs spezialisiert sind. Die Produktionsstufe der Transformation vom Film- ins Videoformat haben alle *majors* intern organisiert. Für kleine Produktionen, die von vornherein im digitalen Video-Format aufgenommen sind, eröffnet der Vertriebsweg über DVDs eine billige Alternative zur Kinoaufführung. Allerdings eignet sich die Strategie kaum für Werke, deren Wirkung für die Aufführung im Kinosaal dosiert ist.

Die Nachfrage in den einzelnen Märkten und damit auch die erzielbaren Preise sind stark interdependent. Deshalb wird von den Rechteinhabern versucht, die gesamte Nutzung über eine Sequenz von Zeitfenstern zu strecken (Zerdick, Picot et al. 1999: 58f.). In jüngster Zeit hat sich die Abfolge der einzelnen Verwertungsstufen deutlich beschleunigt.

Schließlich soll noch ein Input erwähnt werden, der in Branchen mit hoher Neuheitsrate unverzichtbar ist: verlässliche Prognosen über den Verkaufserfolg geplanter *Content*-Produkte. Angesichts der hohen Investitionen lohnt es sich, das eigene Entscheidungsrisiko durch unterstützende Daten abzusichern. Folglich ist eine ganze Branche von Instituten entstanden, die entsprechende Ergebnisse herstellen. Repräsentative Stichproben aus den Zielgruppen werden befragt, Testgruppen werden mit Vorversionen der Produkte versorgt, etc. Überraschung lässt sich so zweifellos reduzieren, aber der Aufwand und die Trägheit der Verfahren schränken ihre Nützlichkeit ein. Eine bemerkenswerte Erweiterung der verfügbaren Techniken der Marktforschung bieten fiktive Projektbörsen. In *Hollywood Stock Exchange* (www.hsx.com) beispielsweise werden Verwender zu Teilnehmern in einem Unterhaltungsspiel, dessen Ziel daran besteht, durch richtige Vorhersagen des steigenden und fallenden Ertragswerts von Filmprojekten, Schauspielereinsätzen oder Projektkonzeptionen, ein eigenes Vermögen an fiktiven Gewinnpunkten aufzubauen. In ihren Entscheidungen spiegeln sich die Meinungen und Reaktionen, die dann tatsächlich auch die realen Produkte nach ihrer Einführung begleiten.

## 3. Die Rolle der Verwertungsgesellschaften

Die Masse der Verträge, die mit den kreativen Mitarbeitern abgeschlossen werden, betrifft Leistungen, die kurzfristig und ohne nennenswerte Auswirkung auf das Werk ausgetauscht werden können. Sie enthalten feste Preise für das Überlassen von Werken und Leistungen, gezahlt nach den Regeln von Tarifwerken, ohne reputationsbedingte Konzessionen. Mit diesen einmaligen Zahlungen, mit denen alle Forderungen abgegolten sind, scheint bei dieser Gruppe, der schwächsten entlang der Wertschöpfungskette, jede Teilhabe an den Erträgen erfolgreicher Medienprodukte erschöpft zu sein. Aber selbst unter derartig ungünstigen Bedingungen ist es historisch gelungen, die Interessen von Autoren – Schriftstellern ebenso wie Komponisten – und ausführenden Künstlern so zu bündeln, dass daraus ein urheberrechtlich garantierter Anspruch auf Anteile an zukünftigen Verwertungen eines Werkes resultiert. Eigene Organisationen sind entstanden, die die Aufgabe erfüllen, Verwendungsgebühren einzusammeln und an die in ihnen organisierten Urheber zu verteilen. Dafür hat sich der Begriff „Verwertungsgesellschaften" eingebürgert.

Die ökonomischen Gründe für das Entstehen der Verwertungsgesellschaften (VGs) sind rasch aufgeführt: Inhalte können, in neuer Kombination und für neue Öffentlichkeiten, immer wieder verwertet werden. Die Nutzungen tauchen an den verschiedensten Stellen auf und können in den seltensten Fällen vollständig kontrolliert werden. Dabei lässt sich nur schwer kontrollieren, wer sich Zugang zu einer Kopie verschafft und wie er sie verwendet, weil Informationsinhalte öffentliche Güter sind (Kap. 2). Der Kreis der Verwender, die sich Zugang zum Werk verschaffen ohne zu zahlen, ist groß. Entsprechend groß sind die potentiellen Kosten der Transaktion zwischen Rechteeigentümern und Rechteverwendern. Die Transaktionskosten verschieben die Marktmacht hin zu impliziten Verträgen zum Nulltarif. Sie hindern die Rechtehalter daran, Verhandlungen mit allen potentiellen, auch noch so kleinen Vertragspartnern zu führen.

Diese Ausgangslage hat dazu geführt, dass um die Mitte des 19. Jahrhunderts Komponisten, Autoren, Musik- und Buchverleger Koalitionen bildeten, die die gesetzliche Einführung eines neuen, in den alten Industrien unbekannten Organisationstyps durchsetzten – den Verwertungsgesellschaften. 1851 wurde in Frankreich die erste, die *Societé des Auteurs et Compositeurs et Editeurs de Musique* (SACEM) gegründet. Die anderen europäischen Staaten folgten bis zur Jahrhundertschwelle mit Urheberrechtsgesetzen und Urheberwahrnehmungsgesetzen, die die Grundregeln für die Errichtung von Verwertungsgesellschaften enthalten.

VGs sind also privatrechtlich organisierte Vereinigungen von Urhebern, die die Rechte ihrer Mitglieder treuhänderisch und kollektiv wahrnehmen. Sie erteilen Lizenzen und fordern Vergütungen gemäß vorher bestimmten Tarifen. Im Lizenzvertrag wird geregelt, was der Nutzer für bestimmte Verwertungsvarianten und -zeiträume zahlt. Die Anzahl der Varianten ist beträchtlich. Das deutsche Urheberrechtsgesetz unterscheidet beispielsweise zwischen Vervielfältigungs-, Verbreitungs-, Vermiet-, Ausstellungs-, Aufführungs-, Sende-, Zweitverwertungs- und Bearbeitungsrecht (Dreier und Schulze 2004). Entsprechend vielfältig sind die Verwertungsgemeinschaften, die sich unter diesen Bedingungen gebildet haben (Abb. 4.2).

Die Rechteinhaber sind gegenüber den Nutzern kontraktpflichtig. Sie haben aber das Recht, die Gebühren für die Lizenzerteilung festzulegen. Die VGs werden von ihren Mitgliedern ermächtigt, feste Lizenzgebühren für spezifische Inhalte festzusetzen, sie bei den Weiterverwertern einzutreiben und schließlich die zugeflossene Summe, abzüglich der Aufwendungen, nach vereinbartem Schlüssel an die Mitglieder auszuschütten. Bei Werken, die mehrere Urheber und Produzenten haben, regelt wiederum ein Schlüssel die Anteile. Beispielsweise gehen in Deutschland für Aufführungsrechte 8/12 an den Komponisten und 4/12 an den Verleger einer Komposition, für Vervielfältigungsrechte wird die Summe zweigeteilt.

| Verwertungsgesellschaft | | Haushaltsvolumen 2004 in € |
|---|---|---|
| GEMA | Gesellschaft für musikalische Aufführungs- und mechanische Vervielfältigungsrechte, rechtsfähiger Verein kraft Verleihung | 806.207.709 |
| GVL | Gesellschaft zur Verwertung von Leistungsschutzrechten mbH | 150.641.089 |
| VG WORT | Verwertungsgesellschaft WORT, rechtsfähiger Verein kraft Verleihung | 82.449.956 |
| VG Musikedition | Verwertungsgesellschaft Musikedition, rechtskräftiger Verein kraft Verleihung | 2.176.663 |
| VG Bild-Kunst | Verwertungsgesellschaft Bild-Kunst, rechtskräftiger Verein kraft Verleihung | 36.049.944 |
| GÜFA | Gesellschaft zur Übernahme und Wahrnehmung von Filmaufführungsrechten mbH | 7.807.210 |
| VFF | Verwertungsgesellschaft der Film- und Fernsehproduzenten mbH | 8.073.464 |
| VGF | Verwertungsgesellschaft für Nutzungsrechte an Filmwerken mbH | 9.345.571 |
| GWFF | Gesellschaft zur Wahrnehmung von Film- und Fernsehrechten mbH | 22.318.332 |
| AGICOA GmbH | AGICOA Urheberrechtsschutz-Gesellschaft mbH | 15.503.104 |
| VG Media | VG Media Gesellschaft zur Verwertung der Urheber- und Leistungsschutzrechte von Medienunternehmen mbH | 29.679.557 |
| **Summe** | | 1.170.252.599 |

Abb. 4.2: Erträge der deutschen Verwertungsgesellschaften in Euro, 2004
Quelle: Eigene Berechnungen auf Basis von Veröffentlichungen der VGs

Heute operieren allein in Deutschland ein Dutzend Verwertungsgesellschaften. Den größten Umsatz erzielt die *Gesellschaft für musikalische Aufführungs- und mechanische Vervielfältigungsrechte* (GEMA, gegründet 1915), dann folgen, mit deutlichem Abstand, die *Gesellschaft zur Verwertung von Leistungsschutzrechten* (GVL), die *Verwertungsgesellschaft Wort* (VG WORT) und die *Verwertungsgesellschaft Bild-Kunst* (VG Bild-Kunst). Die restlichen Gesellschaften vertreten kleinere Gruppen, etwa Musikverleger oder Filmproduzenten. Die neu gegründete *VG Werbung + Musik* ist noch nicht in den Tabellen aufgeführt, weil sie erst seit 2005 operativ tätig ist. Formale Aufsichtsbehörde ist das Patent- und Markenamt.

Verwertungsgesellschaften haben eine immanente Tendenz, sich zu verselbständigen und eigene Interessen gegenüber ihren Mitgliedern zu entwickeln. Das liegt an der Monopolsituation, in der sich die VGs befinden. Ein VG ist in der Regel die Einzige, die in einem bestimmten Rechtsgebiet bestimmte Inhaltsrechte vertritt. Zu ihren Mitgliedern zählen einzelne Urheber und aufführende Künstler, aber auch die Medienunternehmen, die diese Rechte mit dem Erwerb der Werke von den Urhebern und Produzenten übernommen haben. Dabei ist es nicht unüblich, dass auch Vertreter der Medienunternehmen in der Führung einer VG aktiv sind (Kretschmer 2002).

Weil die Monopolposition einer VG kaum bestreitbar ist, sinkt die Kosteneffizienz. Die „Verwaltungskosten" der eigenen Operation werden einbehalten, bevor die Nettoerträge ausgeschüttet werden. Zu den Verwaltungskosten zählen auch die Kosten der Teilnahme am Gesetzgebungs- und Rechtssprechungsprozess, denn in diesen Arenen werden die Rahmenbedingungen festgelegt, die den Aktionsradius und die Durchgriffsmöglichkeiten der VGs in der Zukunft bestimmen. Weitere Kosten sind soziale und kulturelle Aufwendungen, zu denen sich die Gesellschaft freiwillig verpflichtet.

Ein Blick auf die Kostensätze der deutschen Verwertungsgesellschaften ergibt prozentuale Anteile, die zwischen 7 und 19% liegen. Zwar überraschen die zweistelligen Aufwandsanteile einiger größerer Verwertungsgesellschaften, aber daraus lässt sich noch keine Bestätigung der vermuteten Kostenineffizienz herauslesen. Aufschlussreicher ist eine Zeitreihe, die zeigt, dass etwa bei der GEMA der Kostensatz zwischen 1969 und 2004 von 11,8 auf 14,4% gestiegen ist, während gleichzeitig die Erträge von 85 auf 806 Mio. € anstiegen, obwohl bei einem derartigen Wachstum Größenvorteile der Administration hätten realisierbar sein müssen (Abb. 4.3 und 4.4).

| Name | Verwaltungsaufwand | Sozialer und kultureller Aufwand | Ausschüttungen |
|---|---|---|---|
| GEMA | 14,39 | 6,56 | 79,05 |
| GVL | 7,42 | 2,2 | 90,38 |
| VG Wort | 8,25 | 8,92 | 82,83 |
| VG Musikedition | 14,31 | 1,04 | 84,65 |
| VG Bild-Kunst | 9,1 | 6,8 | 84,1 |
| GÜFA | 18,75 | -- | 81,25 |
| VFF | 7,17 | 2,74 | 90,09 |
| VGF | 8,81 | 2,31 | 88,88 |
| GWFF | 7,16 | 2,19 | 90,65 |
| AGICOA GmbH | 7,81 | 2,43 | 89,76 |
| VG Media | 4,66 | – | 95,34 |

Abb. 4.3: Prozentualer Anteil der Aufwandsarten und der Ausschüttung an den Erträgen der VGs, 2004
Quelle: Eigene Berechungen auf Basis von Veröffentlichungen der VGs

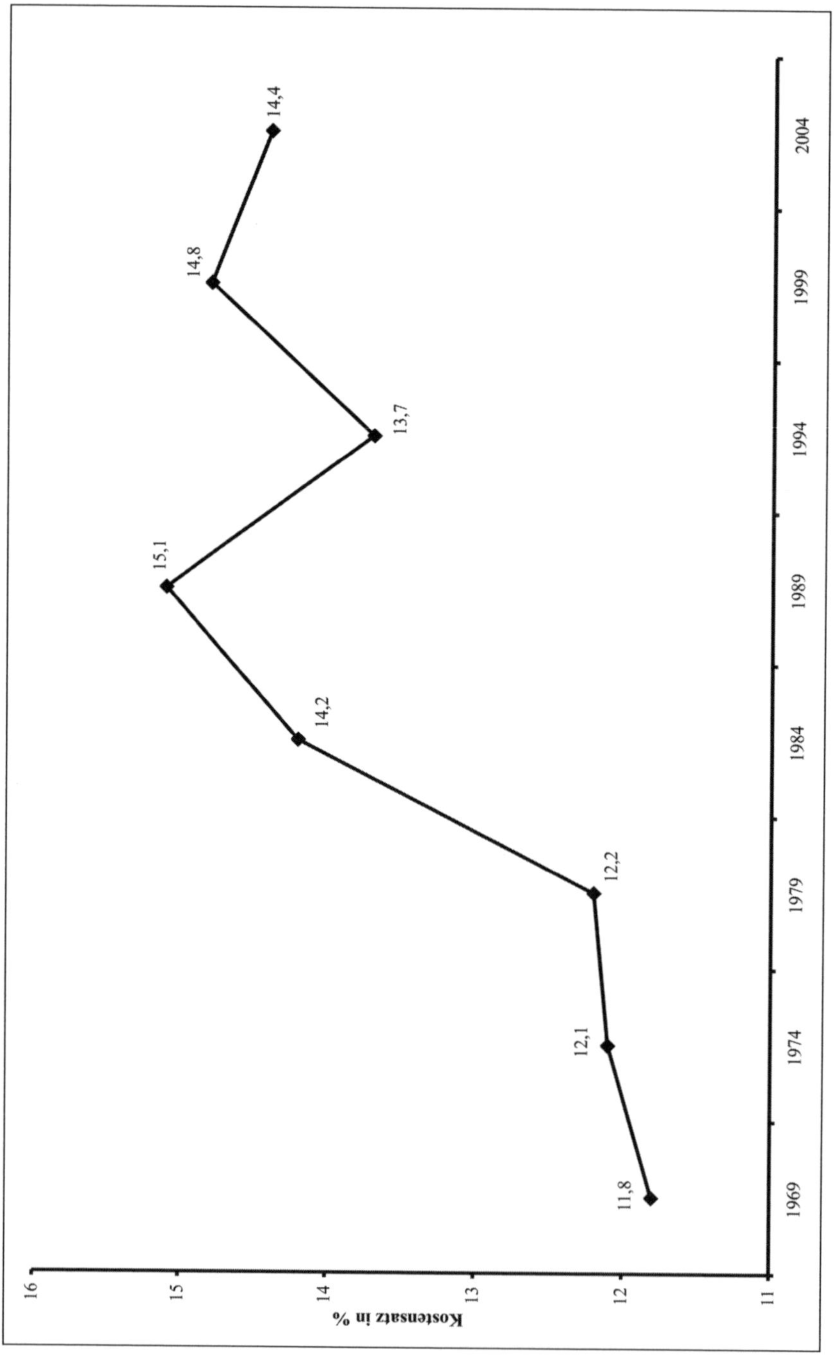


Abb. 4.4: Kostensatz der GEMA, 1969-2004
Quellen: Bing 2002: 282; GEMA Geschäftsbericht 2004.

In manchen Fällen haben die Interessen der Verwerter, die eine VG kontrollieren, dazu geführt, dass anderen Urhebern der Zugang zur Gesellschaft verwehrt wurde. So konnten neu entstehende Teilmärkte von einer weiteren Organisation besetzt werden. Ein schlagendes Beispiel dafür ist die Entstehung der beiden Verwertungsgesellschaften für Musikrechte in den USA. Die *American Society for Composers, Authors and Publishers* (ASCAP, gegründet 1914) weigerte sich in den 30er Jahren, Urheber und Produzenten populärer Musik, wie *country music*, *Rhythm'n'Blues* und *Latin*, als Mitglieder aufzunehmen. Rundfunkstationen, die dieses Material senden wollten, gründeten daraufhin 1940 *Broadcast Music Inc.* (BMI). 1996 lagen *ASCAP's* Einnahmen bei 500 Millionen, die von BMI bei 400 Millionen $. (Wallis, Baden-Fuller et al. 1999).

Die Situation, in der sich die VGs und ihre Mitglieder befinden, lässt sich theoretisch als *Principal-agent*-Konstellation erklären. Der „Prinzipal", der den Auftrag erteilt, kann die Ausführung des Auftrags durch den „Agenten" kaum kontrollieren. Der Agent, also das Leitungsgremium der Gesellschaft, wird sich deshalb die in diesem Fall deutlich asymmetrische Informationsverteilung zu Nutze machen und seine eigenen Interessen favorisieren. Diese Situation lässt sich auch über die Einrichtung von Kontrollgremien nicht wirkungsvoll entschärfen. Dazu kommt der Effekt der asymmetrischen Marktmacht der großen Medienunternehmen: für sie lohnt sich der Aufwand, der nötig ist, um die Selbstverwaltungsgremien zu dominieren. So können dann die Modalitäten der Gebührenerhebung und der Ausschüttung in einer Weise festgelegt werden, die den Interessen der Gesellschaft selbst und denen ihrer größten Mitglieder entsprechen.

Allerdings verändert die Digitalisierung auch den Handlungsspielraum der Verwertungsgesellschaften drastisch. Die Verfolgbarkeit der Verwendungen, ja selbst der Nachweis der Verwendung bestimmter Ton- oder Bildsequenzen, wird schwieriger. Wenn der Zugriff sinkt, schrumpft gleichzeitig der Einflussbereich der VGs. Bisher reagieren die VGs darauf mit erhöhter politischer Aktivität: Die „Vergütungsrechte" gegenüber Betreibern von Video- und Buchverleihern (Bibliotheken) sowie gegenüber Herstellern von Vervielfältigungs- und Übertragungsmedien, etwa Leerkassetten und Brennern, sollen gestärkt, das heißt umfassender und teurer werden. Noch ehrgeiziger sind Initiativen, die sich eine „Kulturgrundgebühr" zum Ziel gesetzt haben, deren Erträge die Verwertungsgesellschaften dann, abzüglich der Aufwendungen, auf ihre Mitglieder verteilen würden (www.culture-flat-fee.com).

## 4. Der Markt für Finanzmittel

Nur am Rande sind bisher diejenigen Märkte aufgetaucht, in denen die Finanzmittel beschafft werden, die nötig sind, um ein komplexes, sich häufig über Jahre hinziehendes Musik-, Film-, Fernseh- oder Videospielprojekt zu ermöglichen. Diese Märkte sind nicht identisch mit denen, auf denen die Endkunden oder die

Werbekunden für Leistungen des Medienversorgers bezahlen. Hier geht es um Kreditmärkte: Wer stellt dem Hersteller heute Geld zur Verfügung, und in welcher Weise zahlt der Empfänger diesen Vorschuss morgen zurück?

Die ökonomische Finanzierungstheorie geht im einfachen Standardfall von sicheren Erwartungen und geringen Transaktionskosten aus. In einer solchen Situation erfolgt die Aufnahme eines Kredits im Marktgleichgewicht zu einem Zinssatz, der der Eigenverzinsung, also der Relation zwischen Kapitaleinsatz und zukünftigem Ertrag des eingesetzten Kapitals gleich ist. Die Wirklichkeit der Medienwirtschaft ist weit weg von einem derartigen Gleichgewicht. Keiner kennt den zukünftigen Ertrag, nur wenige können die Qualität und die Kostenentwicklung geplanter Projekte zuverlässig einschätzen, und der Zugriff auf zukünftige Ertragsströme ist schwer zu sichern.

Derart hohe Kosten für eine erfolgreiche Transaktionsabwicklung machen organisationsinterne Lösungen wahrscheinlicher. In einem Unternehmen können Eigenkapitalmittel so verteilt werden, dass über die Größe des Portfolios der Projekte das Risiko von Verlusten minimiert wird. Außerdem wird über den integrierten Einsatz der Ressourcen auf verschiedenen Wertschöpfungsstufen die Erfolgswahrscheinlichkeit gesteigert, und durch verbesserte Auslastung werden die Kosten verringert. Eine weitere Variante der Eigenfinanzierung bieten IT- und Telekommunikationsunternehmen. Dort haben die Größenvorteile der Forschung und der Produktion zu Unternehmensdimensionen geführt, die weit über denen im *Content*-Bereich liegen. Es liegt nahe, dass diese Unternehmen die Inhalte, die sie über ihre Kanäle transportieren, gleich mitproduzieren oder zumindest ihre Herstellung finanzieren. Tatsächlich waren die meisten der in Kap. 3 vorgestellten größten Medienunternehmen *Content*-Unternehmen, die ihre Expansion innerhalb der Medienwirtschaft aus eigenen Erträgen finanzierten. Aber dieser Zustand muss nicht so bleiben. *Viacom* war ehemals ein Kabel-Tochterunternehmen der *CBS*, *Sony* und *Microsoft* sind in wichtigen Teilmärkten aktiv und *General Electric* könnte ebenso wie *Deutsche Telekom* zu den zukünftigen Wettbewerbern gehören.

Die Besonderheiten der Inhalteproduktion bringen allerdings auch Finanzierungsformen mit sich, die viel weniger durchkalkuliert und viel stärker individuell motiviert sind. Die ersten Projekte in der Karriere eines Produzenten werden meist noch über seinen persönlichen Konsumkredit finanziert, oder über den kombinierten Kredit seiner Familie. Das Vertrauen in den Erfolg lässt sich gegenüber Familienmitgliedern leichter gewinnen als gegenüber Bankangestellten. Schon breiter greift die Projektfinanzierung über Liebhaber, oder über private Anleger, die von den schwindelerregenden Erträgen früherer Gewinner-Projekte fasziniert sind, und vom Glanz der Teilnahme an Werken, deren Aufführung zwangsläufig mit Aufmerksamkeit in der Öffentlichkeit verbunden ist, profitieren. So entstand, insbesondere für Filme, ein früher Markt für *venture capital*, der inzwischen seine eigenen Regeln und Agenten hat (Vogel 2002). In vielen Ländern ist dieser Markt in den letzten Jahren dadurch gewachsen, dass Finanzdienstleister herausgefunden haben, wie aufgrund von Steuervergünstigungen bei Verlustvorträgen Anlagefonds betrieben werden können, die einen Teil des Risikos auf den Staat abwälzen und deshalb attraktive Bedingungen bieten.

In den PFD-Kontrakten waren die Finanzierungsleistungen der *distributors* bereits erwähnt worden. Hier beobachten wir eine Erweiterung der Konzernstrategie: Wenn Neuheiten erfolgreicher von außen selektiert als im Unternehmen erzeugt werden können, dann erweitern die *majors* ihr Portfolio auf diese externen Projekte. Dabei verlieren sie zwar die Kontrolle über die Kosten des Projekts, aber sie gewinnen Beteiligungen an weiteren zukünftigen Ertragsströmen.

Neben diesen kommerziellen Varianten, die auf die jeweilige Kosten- und Ertragstruktur einer Medienbranche zugeschnitten sind, finden wir aber auch Finanzierungsformen, die aus anderen Bereichen der Gesellschaft kommen. Vor allem im Zeitungs-, Fernseh- und Rundfunkbereich wird der weitaus überwiegende Teil der Unternehmen entweder staatlich oder durch Familien kontrolliert (Vgl. Kap. 10). Im einen Fall kommt das Geld aus öffentlichen Kassen, in die die Bürger über Steuern oder über Gebühren eingezahlt haben. Im anderen Fall ist das eingesetzte Kapital in einem Familienfond akkumuliert und wird dort im Rahmen der Erbfolge kontrolliert. Nicht die Banken, sondern öffentliche Institutionen und private Familien haben also anscheinend die stärkere Motivation, ihre Finanzierungsmöglichkeiten in diesen Medienbranchen einzusetzen. Die erzielte Eigenverzinsung ist für sie nur ein sekundärer Gesichtspunkt, primär sind die Einflussmöglichkeiten auf die verschiedenen Öffentlichkeiten, die über *Content*-Produkte erreicht werden.

## Literatur

Bing, F. (2002). *Die Verwertung von Urheberrechten. Eine ökonomische Analyse unter besonderer Berücksichtigung der Lizenzvergabe durch Verwertungsgesellschaften.* Berlin, ZV Zeitungsverlag.

Caves, R. E. (2000). *Creative Industries. Contracts between Art and Commerce.* Cambridge, Harvard University Press.

De Vany, A. (2004). *Hollywood Economics. How extreme uncertainty shapes the film industry.* London, Routledge.

Dreier, T. und G. Schulze (2004). *Urheberrechtsgesetz. Kommentar.* München, C.H. Beck.

Kretschmer, M. (2002). „The Failure of Property Rules in Collective Administration: Rethinking Copyright Societies as Regulatory Instruments." *European Intellectual Property review* 24(3): 126-136.

Vogel, H. (2002). *Entertainment Industry Economics: A Guide for Financial Analysis.* New York, Cambridge University Press.

Wallis, R., C. Baden-Fuller, et al. (1999). „Contested Collective Administration of Intellectual Property Rights in Music." *European Journal of Communication* 14(1): 5-35.

Williamson, O. (1990). *Die ökonomischen Institutionen des Kapitalismus*. Tübingen, Mohr/Siebeck.

Zerdick, A., A. Picot, et al. (1999). *Die Internet-Ökonomie: Strategien für die digitale Wirtschaft*. Berlin, Springer.

# 5. Die Werbemärkte

## Einleitung

Informationsgüter, das war schon in Kap. 2 erörtert worden, sind nicht nur öffentliche Güter, sondern sie sind auch Güter, die politische und mediale Öffentlichkeit herstellen. Wegen dieser drei Dimensionen von Öffentlichkeit nutzen die Hersteller und die Verteiler von Mediengütern prinzipiell drei Alternativen, um Einkommen zu erzielen:

1) Sie verkaufen kaufbereiten Endkunden Kopien, die sie als ein weitgehend privates und nur beschränkt *öffentliches Gut* anbieten. Das funktioniert gut, wenn das Trägermedium materiell und damit ausschließbar ist, etwa im Fall von Papier oder Kunststoffscheiben, oder wenn der Zugang zu den Informationen digital kontrolliert werden kann, etwa im Fall von Musiklizenzen, die notwendig sind um die Musikstücke abzuspielen.

2) Sie betreiben die Organisation einer Zeitung auf Kosten eines „öffentlichen" Haushalts. Der Staat oder die Gemeinde handelt im Auftrag der *politischen Öffentlichkeit*.

3) Sie bieten die von ihnen erzielte *Medienöffentlichkeit*, also die Menge der Haushalte, in denen ihre Inhalte aufmerksam verfolgt werden, Werbekunden an. Im Kontext der hergestellten Öffentlichkeit werden Werbebotschaften so eingewoben, dass sie vom Verwender nur mit Aufwand nicht wahrgenommen werden. Dafür sind Werbekunden bereit zu zahlen. Die Medienunternehmen verkaufen also zwei Produkte, die in ihrer Attraktivität und damit in den erzielbaren Preisen voneinander abhängen. Die Medienunternehmen treten dabei keineswegs nur als Anbieter auf den Werbemärkten auf. Die Neuheit ihrer Produkte zwingt sie dazu, sich gleichfalls über Werbebotschaften in anderen Medien Aufmerksamkeit zu verschaffen.

Die Werbung ist eine Variante der Kommunikation, die den gesamten Güterhandel begleitet. In einer materiell konzipierten Güterwelt ist das Gut selbst streng geschieden von den Informationen, die über das Gut reden oder es visualisieren. In einer informationell konzipierten Güterwelt dagegen operieren beide, die Informationsgüter und die Werbung, im selben Aggregatzustand. Werbung für Mediengüter ist dann eine Frage des Übergangs der Bedeutung zwischen zwei Inhalten – dem Inhalt, der die Unterhaltung oder dem Wissen des Verwenders zum Programm hat, und dem Inhalt, der eine Botschaft des Auftraggebers transportiert. Der anbietende Hersteller kann den Übergang zwischen den beiden

Inhaltsformen scharf markieren oder er kann sie möglichst unmerklich ineinander verweben.

Die Werbebotschaften sind, darauf ist in Kap. 3 hingewiesen worden, kein Bestandteil der eigentlichen Produktion. Aber bei der Erfindung, Herstellung und Verteilung von Unterscheidungen ist Kopplung ein gängiges Verfahren. Bei jeder Unterscheidung wird ihre Außenseite, also der Kontext der Information, mitgelesen. Wenn also Werbeinhalte mit Programminhalten gekoppelt werden, dann wird die gesamte verbundene Informationssequenz wahrgenommen. Die Werbebotschaft profitiert vom Programmhintergrund, in den sie eingebettet ist. Dafür können die Inhaltehersteller Preise fordern. Die Märkte, die dabei operieren, bilden den Gegenstand dieses Kapitels.

Es muss betont werden, dass es sich bei Werbeeinnahmen um einen zweiten Einnahmestrom, nicht um eine Vorfinanzierung durch Investoren handelt. Die Werbemärkte liegen parallel zu den Beschaffungsmärkten, auf ihnen erzielen die Medienunternehmen zusätzliche Einnahmen, oder sie generieren zusätzliche Ausgaben. Auf Finanzierungsmärkten werden zeitliche Verschiebung von Zahlungsströmen gehandelt. Werbebotschaften sind demgegenüber spezifische kommunikative Leistungen. Für alle Branchen gibt es Finanzierungsmärkte, aber Werbemärkte sind eine Erscheinung, die immer Medienbranchen involviert, weil man für Botschaften einen Mitteilungsträger braucht.

## 1. Die Anbieter von Werbeöffentlichkeit

Werbemärkte spielen eine unverzichtbare Rolle bei periodischen Medieninhalten, und sie wachsen rasch bei interaktiven Medien. Die einmaligen Medien – Buch, Musikalbum und Film – erzielen kaum direkte Werbeeinnahmen. Sie sind gleichzeitig diejenigen, bei denen Werbeausgaben den größten Anteil an den Gesamtkosten ausmachen. Bei den öffentlich-rechtlichen Rundfunksendern liegen die Werbeeinnahmen unter 20%, bei den privaten Sendern sind es – ebenso wie bei Anzeigenblättern und einigen Boulevardzeitungen – 100% (Ludwig 2003). Dennoch spielen Werbeeinnahmen auch dort eine zunehmende Rolle, wo früher allein die Rezipienten oder ein öffentlicher Haushalt genügten, um zu einem positiven Betriebsergebnis zu kommen.

Um zu verstehen, welche Proportionen zwischen den Einkommensquellen sich jeweils eingespielt haben, wird im Folgenden die Situation der Anbieter in Branchen mit einmaligen, mit periodischen und mit interaktiven Inhalten skizziert.

### *1.1 Einmalige Inhalte*

Buch-, Musik- und Filmunternehmen stellen in sich abgeschlossene, einmalige Originalvorlagen oder *master copies* her. Ihre Werbeerträge sind negativ, das heißt, sie sind nur begrenzt in der Lage, Medienöffentlichkeit in ihren Inhalten anzubieten.

#### a. Bücher

Bücher eignen sich nicht als Kontexte für Werbeflächen. Die Auflagen sind zu niedrig, die Verteilung erfolgt zu langsam und zu unübersichtlich. Allenfalls Hinweise auf andere Produkte des Verlages kommen vor. Auf der anderen Seite sind Bücher in hohem Maß auf unterstützende Information angewiesen. Die Erscheinungsweise ist unregelmäßig, die Autoren sind häufig unbekannt, und unbekannt ist auch der Inhalt jedes neu veröffentlichten Romans oder Sachbuchs. Der einfache Hinweis auf baldiges Erscheinen genügt also nicht. Die Einführung wird von Informationen vorbereitet und begleitet, die positive Erwartungen aufbauen, entweder durch eigene Behauptungen der Verlage, oder durch den Verweis auf entsprechende Aussagen von professionellen Kritikern, oder durch den Hinweis auf auffallend hohe Verkaufszahlen.

Die Buchverlage haben sich traditionell auf die Besprechungen in Fachbuchhandlungen und Zeitungsfeuilletons verlassen. In jüngerer Zeit setzen sie auf eine deutlich aufwendigere Mischung aus Tourneeevents, Anzeigenkampagnen und Jury-Rankings – Methoden, die sie von der Musik- und der Filmwerbung gelernt haben. Literaturkritische Diskussionsrunden in Fernsehprogrammen haben sich als eine sehr wirkungsvolle Strategie erwiesen, um potentielle Leser und Leserinnen auf neue Bücher aufmerksam zu machen. Konventionelle, grafisch gestaltete Werbung in anderen Printmedien wird zwar auch verwendet, hat aber immer noch einen geringen Stellenwert.

#### b. Musik

Im Fall der Musikaufnahmen ist es durch die enge Kooperation mit dem Übertragungsmedium des Radios gelungen, den einmaligen Inhalten eine periodische Dimension durch häufige Wiederholung zu geben. Die Hörfunknetzwerke transportieren die neuen Inhalte der Produzenten zu den Hörern und erhöhen damit die Wahrscheinlichkeit, dass daraus ein *Hit* wird. Also lohnt es sich, die Sender dafür zu bezahlen, dass sie die eigenen, noch unbekannten Produkte abspielen. Dabei taucht aber ein Wertungsproblem auf: die Hörer sind an den Neuerscheinungen interessiert, die vom Sender aufgrund bestimmter Qualitäten ausgewählt worden sind. Ihre Aufmerksamkeit sinkt, wenn sie wissen, dass der Zugang zur Auswahl gekauft werden kann. Solange die Unterstützung der Sender nicht in direkten Zahlungsströmen sichtbar wird, weil nur kostenlose Sendeinhalte geliefert wurden, wird sie vom Verwender toleriert. Wenn aber bekannt wird, dass DJs für ihre Programmliste bezahlt werden, oder dass Musikunternehmen Rundfunksender kontrollieren, dann entsteht sogar politischer Druck, um derartige Märkte zu verhindern. In den USA steht beispielsweise *Clear Channel*, ein Unternehmen, dem über 10% aller US-amerikanischen Radiostationen gehören, ständig im Verdacht, sich für das Abspielen bestimmter Titel bezahlen zu lassen und die Konzertveranstalter, die auch zum Konglomerat gehören, zu begünstigen.

Ein weiteres, unersetzliches Instrument der Werbung in der Musikindustrie sind Tourneen der Musiker und Bands, die die Musikaufnahmen eingespielt haben. Die Konzertereignisse binden die Verwender an das Original, das sie nun unmittelbar mit den von ihnen gekauften Kopien vergleichen können. Gleichzeitig entsteht bei den Konzertereignissen Öffentlichkeit, die wiederum an Werbekunden verkauft werden kann. Die Organisation lokaler Konzerte und ganzer Tourneen ist eine eigene kleine Industrie. Sie wird uns auf den Verwendermärkten und in den Qualitätsarenen wieder begegnen.

#### c. Film

Filmproduktionsbudgets sind im Verlauf des vergangenen Jahrhunderts kontinuierlich gewachsen. Heute kosten die *Blockbuster*-Filme der großen Filmunternehmen bis zu 200 Mio. $. Da darf die Werbung für das Produkt nur so wenig wie möglich dem Zufall überlassen. In der Konsequenz liegen die Marketingkosten in der gleichen Größenordnung wie die reinen Herstellungskosten. In der Ausführung wird unterschieden zwischen den sorgfältig getakteten Anzeigenkampagnen, die den *roll out* eines neuen Films in den Schlüsselmärkten begleiten, und dem Netzwerk der Premierenereignisse sowie der Besprechungen, die von der Öffentlichkeitsarbeit der *major companies* organisiert werden. Insgesamt wandern zwei Drittel der Werbeausgaben in die Printmedien, das restliche Drittel in Funk und Fernsehen.

Die Filmbranche ist nicht ohne Werbeeinnahmen. Unternehmen zahlen dafür, dass ihre Produkte, etwa Zigaretten oder Autos, in Filmhandlungen vorkommen: z.B. Sonnenbrillen von *Ray Ban* in *Men in Black*, *FedEx* in *Cast Away* und die neusten *BMW* Modelle in *James Bond*. Dennoch fühlen sich die Zuschauer leicht gestört von der Verwischung des Unterschieds zwischen Werk- und Werbeinhalt. *Product Placement* ist vielerorts verboten und überall zumindest verpönt. Deshalb kursieren auch keine offiziellen Preislisten für solche Leistungen.

### *1.2 Periodische Inhalte*

Zeitungs-, Funk- und Fernsehunternehmen bündeln Inhalte in periodisch oder ständig erscheinenden Programmen. Sie stellen Teile ihres Programms selbst her, sie kaufen Verwertungsrechte an den Produkten und Archiven der einmaligen Medieninhalte hinzu, und sie verkaufen Medienöffentlichkeit durch Einkopplung von Werbeinhalten.

a. Zeitungen und Zeitschriften

Bei den Zeitungs- und Zeitschriftenprodukten stellt der Textteil diejenige spezifische Öffentlichkeit her, für deren Verwendung als Kontext für Anzeigen dann Preise erzielt werden können, die das Unternehmen profitabel machen. Dabei scheint eine ziemlich stabile Proportion der Einnahmequellen erreicht zu sein: In Deutschland stammen etwa zwei Drittel der Einnahmen aus dem Anzeigengeschäft und ein Drittel aus dem Verkaufsgeschäft. Gleichzeitig verursacht der Text-Anteil des Informationsbündels Zeitung zwei Drittel und der Anzeigenteil ein Drittel der Kosten. Im europäischen Vergleich liegt Deutschland mit seinen Anzeigeneinnahmen an der Spitze. In Großbritannien etwa werden über Anzeigen nur knapp die Hälfte der Einnahmen generiert (Heinrich 2001: 239).

Es gibt Geschäftsmodelle, die stark von solchen Gleichgewichtsproportionen abweichen. Ein Extrem bilden Zeitungen, die umsonst verteilt werden, sich also vollständig auf Werbeeinnahmen beschränken. Bislang ist es nur in wenigen Großstadtmärkten gelungen, sich mit solchen Produkten am Markt durchzusetzen. Am anderen Ende finden sich Fachzeitschriften, die ausschließlich über den Inhalt zu relativ hohen Preisen abgesetzt werden. Oft trägt im verkauften Bündel ein gewisses Maß an Anzeigeninformation sogar zum Gesamtnutzen bei. Wir finden deshalb kaum noch Zeitungen und Zeitschriften, die auf Werbeschaltungen vollständig verzichten. Gegenwärtig bahnt sich aber eine tief greifende Verschiebung des Anzeigenmarktes an: Rubrikenanzeigen, vom Gebrauchtwagen bis zum Stellenangebot, wandern weitgehend zu Internet-Plattformen ab. Zeitungsverlage haben deshalb bereits damit begonnen, nach Geschäftsmodellen zu suchen, die die weg brechenden Einnahmen ersetzen. Viel versprechend sind dabei Ansätze, bei denen die Öffentlichkeit auflagenstarker Blätter dazu genutzt wird, Produkte des eigenen Unternehmens, von CDs bis zu Büchern, offensiv zu vermarkten.

b. Radio und Fernsehen

Bei den Radio- und Fernsehunternehmen lässt sich die Entwicklung immer neuer Formate zum Erreichen einer immer größeren Öffentlichkeit gut verfolgen. Die ersten Pionierunternehmen waren, in Deutschland ebenso wie in den USA, schon auf Werbefinanzierung angelegt. Die Radionetzwerke produzierten Shows, Nachrichtensendungen, Sportereignisübertragungen und eigene Serien, die sie alle über Werbung finanzierten. Als dann in den fünfziger Jahren das Fernsehen einen großen Teil des Marktes für diese Formate und damit auch die Werbeeinnahmen übernahm, gelang den Radiosendern durch die Kooperation mit der Musikindustrie das bereits erwähnte neue Geschäftsmodell: Musikprodukte, die mit Nachrichten und Werbeblöcken kombiniert werden.

Die Fernsehunternehmen bauten seit den fünfziger Jahren ihre Programme durch selbst produzierte Serien und durch die Wiederverwertung von Filmen, die primär für die Kinovorführung produziert waren, aus. Inzwischen hat der Promotionsbedarf der Musikindustrie auch die Fernsehsender erreicht: Mit Videoclips der

Neuveröffentlichungen lassen sich billig die Programme von Spartensendern füllen, die durch Werbeeinnahmen dennoch hohe Renditen erwirtschaften. Ebenso billig ist das Programm von *Homeshopping*-Sendern, das vollständig aus Verkaufssendungen besteht, die aber offensichtlich dennoch einen ausreichenden minimalen Unterhaltungswert haben. Allerdings hat die Entwicklung zu einem immer höheren Werbeanteil eine wirksame Dämpfung erhalten: Durch die Einführung von Kabelnetzwerken ist es für die Verbraucher möglich geworden, Programmbestandteile zu selektieren. Sie zahlen für diese Möglichkeit, und dadurch entsteht ein weites Spektrum an neuen Einnahmenkombinationen, die von der Vollzahlung durch den Endkunden (*pay-per-view*) über die Teilzahlung für ein Abonnement bis zur Vollzahlung durch die Werbekunden reicht.

Diese Konstellation lässt sich in Deutschland noch nicht beobachten, weil lange Zeit der Weg der Funk- und Fernsehfinanzierung über Abgaben der politisch gewollte war. Seit dem Urteil des Verfassungsgerichts im Jahr 1981, wonach privaten, werbefinanzierten Fernsehunternehmen der Zugang zum Markt zu gewähren ist, haben die privaten Sender etwa die Hälfte des Zuschauermarktes erobert. Dadurch ist ein Wettbewerb zwischen öffentlich-rechtlich und kapitalgesellschaftlich organisierten Unternehmen entstanden. Der Wettbewerb ist, wie wir in Kap. 3.3 gesehen haben, in Deutschland im Wesentlichen auf zwei Anbieter beschränkt: die von *Bertelsmann* kontrollierte *RTL*-Gruppe und die Gruppe *ProSiebenSat.1*. Entsprechend hoch ist die Verhandlungsmacht der beiden Sendergruppen gegenüber ihren Werbekunden.

Im Fall der Fernsehbranche ist ganz offensichtlich, dass der größte Teil der Transaktionen nicht zwischen Werbekunde und Hersteller, sondern zwischen Werbekunde und Verteiler stattfindet. Die Verteiler müssen ständig Informationsinhalte mit unterschiedlichen Qualitäten aneinander koppeln, um ihre Programme zu füllen. Sie sind deshalb bestens dafür geeignet, die bezahlten Inhalte mit in diese Bündel einzuschalten.

### *1.3 Interaktive Inhalte*

Videospiele kommen in verschiedenen Erscheinungsformen vor. Knapp die Hälfte der Spiele wird als Software für spezielle Spielkonsolen ausgeliefert. Entsprechend werden die Konsolen wie Konsumgüter beworben, und die Spiele-CDs müssen wie andere einmalige Medien beworben werden. Mit zunehmender Übertragungsgeschwindigkeit und Verarbeitungskapazität der Heimcomputer verlagern sich aber die Aktivitäten ins Internet, wo dann *online* auf Serverplattformen mit Zehntausenden von Besuchern simultan gespielt wird. Der Anteil an Einnahmen aus Teilnehmerabonnements steigt, weil es den Spieleanbietern und -betreibern gelingt, die Teilnehmer interaktiv in das Netzwerk eines Spiels einzubinden. Dafür wurden Werbeformen wie das *in-game-advertising* entwickelt: die Spielfigur fährt das Automobil des Sponsorunternehmens, und die Pizza kann sowohl virtuell als auch real an den Spieler geliefert werden.

Der Anteil der werbefinanzierten Angebote im Internet ist höher bei Seiten, die mit ihrem Programm nicht nur periodisch, sondern ständig und simultan zur Verfügung stehen. Die neuen Anzeigenplattformen, die ein bislang unerreichbar breites Angebot zugänglich machen, sind bereits erwähnt worden. Darüber hinaus erreichen große Suchmaschinen- und Auktionsplattformen täglich Öffentlichkeiten in der Größenordnung von mehreren Millionen Besuchern. Solche Dienste sind interaktiv durch ihre Auswahlmöglichkeiten, etwa wenn die Verwender auf einer Musikplattform ihre eigenen Kompilationen zusammenstellen können. Der Anteil der Internet-Werbung an den gesamten Ausgaben für Werbeplatzierungen lag zwar 2004 noch bei 3%, aber die Steigerungsraten sind in diesem Bereich hoch.

## 2. Die Nachfrager von Werbeöffentlichkeit

### *2.1 Werbekunden und Werbewirkung*

Der Einfallsreichtum und der Aufwand, mit dem Differenzierungsstrategien in der Werbung betrieben werden, widerspricht der ökonomischen Logik nur dann, wenn vollständige Information unterstellt wird. Der Bedarf für eine derartige, ständige Pflege des Informationsumfelds ist umso stärker, je ausschließlicher die beworbenen Produkte selbst aus Information, und damit als Neuheiten, bestehen.

Die unterschiedlich starke Nachfrage verschiedener Branchen nach Werbeleistungen spiegelt sich in den Anteilen der einzelnen Branchen an den gesamten Werbeausgaben der deutschen Wirtschaft (Abb. 5.1). Die Daten von 2003 sind zwar nur eine Momentaufnahme, außerdem erfassen sie noch nicht die Mediengattungen *Direct Mail, Online* und *Kino*, die erst seit 2004 miterfasst werden. Dennoch haben sich die Proportionen des Werbeaufwands der einzelnen Branchen wenig verschoben An der Spitze stehen die periodischen Medien selbst, also Print- und Sendemedien. Handelswerbung versucht, über täglich kommunizierte Sonderangebote Käuferverhalten zu steuern, Autowerbung richtet sich auf hochwertige Produkte mit jährlichen Neuheiten.

Auf den folgenden Rängen hat Telekommunikation den größten Sprung nach vorn gemacht und liegt jetzt mit knapp 700 Mio. € Werbeinvestitionen auf Platz 4. Das liegt zum einen am technologischen Fortschritt in diesem Bereich, zum anderen am durch die Deregulierung verstärkten Wettbewerb (Kap. 7). Die Eigenwerbung der Medien- und einschließlich der Telekommunikationsbranche, erreicht also einen Anteil von über 15% der gesamten Werbeinvestitionen.

| Branche | Umsatz in Mio. € | Veränderung in % |
|---|---|---|
| Massenmedien | 1.914 | 7.0 |
| Handelsorganisationen | 1.637 | 22.9 |
| Automarkt | 1.596 | -2.1 |
| Telekommunikation | 694 | 19.5 |
| Schokolade + Zuckerwaren | 572 | -1.8 |
| Pharmazie Publikumswerbung | 551 | -6.0 |
| Finanzdienstleistungen | 468 | 8.4 |
| Rubrikenwerbung | 420 | 18.1 |
| Spezialversender | 381 | -14.9 |
| Unternehmenswerbung | 374 | 4.7 |
| **Werbemarkt gesamt** | **17.157** | **3.3** |

Abb. 5.1: Ausgaben der Werbung treibenden Branchen in Deutschland in Mio. € und prozentuale Veränderung zum Vorjahr, 2003
Quelle: Nielsen Media Research 2004

Werbung soll dafür sorgen, dass der Absatz eines Produkts oder eines Unternehmens über die Menge hinaus gesteigert wird, die ohne diese Begleitinformation erreicht werden würde. Das leuchtet unmittelbar ein, wenn ein neues Produkt oder ein neuer Betrieb annonciert wird. Schwieriger ist der Zusammenhang, wenn die Käufer so beeinflusst werden sollen, dass sie sich beim Vergleich mit anderen Produkten für das beworbene Produkt entscheiden. Noch indirekter wird die Argumentation, wenn, wegen des ähnlich hohen Werbeaufwands aller Konkurrenten, ein bestimmtes Volumen an Werbemaßnahmen unerlässlich scheint, um allein den gegenwärtigen Marktanteil zu halten. Trotz der Schwierigkeiten der Wirkungsmessung sind Unternehmen aller Branchen überzeugt, dass Werbeinvestitionen für den zukünftigen Ertrag unentbehrlich sind (Bagwell 2003). Die Gesamtinvestitionen für ein Informationsprodukt setzen sich daher zusammen aus den Aufwendungen zur Herstellung der Originalvorlage und aus den Zahlungen für die Werbeschaltungen.

Werbeausgaben unterscheiden sich deutlich von anderen Kosten der Produktion. Sie kaufen keine Inputs, die im Produkt aufgehen, sie kaufen auch keine Anlagen, die für längere Zeit zur Produktion genutzt werden können. Sie erstellen und verteilen Informationsinhalte, die die Einführung eines neuen Produkts und seine Präsenz in einem Markt begleiten. Der Werbende investiert in das Informationsumfeld seines Produktes. Dieses Umfeld kann er beeinflussen, in manchen Fällen sogar kontrollieren. Dennoch bleiben die Einflüsse auf die Verwender letztlich unkontrollierbar. Modeströmungen und plötzliche Stimmungsumschwünge können dazu führen, dass Kampagnen untergehen, oder dass sie unerwartet einen Nerv treffen.

Die Werbekunden müssen sich dabei mit einem doppelten Risiko auseinander setzen. Zum Einen gilt auch für ihre Werbeinhalte das *Nobody-knows*-Prinzip. Dafür sind Risiko mindernde Strategien, etwa Tests für Werbekampagnen, entwickelt worden. Zum zweiten werden die Werbeinhalte ihrerseits in Inhaltefelder eingebettet, wie etwa eine Fernsehübertragung oder eine Internet-Zeitung. Die Preise, die dafür von den Medienunternehmen verlangt werden, reflektieren den aktuell durchgesetzten Erfolg eines Inhalts oder eines Mediums. Dennoch bleibt das Risiko, dass der gewählte Inhalt zum Zeitpunkt der Nutzung an Attraktivität verloren hat. Umgekehrt lassen sich Wirkungen steigern und Kosten verringern, wenn der Werber ein Gespür für den zukünftigen Erfolg der Fernsehserien oder der Zeitungen hat, in die er seine eigenen Inhalte einkoppelt.

Die verstärkende Wirkung von Kopplungen führt auf der Produktebene zum Verbund des Einsatzes verschiedener Werbemedien. Plakatwerbung im öffentlichen Bereich wird kombiniert mit Werbespots und redaktionellen Beiträgen etwa über ein neues Automodell. Auf der Ebene der Unternehmen führen sie zu starker horizontaler und vertikaler Integration: Die globalen Medienunternehmen betreiben Musiklabels, Radiosender, Kabelkanäle und Filmstudios, die sich gegenseitig in ihren Wirkungen ergänzen.

Gleichzeitig schafft neue Information auch neue Unterscheidung und damit Differenzierung. Die Werbebotschaft macht das Unternehmen und sein Produkt unterscheidbar gegenüber den Produkten der Wettbewerber. Ausgefeilte Strategien der Differenzierung sind längst zu einer maßgeblichen Dimension der Produktpolitik geworden. Sie richten sich auf die drei Dimensionen jeder Kommunikation.

In der *zeitlichen* Dimension wird Neuheit signalisiert – etwas, das vorher nicht da war, ist jetzt da. In der zeitlichen Dimension wird auch Beständigkeit signalisiert– ein Logo, ein Name, eine Filmsequenz wird ständig wiederholt und dadurch zur Marke. In der *sachlichen* Dimension dient alles und jedes im Umfeld des Produkts als Werbefläche. Jedes gesellschaftliche Thema, jede visuelle Darstellung, jeder physische Ort in der Umgebung der Konsumenten taugt prinzipiell als Ansatzpunkt der Differenzierung. Wenn der entsprechende Bereich nicht oder nur unzureichend durch vorhandene Regeln geschützt ist, dann wird er zum Nulltarif für Werbezwecke verbraucht. So lässt sich die Ausbreitung der Werbefelder im öffentlichen, von den Kommunen zu niedrigen Preisen vermieteten Raum erklären. In der *sozialen* Dimension wird der Konsument angesprochen. Er versteht etwas, dessen Konsequenz er sich nicht entziehen kann oder will. Das geschieht etwa durch Aussagen, die wissenschaftliche Wahrheit beanspruchen, oder durch Live-Auftritte, bei denen die Teilnehmer ihre persönliche, biographisch verankerte Beziehung zu den Urhebern eines Werks oder Programms etablieren. In jüngerer Zeit ist Selbstironie als ein wirkungsvoller Mechanismus entdeckt worden: So reflektieren sich etwa die Anzeigen für die Zigarettenmarke *Lucky Strike* selbst als Werbebotschaft, distanzieren sich ironisch von sich selbst und werden gerade wegen dieses Effekts von der Öffentlichkeit aufmerksam verfolgt.

Der Inhalt eines TV-Werbespots, eines Modefotos oder eines Videoclips ist klar am Zweck seiner Herstellung orientiert, denn er soll den Verkauf von Gütern oder Leistungen fördern. Damit scheint ein Kriterium vorgegeben zu sein, das Werbeinhalte kategorisch von den Programm-Inhalten unterscheidet, die darauf zielen, den Verwendern zu nutzen, sei es durch neue Nachrichten, neue Unterhaltung oder neues Wissen. Aber die Werbenden haben inzwischen gelernt, dass die eigenständige künstlerische Leistung eines Fotografen, Regisseurs oder Journalisten mit der Kaufneigung gegenüber einem beworbenen Produkt gekoppelt werden kann. Regisseure wie Ridley Scott und Fotografen wie Juergen Teller sind sowohl als Werbe- als auch als Kunstlieferanten geschätzt. Sie können deshalb entsprechende Preise für ihre Arbeiten durchsetzen.

### *2.2 Preisbildung auf Werbeplatzierungsmärkten*

Die Werbewirkung besteht in dem Unterschied, den die Werbebotschaften im Kaufverhalten der Konsumenten auslösen. Diese Größe ist prinzipiell nicht zu messen. Statt des Outputs der Wirkung misst man den Input des Kontakts mit dem potentiellen Konsumenten. Dazu dient in einem ersten Schritt die *Reichweite* des Mediums. Die Größe ist schwer zu messen, weil nur die verteilte, nicht aber die gelesene Auflage erfasst werden kann, und weil in Sendegebieten nie alle eingeschalteten Empfangsgeräte kontrolliert werden können. Der Annäherungscharakter der Kennzahlen für „gelesene Auflage“ und „Einschaltquote“, die empirisch erhoben werden, ist allen Beteiligten bekannt. Digitale Medien bieten eine scheinbar leichtere Messung der angezeigten Inhalte an, zum Beispiel über *page impressions*, aber auch hier herrscht Unklarheit über die Aussagekraft der gelieferten Daten.

In einem zweiten Schritt wird die *Qualität* der erreichten Kontaktgruppe nach Alter, sozialer Schicht, Einkommensniveau und einer Vielzahl feinerer Kriterien bestimmt. Auch hier ist die empirische Erhebung Gegenstand einer spezialisierten Dienstleistungsbranche, die nicht nur Nutzerprofile erhebt, sondern auch Untersuchungen über deren Kaufverhalten anstellt. Die *qualitative Reichweite* ist es dann, die den Preis bestimmt, den ein Medienanbieter von den Werbeinteressenten fordern kann. Die Glaubwürdigkeit der Daten hängt in hohem Maß vom Vertrauen in die Neutralität und Fachkompetenz des messenden Instituts ab. Reputation und Verbundvorteile sorgen dann in der Regel dafür, dass sich branchenweite oder auch industrieweite Monopolanbieter etablieren. Die *Gesellschaft für Konsumforschung* (GfK) oder die Firma *Mediacontrol* sind Beispiele für die erfolgreiche Besetzung solcher Monopolnischen.

Wenn auch die Werbewirkung qualitativ nur vage überprüft werden kann, so gibt es doch zumindest ein eingeführtes quantitatives Maß, den *Tausendkontaktpreis* (TKP). Er gibt an, wie viel tausend Kontakte kosten, wenn jemand einen be-

| | Kachelofen & Kamin | Uhren Juwelen Schmuck | Manager Magazin | Der Spiegel | TV Spielfilm | Goldene Blatt |
|---|---|---|---|---|---|---|
| **Preise** | 1.840 € | 3.697 € | 19.900 € | 50.600 € | 56.950 € | 6.062 € |
| **Verbreitete Auflage** | 3.764 | 8.644 | 129.678 | 1.055.316 | 2.380.280 | 257.247 |
| **TKP** | 489 € | 428 € | 53 € | 48 € | 24 € | 24 € |

Die Preise geben die jeweils aktuellen offiziellen Anzeigenpreise für eine farbige Seite (1/1) wieder.
Den TKP-Berechnungen liegen die von der IVW geprüften im April 2005 verbreiteten Auflagen zugrunde.

Abb. 5.2: Tausendkontaktpreise ausgewählter Zeitschriften in €, 2006
Quelle: Eigene Berechnungen

stimmten Preis für eine Werbeschaltung bezahlt. Dazu wird der Werbegrundpreis mit Tausend multipliziert und das Produkt dann durch die Höhe der Auflage oder die Anzahl der eingeschalteten Empfangsgeräte geteilt. Wie wir am Beispiel von Abb. 5.2 sehen, kann diese Hilfsgröße bestehende Preisunterschiede zumindest eingeschränkt erklären.

Die Leserschaft der spezialisierten Fachzeitschrift für das Kachelofen- und Luftheizungsbauer-Handwerk ist an ganz bestimmten Produkten interessiert, sie bestimmt die Kaufentscheidungen der Bauherren und sie ist vermutlich mit keiner anderen Zeitschrift zu erreichen. Der Werbegrundpreis wird also realisiert, obwohl der TKP wegen der geringen verbreiteten Auflage von ca. 3.700 Exemplaren extrem hoch ist. Die Leserschaft des Nachrichtenmagazins *Der Spiegel* ist einkommens- und damit ausgabenstärker als beispielsweise die der Fernsehprogrammzeitschrift *TV Spielfilm*, was den vergleichsweise höheren TKP rechtfertigt.

Die Preise für die Werbespots der Fernsehanstalten passen sich ebenfalls an die Attraktivität von Programmen und an das Freizeitverhalten der Zuschauer an. Sie schwanken im Jahresablauf um bis zu 50%, um der sich saisonal ändernden Reichweite gerecht zu werden. Sie schwanken auch nach der Zielgruppe, die im Tagesverlauf erreicht wird (Abb. 5.3).

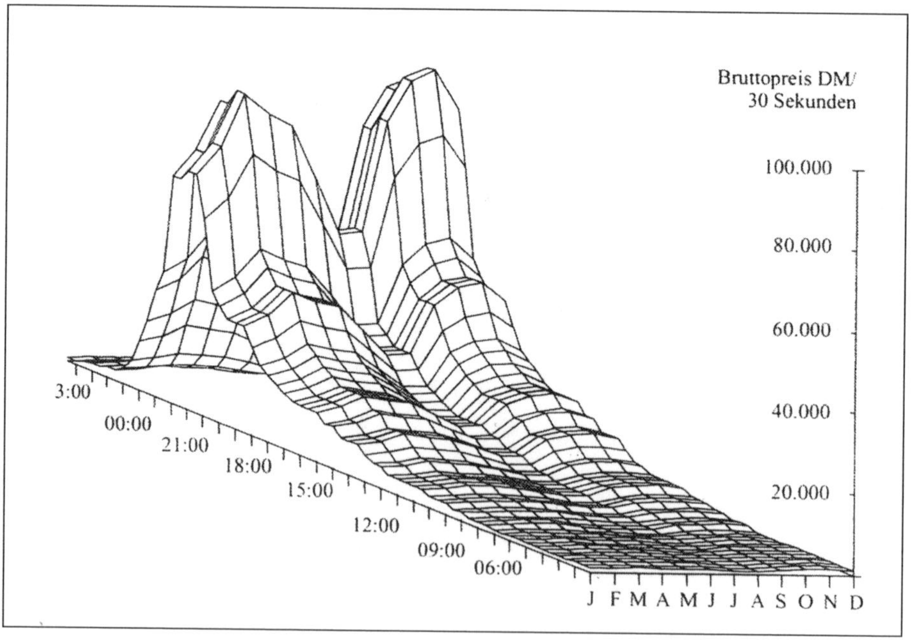


Abb. 5.3: Saisonale und tageszeitliche Tarifstruktur von *ProSieben* 1999
Quelle: Rott 2003: 246

Die Tarife der privaten Sender sind natürlich abgestimmt auf die Einschränkungen, denen die öffentlich-rechtlichen Sender unterliegen. Die dürfen zwischen 13 und 20 Uhr an Werktagen durchschnittlich 20 Minuten werben, gegenüber max. 20% der gesamten Sendezeit bei den Privatsendern. Abb. 5.4 zeigt eine auf Durchschnittswerte reduzierte Vergleichstabelle. Der enge Korridor, in dem sich die Preise während des Konkurrenzzeitraums bewegen, ist ebenso deutlich wie der Sprung in den Preisen der großen privaten Sender nach 20 Uhr (Abb. 5.4)

| Sender | 13 bis 17 Uhr | 17 bis 20 Uhr | 20 bis 23 Uhr | 23 bis 1 Uhr | TKP |
|---|---|---|---|---|---|
| ARD | 6.963 | 17.232 | – | – | 8,12 € |
| ZDF | 6.027 | 18.197 | – | – | 5,37 € |
| RTL | 5.805 | 17.345 | 46.067 | 8.751 | 10,10 € |
| SAT.1 | 5.302 | 11.454 | 24.643 | 6.167 | 9,01 € |
| PRO 7 | 4.410 | 14.486 | 25.740 | 7.569 | 16,31 € |
| KABEL 1 | 2.026 | 3.724 | 7.059 | 1.789 | 6,10 € |
| VOX | 1.270 | 3.064 | 6.732 | 1.553 | 7,78 € |
| RTLII | 1.068 | 3.839 | 8.636 | 2.174 | 9,77 € |
| SUPER RTL | 934 | 2.263 | 2.837 | 467 | 9,42 € |
| NEUN LIVE | 105 | 255 | – | 579 | 5,62 € |
| DSF | 970 | 1.553 | 2.054 | 1.327 | 16,11 € |
| N-TV | 967 | 1.255 | 1.146 | 537 | 16,50 € |

Abb. 5.4: Frequenzgewichtete Durchschnittspreise für 30-Sekunden-Spots, 2003
Quelle: GWA 2003

Die hohe Preistransparenz, die derartige Vergleiche ermöglicht, täuscht allerdings. Die vorliegenden Listen geben nur einen Richtpreis an, der sich von dem tatsächlich zu zahlenden Preis oft stark unterscheidet. Die Abweichungen sind zum Einen erfolgsabhängig. Der Werbekunde kauft auch das Erfolgsversprechen, dass eine bestimmte Auflage oder Einschaltquote erreicht wird. Weichen die nach der Veröffentlichung gemessenen Werte davon ab, dann werden Zu- oder Abschläge berechnet. Zum Anderen treten die Nachfrager nicht wie individuelle Endkunden auf. Sie führen Kampagnen, die sich über mehrere Medien und über einen längeren Zeitraum mit wiederholten Schaltungen erstrecken.

Entscheidend ist vorerst die Beobachtung, dass eine Preisfindung auf den Werbemärkten in der Regel eine Verhandlung zwischen bilateralen Monopolen bedeutet: Dem Monopol über den Zugang zu einer bestimmten Werbeöffentlichkeit steht das Monopol über den Zuschlag für ein Auftragspaket gegenüber. Der Anbieter der Werbeöffentlichkeit versucht, im Dunkeln zu lassen, wie viel Werbefläche er lieber ungenutzt lassen wird als sie unter Richtpreis zu verkaufen, und der Nachfrager versucht den Eindruck zu erwecken, dass er zu gleichen Kosten auf alternative Informationsträger ausweichen könnte.

Dennoch klafft die Verteilung der Marktmacht weniger stark auseinander als auf den Beschaffungsmärkten. Die größten werbetreibenden Unternehmen haben nur Anteile von weniger als 2% am Gesamtvolumen der Werbeplatzierungen. Bei starker Konzentration auf ein Medium – *Procter & Gamble* wirbt beispielsweise zu über 90% im TV-Bereich – kann schon auf dieser Ebene Verhandlungsmacht entstehen. Verhandlungsmacht, die in gebündelter Nachfrage steckt, wird potenziert, wenn spezialisierte Agenturen mit den Medienanbietern verhandeln. Darauf werden wir im nächsten Abschnitt zurückkommen. Die jeweiligen Machtverhältnisse ändern sich auf den Werbeplatzierungsmärkten nicht so unvorhersehbar wie bei Filmen oder *music-acts*, wo binnen Monaten aus Bittstellern Stars werden. Die Verhandlungsbedingungen sind weitgehend bekannt, und sie führen zu stabilen Preisen.

## 3. Die Beschaffung der Inhalte

Die Diskussion der Werbemärkte beschränkte sich bisher auf die Märkte für Werbeplatzierungen, in denen die Werber als Nachfrager von „Schaltungen" für ihre Botschaften auftreten. Die Werber bezahlen aber nicht nur für die Platzierung ihres Werbeinhalts, sondern auch dafür, dass diese Inhalte hergestellt oder durch Zukauf beschafft werden. Wir sehen uns also einer Variante der *Beschaffungsmärkte* gegenüber. Für die Herstellung der Werbebotschaften werden teilweise die gleichen kreativen Inputs verwendet wie für die Herstellung der Inhalte. Dennoch mussten sich Sonderstrukturen entwickeln, weil die Herstellung von Medieninhalten nicht zu den Kernkompetenzen der meisten Werbekunden gehört. Im Fall von Medienunternehmen, die sich selbst oder ihre Produkte bewerben wollen, ist eine derartige Kompetenz häufig durchaus im eigenen Unternehmen vorhanden. Wir werden deshalb zwischen *Eigenwerbung* und der Zusammenarbeit mit *Medienagenturen* unterscheiden.

### *3.1 Eigenwerbung*

Der hohe Anteil der Kommunikations- und Medienbranchen an den Gesamtausgaben für Werbeschaltungen ist schon im vorhergehenden Abschnitt erwähnt worden. Weil die Informationsprodukte ständig neu sind, muss ihre Markteinführung von einem vielstimmigen Chor begleitet werden, der die Neuigkeit des neuen Krimis oder der neuen *Sitcom* verkündet. Medienunternehmen verfügen prinzipiell über Möglichkeiten, diese Werbeinhalte selbst herzustellen und sie dann in Medienprogrammen zu schalten, die der eigenen Unternehmensgruppe gehören. Derartige Aktivitäten werden nicht als Markttransaktionen ausgewiesen. Sie haben in der Regel interne Verrechnungspreise. Damit werden die tatsächlichen Aufwendungen in den Verbundmedien nur kalkulatorisch erfasst. Außerdem fehlen Schattenpreise für die kostenlose Schaltung von Werbespots in eigener Sache, die immer dann entstehen, wenn eigene Werbung die Fremdwerbung substituiert. Wir können also davon ausgehen, dass die internen Aufwendungen der Werbung ähnlich hohe oder sogar noch höhere Kosten verursachen wie die extern vergebenen Aufträge für Werbespots oder Anzeigenkampagnen.

An dieser Stelle lässt sich der Unterschied zwischen einer akteurs- und einer kommunikationstheoretischen Perspektive deutlich machen: In *akteurstheoretischer* Sicht gehören die Kosten der internen Werbung zu den Transaktionskosten. Sie fallen bei der Produktion an, ähnlich wie die Verwaltungskosten in der verarbeitenden Industrie, aber sie bleiben eine Begleiterscheinung. In *kommunikationstheoretischer* Sicht besteht das Medienprodukt aus einem Informationsbündel, zu dem auch die Werbung für diese Inhalte gehört: Unter den Bedingungen von Neuheit müssen beide Seiten der Informationsdifferenz, die Neuheit *und* ihre unmittelbare Kommunikationsumwelt, gestaltet werden.

Die Kernkompetenzen eines Medienunternehmens liegen nicht mehr im Bereich der materiellen Produktion oder des physischen Vertriebs, sondern im Bereich des Umgangs mit Kommunikation. Sie liegen in der Fähigkeit, die richtigen Inputs auszuwählen und sie zu einem erfolgreichen Inhalt zu koppeln, und in der Fähigkeit, erfolgreich für die eigenen Produkte zu werben. Tatsächlich ist der Anteil externer Agenturleistungen an den eigenen Werbeausgaben in der Medienwirtschaft geringer als in allen anderen Branchen.

Die gängigen Strategien der Eigenwerbung werden im Folgenden kurz skizziert.

1) Information über einmalige Produkte taucht in den periodischen Medien auf. In diesem Umfeld wird über das neue Produkt berichtet, werden Ausschnitte gezeigt und Expertenurteile veröffentlicht. Die Verbundkampagne, die Schaltungen in mehreren Medien kombiniert, ist charakteristisch für Medienprodukte. Für die periodischen Medien selbst eignet sich, neben dem eigenen Medium, der öffentliche Raum, der durch Außenwerbung beansprucht wird.

2) Innerhalb der Verbundstrategie haben sich bestimmte taktische Modelle entwickelt. Das vielleicht bekannteste ist die *Blockbuster*-Strategie. Sie stammt aus der Filmbranche. Sie besteht darin, nur wenige Hauptprodukte zu selektieren, und dann durch konzertierte, schlagartige Verbreitung von Information und Wertung

über das Produkt dafür zu sorgen, dass für dieses breite Neugier geweckt wird. Die Strategie funktioniert in der Filmindustrie besonders gut, weil die verfügbaren Aufführungshäuser einen Engpass bilden. Dadurch können Aufmerksamkeitsvorteile gegenüber Konkurrenzprodukten entstehen, die lange genug andauern, um diese auszublenden. Allerdings ist der Promotionsaufwand für die erfolgreiche Durchsetzung eines *blockbuster* so hoch, dass nur die potentiell ertragreichsten der Projekte mit dieser Taktik gefördert werden können.

3) Die Eigenwerbung kann so gestaltet werden, dass sie Ausschnitte aus der Originalvorlage wiedergibt. Teilinhalte tauchen als *Trailers, Clips und Demos* auf. Beim Abspielen von Musik-Tracks im Radio werden sogar Kopien des ganzen Produkts verteilt. Es handelt sich aber um eine einmalige Kopie, die vom Verwender nicht wiederholt werden soll. Wiederholt er sie doch, etwa durch Kopieren seines eigenen Mitschnitts, dann verletzt er die Rechte des Eigentümers. Teile des Produkts oder das ganze Produkt werden kostenlos verteilt, in der Hoffnung, dass die fragmentarische und flüchtige Erfahrung den Verwender dazu bringt, die kommerziell angebotene, immer verfügbare Version zu kaufen. Die Werbung über Besprechungen verläuft weitaus indirekter. Der Wert solcher Informationen liegt darin, dass den Autoren der Besprechung Unabhängigkeit von den Herstellern oder Vertreibern des Produkts zugebilligt wird. Sie dürfen also für ihre Werturteile gerade nicht bezahlt werden. Dennoch bleibt genügend Raum für eigene, unterstützende Aktivitäten. Begleitereignisse der Markteinführung, die gerade nicht auf kommerzielle Verwertung ausgerichtet sind, müssen inszeniert oder zumindest gefördert werden. Festivals und Wettbewerbe, wie sie in Kap. 9 thematisiert werden, sind dafür die Hauptformen.

4) Mit der Bewerbung von Produkten im eigenen Programm werden bei schwacher Nachfrage Leerzeiten in der zur Miete angebotenen Werbefläche mit eigenen Hinweisen gefüllt. Umgekehrt weiten die Unternehmen im Fall großer Nachfrage ihr Volumen am Rand der Spielregeln der Werberegulierung aus. Das geschieht beispielsweise durch *split screens*, oder durch das Einblenden von Textbändern in laufende TV-Sendungen.

5) Events, an denen die Verwender selbst teilnehmen können, sind eine unverzichtbare Dimension der Begleitkommunikation. Die Events werden in Festivals gebündelt, oder sie werden seriell als Tourneen organisiert. Die Verwender überzeugen sich im Verlauf dieser inszenierten Ereignisse davon, dass die Autoren, Musiker und Filmemacher tatsächlich leben, und dass sie auch unter Bedingungen der Präsenz die Qualität erzeugen können, für die sie eine Reputation erworben haben. Das für derartige Ereignisse übliche Forum sind Aufführungshäuser. Auch sie werden kommerziell betrieben, oft sind sie sogar im Besitz von Medienunternehmen. Dennoch müssen sie glaubhaft eine Begegnung zwischen den Protagonisten des Ereignisses und deren Publikum inszenieren. Derartige Ereignisse sind einzig-

artig und in ihrem Verlauf nie vollständig zu planen, und deshalb werden sie als Originale behandelt. Bei der laufenden Berichterstattung über einzelne Personen aus dem Medienbetrieb gilt ähnliches: Die „originellen“ Verhaltensweisen, über die dann in Klatschkolumnen oder auch in Biografien berichtet wird, müssen glaubwürdig ihren Urhebern und nicht dem Kalkül der Unternehmen, die sie beschäftigen, zurechenbar sein.

### *3.2 Werbeagenturen*

Weil die Fähigkeit, Werbeinhalte herzustellen und sie einzusetzen für die meisten Unternehmen nicht zu den Kernkompetenzen gehört, sind Werbeagenturen entstanden, die sich auf derartige Dienstleistungen spezialisieren. Diese Agenturen haben in den letzten Jahrzehnten eine rasante Entwicklung durchgemacht. In einer ersten Phase boten sie ihren Kunden an, gewünschte Werbeinhalte zu erstellen und ihren Einsatz in den verschiedenen Begleitmedien zu planen. Die Werbeagenturen agieren also als Nachfrager auf einem zweiten Beschaffungsmarkt, um dann ihrerseits Originalvorlagen für Anzeigen und Spots anbieten zu können. Sie schöpfen dabei im Prinzip aus den gleichen *Skills-&-scripts*-Angeboten, die auch die Input-Märkte der Inhalteproduzenten versorgen. Die aufgewendeten Budgets pro Platz- und Zeiteinheit sind allerdings weitaus höher als bei den Programminhalten. Entsprechend höher sind die Honorare, die für Werbeaufträge gezahlt werden. Manche Urheber haben die Möglichkeit, ihre Angebote auf beide Sektoren zu verteilen, sodass die Einnahmen aus Werbeaufträgen andere Projekte, deren Zweck nicht vom Auftraggeber vorgegeben ist, quersubventionieren. Der hohe finanzielle Einsatz treibt die Innovationsrate nach oben. In Werbefotografie und Werbefilm können teure neue Techniken und Technologien ausprobiert und eingesetzt werden, die später, bei gesunkenen Preisen, auch für andere Inhalte verwendet werden können.

Große Werbeagenturen nutzen die Möglichkeit, kreative Inputs projektbezogen einzukaufen, nur begrenzt. Das liegt an der singulären Rolle, die sie innerhalb der Organisation des Werbekunden wahrnehmen: für den ist der Werbeinhalt nicht neutraler Input, sondern Bestandteil des eigenen Kommunikationsumfelds. Die Werbeinhalte sind Sprachrohr des Unternehmens, sie bezeichnen das Unternehmen und seine Produkte in der Öffentlichkeit. Wenn nun diese Funktion ausgelagert wird, weil nur so effektive Werbebotschaften entstehen, dann muss zumindest gewährleistet sein, dass der Informationsfluss zwischen Agentur und Kunden intern und vertraulich bleibt. Deshalb arbeiten die Werbeagenturen im Wesentlichen mit längerfristig gebundenen Mitarbeitern. Innerhalb des Betriebs werden dann Projektgruppen gebildet, die einen ähnlichen kreativen Prozess durchlaufen sollen wie spontan gebildete Gruppierungen in einer öffentlichen Arena. Die Projekte folgen festen Routinen, um Größenvorteile der Herstellung nutzen zu können.

Ergänzend zu den festen, setzen die Agenturen auch freie Mitarbeiter oder Kleinagenturen ein. Bei dem vorhandenen Überfluss an Zulieferern werden auf diese

Weise Fluktuationen in der Ertragslage ausgeglichen. Die Agenturen kaufen bei größeren Kampagnen auch besonders teure Leistungen von externen Urhebern dazu. Weil auch im Wettbewerb der Designer, Fotografen, Filmer und Grafiker das *Winner-takes-all*-Prinzip gilt, kommt es zur Starbildung. Entsprechend steigt die Marktmacht der Inputanbieter, und die Preisforderungen für ihre Leistungen steigen mit. Dem setzen die Agenturen wenig entgegen, weil sie auf die Wirkungsverstärkung durch den Starbeitrag setzen. Außerdem haben sie ein Interesse an erhöhten Gesamtaufwendungen ihres Kunden, weil ihre Leistung prozentual zum Etatvolumen abgerechnet wird. Den Kunden gegenüber galt in den vergangenen Jahrzehnten eine Preisforderung von 15% des Werbeplatzierungsetats als Regel, inzwischen sind Verträge mit weniger als 10% häufig geworden. Daneben werden in zunehmendem Maß, ähnlich wie in der Beratungsbranche, Leistungen über feste Projektpreise abgerechnet.

### *3.3 Medienagenturen*

Heute haben sich die Werbeagenturen zu Komplettanbietern entwickelt, die nicht nur die Beschaffung, sondern auch den Einsatz der Werbeinhalte übernehmen. Derartige Verbundleistungen sind bei Informationsgütern zu erwarten. Die Kommunikation einer Kampagne umfasst eben nicht nur ihre einzelnen, maßgefertigten Inhalte, sondern auch die Taktung, mit der sie wiederholt werden, und die Verteilung auf die verschiedenen Begleitmedien, die dann ihrerseits noch nach Zielgruppenmedien fein gesteuert wird. Der abschließende Akt, die Verhandlung mit dem Medienunternehmen, in dessen Programm eine Werbebotschaft geschaltet werden soll, ist dabei unvermeidlich. Folglich entstanden in den Werbeagenturen eigene Abteilungen, die auf die Verhandlung mit den Medienanbietern spezialisiert sind. Die Abteilungen firmieren als eigenständige Medienagenturen, werden aber in aller Regel von einer Werbeagentur kontrolliert.

Im Verhalten der Medienagenturen tritt eine Problematik zutage, die das Funktionieren der Werbemärkte gefährdet. Das Verhältnis zwischen Werbekunden und Medienagentur ist das zwischen Auftraggeber und Auftragnehmer. Agenten operieren unter Bedingungen der Intransparenz: Die Entscheidungen des Agenten sind für den Prinzipal nicht einsichtig, und so kann der Agent seinen eigenen Nutzen auf Kosten des Prinzipals erhöhen. Die Probleme tauchen schon im Beschaffungsprozess auf, wo der Kunde die Notwendigkeiten des Mitteleinsatzes beim Agenten kaum durchschaut. Sie werden aber akut, wenn der Agent den Preis für die Platzierung der Inhalte aushandelt. Die Standardverträge sehen Provisionen vor, die bei etwa 3% des Transaktionsvolumens liegen. Das schließt aber nicht aus, dass der Agent Rabatte aushandelt, die er an den Werbekunden nicht weitergibt. Das Verhalten mag sogar dadurch gerechtfertigt werden, dass erst die über alle *accounts* gebündelte Marktmacht den Preisnachlass erzwungen hat. Dennoch geht bei derartigem Handeln auf eigene Rechnung die Glaubwürdigkeit verloren. Die Konsequenz kann sein, dass der Werbekunde die Verhandlungen mit den Medienunternehmen selbst führt, sie also nicht mehr extern delegiert. Es liegt also im Interesse der Branche, einheitliche Regeln für die Verhandlungsführung mit den Medienunternehmen zu entwickeln. Derartige *Code-of-conduct*-Vereinbarungen sind auch aus älteren Medienbranchen bekannt. In der Branche der Medienagenturen haben entsprechende Verhandlungen eben erst begonnen.

Seit 1970 ist ein weltweiter Fusionsprozess zu beobachten. Im Verlauf dieses Prozesses sind die Medienagenturen so gewachsen, dass 2002 die 6 größten Unternehmen etwa 85% des Einkaufvolumens in Deutschland kontrollierten. Darüber hinaus sind global vernetzte Gruppen von Agenturen entstanden. 2003 beherrschten fünf *Global Network Communication Agencies* knapp 75% des weltweiten Gesamtumsatzes von 20.5 Mrd $ (AdAge 2004). Das Auftragsvolumen der Werbeagenturen lag etwa beim Zehnfachen dieser Summe. Bis zu 200.000 Mitarbeiter arbeiten in diesen Großverbünden, die freilich in viele unabhängig operierende Einheiten aufgelöst sind. Darin liegt das organisatorisch Neue der Medienagentur-Holdings: Sie nutzen den Verbundcharakter ihres Arbeitsstoffes und schöpfen Größen- und Verbundvorteile aus. Sie integrieren auch die kommunikativ breitere, über die klassische Werbung hinaus gehende Öffentlichkeitsarbeit. Gleichzeitig können die Mega-Medienagenturen die Accounts verschiedener Kunden auf voneinander getrennt operierende Unternehmen der Gruppe verteilen.

So entstehen neuartige Entscheidungszentren, die wesentlichen Einfluss auf die Inhaltebündel, die dann tatsächlich verteilt werden, nehmen. Die Umsätze der neu entstandenen Unternehmen werden weltweit generiert, und sie liegen in der Größenordnung ihrer Geschäftspartner. Im Dreieck von Werbekunden, Medienunternehmen und Mega-Medienagenturen entwickelt sich der gegenwärtige und erst recht der zukünftige globale Werbemarkt.

## Literatur

Bagwell, K. (2003). *The Economic Analysis of Advertising*, unpublished online-version.

Heinrich, J. (2001). *Medienökonomie, Bd.1: Mediensystem, Zeitung, Zeitschrift, Anzeigenblatt*. Opladen, Westdeutscher Verlag.

Ludwig, J. (2003). Mikroökonomie der Medien. *Medienökonomie. Band 1/1: Grundlagen der Medienökonomie: Kommunikations- und Medienwissenschaft, Wirtschaftswissenschaft*. K.-D. Altmeppen und M. Karmasin. Wiesbaden, Westdeutscher Verlag: 187-214.

Rott, A. (2003). *Werbefinanzierung und Wettbewerb auf dem Fernsehmarkt*. Berlin, Duncker & Humblot.

# 6. Die Verteilermärkte

## Einleitung

Im einfachen Marktmodell steht der Produzent dem Konsumenten unmittelbar gegenüber. Im erweiterten Marktmodell wird im Verlauf der Produktion zwischen Urheber, Hersteller und Verteiler unterschieden. Diese Erweiterung scheint für die meisten materiellen Produkte unerheblich. Bei deren Wertschöpfung spielen Urheber keine Rolle. Verteiler treten zwar auf, übernehmen aber wenig eigenständige Entscheidungen. Das gilt insbesondere für logistische Operationen, bei denen Schiffe, Lastwagen und Bahnwaggons die Objekte mit physischem Energieaufwand an Orte befördern, wo Kunden sie abholen. Der Verkauf wird als eine zweite, ebenfalls neutrale Stufe der Verteilung interpretiert.

Schon für materielle Produkte sind solche Konzeptionen sehr grob. Bei der komplexen Operation des Vertriebs entstehen Risikoabschätzungen, die Entscheidungen erfordern, und das Geschäft des Einzelhandels besteht aus mehr Leistung als Lagerhaltung und Inkasso. Bei immateriellen Produkten tauchen nun nicht nur die Rohstoffe in Gestalt der Urheber als eigenständige Akteure auf, sondern auch die Verteilung bekommt einen völlig anderen Stellenwert. Sie beginnt mit der eigentlichen Marktschnittstelle, an der der Verteiler Originalvorlagen entweder kauft oder für bestellte Vorlagen zahlt. Verteiler übernehmen also unternehmerisches Risiko. Ihre zentrale Aufgabe ist die der Vervielfältigung und der Beförderung der Kopien zu den Verwendern. Die Vervielfältigung kann durch Bedrucken von materiellen Stoffen, primär Papier oder Kunststoff, erfolgen, durch Übertragung von Sendesignalen oder durch Datenverkehr in Kabeln. In jedem Fall ist hoher technischer Aufwand mit der Vervielfältigung verbunden, sodass Größenvorteile des Vertriebs entstehen.

Diese Größenvorteile gelten für Kopierwerke ebenso wie für Zeitschriftenvertriebsnetze oder Kabelsysteme. Sie gelten auch für den Verkauf, denn eine wesentliche Funktion des Verkaufs, die Information über das zu kaufende Produkt, wird von zentral organisierter Produktwerbung übernommen, die wir schon in Kap. 5 untersucht haben. Die Bedeutung des Verkaufs in der Wertschöpfungskette ist eher geringer als bei materiellen Produkten. Die Lieferung – sei es über die Mega-Stores von Handelsketten, über kostenlose Fernsehkanäle oder über direkten Kontakt mit einem Kabelprogrammanbieter – wird zum unmittelbaren Bestandteil des Verteilungsprozesses.

Die starke Rolle der Verteilung bei der Produktion von Informationsinhalten hat inzwischen dazu geführt, dass die größten, den Markt beherrschenden Unternehmen allesamt Verteilerunternehmen sind, in die herstellende Tochterunternehmen integriert sind. Die Verteiler sind zwar letztlich abhängig von der Nachfrage der Verwender, aber in dem dadurch gesteckten, weiten Rahmen determinieren sie durch ihre Planungen und Entscheidungen die tatsächliche Nachfrage nach den *master copies,* die von den Herstellern auf dem Verteilermarkt angeboten oder in Auftrag genommen werden. Die alten Begriffe aus der Druckbranche spiegeln die Bedeutung wider: „Verleger" ist ein Wort des 15. Jahrhunderts für jeden Unternehmer, der Produktherstellung in Auftrag gibt und dann für die Verteilung sorgt, in der Film- und in der Musikindustrie heißen die *major companies* auch *distributors,* in der Funk- und Kabelbranche werden die großen Sendeanstalten *networks* genannt.

Die Darstellung der Verteilerleistungen wird in diesem Kapitel durch die Medien der Vervielfältigung und die der Übertragung gegliedert. Deren technische Möglichkeiten und Beschränkungen determinieren die Ausprägungen der ökonomischen Organisation, die sich in den einzelnen Branchen bislang durchgesetzt haben. Eigenheiten des Verkaufs werden erst im Rahmen der Verwendermärkte, also in Kap. 8, thematisiert.

## 1. Verteilung durch Trägermedien

### *1.1 Papierobjekte*

In Kap. 4 ist erläutert worden, unter welchen Umständen Unternehmen externe Vorleistungen zukaufen anstatt sie selbst herzustellen. Bei den *Print*-Produkten finden wir beide Konstellationen in deutlicher Ausprägung. Bei Buchmanuskripten warten die Verleger, bis das Werk komplett erstellt ist. Sie übernehmen selten eine Rolle in der Finanzierung der Projekte, sie kaufen lediglich Rechte der Verwertung an angebotenen Vorlagen. Autoren und Produzenten, deren Erfolg auf den Produktmärkten bereits bewiesen ist, bevorzugen direkte Verhandlungen oder Versteigerungen, um den höchstmöglichen Preis zu erzielen. Der Auktionator ist dabei ein spezialisierter Mittelsmann, der etwa Gebote für ein Buchmanuskript bei verschiedenen Verlagen einsammelt oder der eine regelrechte, auf einen bestimmten Zeitpunkt festgelegte Versteigerung von Verwertungsrechten durchführt.

Bei den periodischen Printmedien organisiert der Verteiler auch die Herstellung der Vorlage. Die Taktung des Produkts und die Erwartungen an die Konstanz der Inhaltsformate erfordern eine direkte Kontrolle. Dennoch gilt auch in diesen Unternehmen eine deutliche Grenze zwischen der Redaktion, in der die Originalvorlage hergestellt wurde, und dem Vertrieb, der sich um alles Weitere bis zum Kauf des Produkts durch den Verwender und durch den Werbekunden kümmert.

Beim Vertrieb von Büchern und Zeitschriften scheint nicht viel anderes zu geschehen als bei materiellen Waren. Text- und Grafikinhalte sind auf Papier festgehalten und müssen deshalb physisch gelagert und befördert werden. Die gedruckten Exemplare werden mit Verkehrsmitteln zum Einzelhandel befördert und dort zu festen Preisen verkauft. Daraus ergeben sich zwangsläufig vergleichbar spezialisierte Speditionsleistungen. Aber damit enden auch schon die Gemeinsamkeiten. Die Eigenheiten, die sowohl der Buch- als auch der Zeitschriftenvertrieb im Verlauf von fünf Jahrhunderten entwickelt haben, sind determiniert durch die Neuheiten, die *news*, die mit den Papierobjekten übertragen werden.

Bücher waren bis ins späte 18. Jahrhundert nur an wenigen zentralen Orten erhältlich, die Verteilung durch fahrende Händler war spärlich und erratisch. Bibliotheken, die den zeitweisen Zugriff auf den Inhalt anstelle des Eigentums am Objekt verkauften, ermöglichten eine vervielfachte Leserschaft, ohne den Herstellungsprozess zu verändern. Mit der Einführung der Rotationspressen, der Erfindung neuer Papiersorten und dem Ausbau der Eisenbahnnetze konnten die Preise gesenkt werden. Die damit notwendig verbundene systematische Verteilung steigerte kontinuierlich den Anteil von Handel und Vertrieb an der gesamten Wertschöpfung. Um 1800 wurde noch mit einem Drittel des Verkaufspreises für beide Stufen kalkuliert, 1900 waren 45% üblich und heute setzen exemplarische Kalkulationen für Zeitschriften je 25% für Groß- und Einzelhandel an (Göpfert 1976).

Vom üblichen Großhandel unterscheiden sich die so genannten Buchsortimenter deutlich. Ihre Aufgabe liegt darin, früher veröffentlichte Titel lieferbar zu halten und neue Titel rasch verfügbar zu machen. Sie versuchen, die Anzahl der Inhalte und die Zeitdauer, über die sie vorrätig gehalten werden, zu maximieren. Gleichzeitig liefern sie in kleinen Stückzahlen möglichst rasch die angeforderten Titel an einzelne Händler. Das Geschäft wird effizienter und effektiver mit steigendem Volumen. Dennoch hat sich keine bestimmte Organisationsform als dominant erwiesen. Vertriebsleistungen werden in manchen Fällen vom Verlag selbst, in anderen Fällen von den Handelsketten des Endverkaufs übernommen. Aber der Vorteil einer selbständigen unternehmerischen Bündelung ist nicht zu übersehen. Er hat zwei Organisationsvarianten hervorgebracht: zum Einen die *Verlagsauslieferer*, die auf Rechnung der Verlage Bestellungen des Handels bündeln und ausliefern, zum Anderen die *Barsortimenter*, die selbst das Lagerungs- und Absatzrisiko übernehmen. Bei beiden Varianten teilen sich wenige Unternehmen den Markt ganzer Länder und Sprachräume.

Barsortimenter liefern binnen Stunden oder Tagen, Verlagsauslieferer zuweilen binnen Wochen. Verlage mit Titeln, die eine kurze Verweildauer in der öffentlichen Aufmerksamkeit haben, sind ebenso auf die Barsortimenter angewiesen wie Kleinverlage, die an der Verlagsauslieferung nicht beteiligt sind. Entsprechend stark ist die Position der Barsortimenter bei der Verhandlung der Marge, die sie am Gesamtumsatz fordern können. Mit neuen Formen des Vertriebs, etwa über Internetplattformen oder über Medienhandelsketten allerdings, wird diese Position erodieren und mit ihr der prozentuale Anteil am Umsatz.

Inhalte, die jeden Tag oder jede Woche im selben Format gedruckt werden, brauchen andere Formen des Vertriebs. Abonnementzeitschriften werden über das Postsystem befördert und vor Ort, meist gebündelt mit anderen Titeln, beim Kunden durch verlagsgebundene Zusteller abgeliefert. Der Vertrieb von Zeitschriften, die am Kiosk oder einem anderen *point of sale* vom Kunden gekauft werden, erfolgt über *Grossisten*. Grossisten betreuen die Versorgung einer Region mit Zeitschriften. Über die Fläche Deutschlands verteilt operieren etwa neunzig Unternehmen. Jeder Grossist hält etwa 3.600 Titel vorrätig, wenn auch – kaum überraschend – weniger als hundert Titel über 90% des Umsatzes erbringen. Die Preise für die ausgelieferten Titel werden vom Verlag festgelegt und müssen vom Einzelhandel eingehalten werden. Er beliefert im Schnitt etwa 1.200 Einzelhändler, für die er Gebietsschutz beanspruchen kann. Er ist verpflichtet, von den Einzelhändlern remittierte Exemplare anzunehmen und an den Verlag weiterzugeben. Die durchschnittliche Remittendenquote liegt bei etwa 40%, sodass das Steuern der Belieferung der Einzelhändler für den Grossisten eine zentrale Kompetenz ist (Heinrich 2001).

Offensichtlich dient das Netz der Grossisten dazu, die *Print*-Produkte so effizient wie möglich von der Druckerei zum Kunden zu befördern. Das Liefergebiet wird von den Verlagen vorgegeben, die Preise sind fixiert, Belieferungsanspruch, Bezugspflicht und Remissionsrecht binden den Grossisten in ein enges Verhaltenskonzept. Dabei ist es bemerkenswert, wie sorgfältig diese Regeln von Gesetzgeber und Rechtssprechung als Ausnahmen des allgemeinen Wettbewerbsrechts anerkannt sind. Dennoch ist es in aller Regel ökonomisch nicht effizient, diese Marktstufe zu eliminieren. Grossisten haben den Wissensvorteil genauer lokaler Marktkenntnis. Außerdem können nur sie ein Sortiment bieten, das die Titelangebote aller Verlage bündelt. Sie stellen der Gemeinschaft der Verlage einen Standard, eine für den gesamten „Club" erbrachte Leistung zur Verfügung. Nur, wenn sie unternehmerisch unabhängig agieren, können sie diese Leistung glaubwürdig, ohne einen der Verlage und seine Titel zu begünstigen, erbringen.

Damit ist die Situation der Preisbestimmung zwischen Verlagen und Grossisten schon charakterisiert: es handelt sich um Verhandlungen zwischen zwei Kollektiven. In Verhandlungen zwischen den Vertretern der beiden Marktseiten wird der Prozentsatz an der verkauften Auflage bestimmter Titelgruppen, den der Grossist einbehalten darf, festgelegt. Er liegt im Mittel bei etwa 18%, mit größerer Schwankungsbreite für hoch- bzw. niedrigauflagige Zeitschriften und geringeren Unterschieden zwischen regionalen und überregionalen Zeitungen (Heinrich 2001: 227). Bei allem technologischen Fortschritt sind Papierobjekte doch Papierobjekte geblieben, und so setzt sich im Pressevertrieb eine jahrhundertealte Tradition fort, stabil in ihrer ausgereiften Operation, aber gleichzeitig beschränkt in ihren Entwicklungsmöglichkeiten.

### *1.2 Musikträger*

Musikwerke waren schon in vorindustrieller Zeit medial vermittelt: Erst ein Instrument, etwa eine Stimme oder eine Trommel, machte die musikalische Komposition oder Improvisation für die Anwesenden hörbar. Aufführungen und Aufführungsserien waren damals die beherrschende Form des Vertriebs. Daneben hat sich der Vertrieb gedruckter Noten etabliert, auf den sich Musikverlage spezialisierten.

Inzwischen haben die Musikverlage ihre Vertriebsaktivitäten der Immaterialität ihres Gegenstands angepasst: Sie vertreiben Lizenzen, also begrenzte Rechte zur Übertragung des Originalinhalts in andere Formen, etwa in Aufführungen anderer Musiker oder in die Klangspur von Filmen.

Als die elektromagnetische Aufnahme, Übertragung und Wiedergabe von Signalen in Leitungen, technisch möglich geworden war, begann die Suche nach Medien, in denen sich aufgenommene Inhalte speichern und vervielfältigen lassen. Die Musikindustrie durchlief mehrere technische Phasen von Speichermedien, von Wachswalzen bis zu Schellack-Platten. Doch erst, als mit der Vinylscheibe ein Medium gefunden war, das verlässlich gepresst, transportiert und aufbewahrt werden konnte, entstanden die *major companies* der Musikindustrie, die bis heute das Marktgeschehen beherrschen.

Trotz der Unterschiede in der Leistungsfähigkeit blieb der Vertriebsmodus von den Wachswalzen bis zu den Compact Discs der Gleiche: Objekte werden physisch zu lokalen Lagern transportiert, wo sie dann die Verwender kaufen und mitnehmen können. Der Vertrieb ähnelt folglich dem der Buchbranche. Ein Großteil des Angebots kommt kurzfristig und kurzzeitig in den Endverkauf, ein geringerer Teil wird über lange Zeit vorrätig gehalten. Deshalb ähnelt die Struktur der Vertriebsbranche der Buchbranche, allerdings mit verstärkter Konzentration. In Deutschland teilen zwei Vertriebsunternehmen, *Universal Music Group* und *Sony BMG*, etwa die Hälfte des gesamten Tonträgervolumens unter sich auf. Ein knappes Dutzend weiterer, ebenfalls an Medienunternehmen angegliederte, Vertriebsorganisationen teilen sich weitere 40% des Marktes. In manchen Fällen werden unabhängige Labels ins Sortiment von *Major*-Vertrieben aufgenommen. Damit sind aber häufig Reputationsverluste bei den Fans und deutlich ungünstigere finanzielle Bedingungen verbunden. Auf dieser ersten Ebene beträgt die Handelsspanne üblicherweise zwischen 20 und 25%. Im Bereich der Independents und in geografisch isolierteren Regionen operieren kleinere *Wholesale*-Vertriebe (*one-stops*), die kleinere Mengen der Produkte aller Wettbewerber vorrätig halten. Hier steigt die Spanne auf bis zu 40%. Schließlich werden Labels oft selbst als Vertriebsstelle für andere Labels und für Endkunden aktiv. Die Auflagen liegen unter tausend Stück, die Geschäfte erfolgen auf Gegenseitigkeit, und die Endkunden sind gleichzeitig die Mitglieder von *fan communities*.

Nicht zu vernachlässigen ist die Erweiterung der physischen Trägermedien um Audiokassetten. Sie machten es erstmals möglich, dass Verwender selbst die Aufnahme durchführten und so ihre eigene Kopie herstellten. Dieses Medium verschwindet zurzeit in den Industrieländern, weil private Verwender bereits mit digitaler Kopiertechnik aufgerüstet haben. In den Ländern der dritten Welt sind Audiokassetten dagegen nach wie vor wichtigstes Trägermedium für Musikinhalte.

Die Situation hat sich mit der Verbreitung des Internet-Netzwerks noch einmal dramatisch gewandelt. Einmal aufgenommene Klangspuren (*sound files*) können, wenn auch stark komprimiert, mit relativ geringem Datenvolumen im Internet übertragen werden, und zwar zwischen allen angeschlossenen Teilnehmern. Daraus hat sich binnen weniger Jahre eine immer noch steigende Nachfrage nach Online-Übertragung von Musikprodukten entwickelt. Nachdem die Medienunternehmen lange Zeit nicht in der Lage waren, auf diese Nachfrage zu reagieren, bildeten sich rasch *file sharing communities*. Die Teilnehmer dieser Plattformen vertrieben Musikinhalte, indem sie die eigenen Datensätze von anderen interessierten Teilnehmern kopieren ließen. Jeder Verwender fertigt also seine eigene Kopie an. Das ist technisch möglich, weil im Internet Distanz und Material keine Rolle spielen: Die Bewegung zur Nullkopie und der Vorgang des Verdoppelns der vorhandenen Information passieren mit Lichtgeschwindigkeit und ohne Aufwand.

Die technischen Vorteile dieser neuartigen Vertriebsform liegen auf der Hand. Allerdings ist die rechtlich-institutionelle Gestaltung solcher Prozesse noch sehr unklar. Schließlich ging der bisherige Schutz der Rechteverwerter davon aus, dass private Verwerter technisch nicht dazu in der Lage sind, ihre eigene Kopie in nennenswertem Maß zu vervielfältigen. Zuerst wurden alle juristischen und politischen Hebel eingesetzt, um die Nutzung dieser neuen Fähigkeit zu verhindern. In einer zweiten Reaktion, die 2004 zögerlich begann, werden Online-Vertriebsstellen eingerichtet, die eingeschränkte Nutzungsrechte an die Verwender verkaufen. Dabei nutzen die Musikanbieter einen weiteren Vorteil des Internets: sie sammeln Wissen über Konsumgewohnheiten, und sie dosieren den Zeitrahmen der Verfügung so, dass aus dem traditionellen Verkaufsgeschäft ein Verleihgeschäft wird.

Die Digitalisierung hat parallel zu den Übertragungsformen auch die Kapazität zur Speicherung exponentiell erhöht. Ganze CD-Ständer voll Musik können auf kommerziell erhältlichen *memory chips* gespeichert und neu konfiguriert werden. Damit ist einerseits eine neue Form der Wiederverwertung klassischer Inhalte gefunden, weil nun Gesamtwerke, in Form von Neu-Bündelungen einzelner Musikstücke angeboten werden können. In der Hauptsache wird aber dadurch der Verkauf von Leermedien attraktiver: Die Speicherkapazitäten ergänzen die Akkumulationsmöglichkeiten, die durch die rasche Online-Übertragung der Inhalte erschwinglich geworden sind.

Musik ist auch, sobald das technisch möglich war, durch Sendestationen oder Kabelkanäle übertragen worden. Diese Dimension der Verteilung werden wir in Abschnitt 4 untersuchen.

### *1.3 Filmkopien*

Am Fall der Filmindustrie kann man besonders deutlich sehen, wie sich das Entscheidungszentrum der Produktion von den Herstellerunternehmen, den *studios*, hin zu den Verteilerunternehmen, den *distributors*, verschoben hat. Die Unternehmen tragen zwar noch die Namen ihrer Studios, aber die sind längst zu Tochterunternehmen von Vertriebsnetzwerken geworden, die die Mittel zur Vorfinanzierung und zur Vermarktung der Filme aufbringen. Die teuersten Filme müssen unter der

Kontrolle des Vertriebsnetzwerks entstehen, aber für Filme mit niedrigerem Budget ist der Zukauf von extern erstellten *master copies* immer eine Alternative. Die Preise hängen wieder von der Marktmacht ab.

Der Ort für derartige Transaktionen sind Messen und Festivals: Im Zeitrahmen von wenigen Tagen treffen Hersteller – die häufig, aber nicht zwingend auch die Urheber sind – und Verteiler aufeinander. Inhalte werden komprimiert vorgestellt, sodass die Verteiler rasch selektieren können, welche Projekte sie unterstützen oder übernehmen. Der rapide Verfall der technischen Herstellungskosten für Musik, Film und andere audiovisuelle Inhalte hat das Volumen des Angebots in der Klasse der *low-budget*-Filme in den vergangenen Jahren stark steigen lassen. Gleichzeitig ist die Zahl der einschlägigen Messen und Festivals gestiegen.

Der Vertrag zwischen Produzent und Studio wird in aller Regel zu einem Zeitpunkt abgeschlossen, an dem der Film noch nicht vollständig fertig gestellt ist. Deshalb spielen die Zahlungen, die von zukünftigen Kosten und Erträgen abhängen, eine entscheidende Rolle. Üblicherweise teilen sich die beiden Parteien den Nettogewinn hälftig. An dieser Stelle tritt nun eine massive Variante von asymmetrischer Information auf: Die Feststellung der Höhe der Gewinne obliegt dem Studio. Das Studio kennt den Teil der Bruttoeinnahmen, der bei den Aufführungshäusern und möglichen Zwischenhändlern verbleibt. Des Weiteren werden die variablen Kosten der Werbung und Verteilung des in Frage stehenden Films abgezogen. Beispielsweise ist eine *distribution fee* von 30% gängig. Dazu kommt nun noch ein Anteil an den Gemeinkosten des Studios. Die tatsächlich durchgeführten Projekte müssen die Kosten der Investition in gescheiterte Projekte mittragen. Zusammen mit den Anteilen für Stars, Zinszahlungen und anderen *residuals* laufen so noch einmal Kosten auf, die erfahrungsgemäß etwa zwei Drittel des Produktionsbudgets ausmachen (Caves 2000: 113). Die Möglichkeiten kreativer Buchhaltung bei der Berechnung der verschiedenen Kostenarten haben dazu geführt, dass Verträge, in denen die Vereinbarungen über die Berechnung des Nettogewinns dreißig Seiten füllen, keine Seltenheit mehr sind.

Filmkopien erforderten bislang eine sehr elaborate Form der Verteilung. Sie beginnt mit dem Erstellen von Kopien der Originalfilmrolle. Der technische Vorgang ist zeit- und kostenaufwendig, sodass entschieden werden muss, wie viele Kopien profitabel sind. Die Erstverwendung der Kopien findet in einer auf großen Leinwänden wiedergegebenen, mit anderen Zuschauern gemeinsam erlebten Aufführung statt. Dann durchlaufen die Kopien eine Reihe von Abspielhäusern mit sinkendem Gewinnpotential. Sie müssen pünktlich bei den Kinobetreibern abgeliefert sein und sie werden nach einigen Wochen wieder an den Vertrieb zurückgegeben. Die technische Verteilung der Filme dürfte bald weitgehend digitalisiert sein. Per Kabel kann dann der Verteiler seine Inhalte in jeder Zeitphase in jedes beliebige Abspielhaus seines Netzwerks laden.

Die historische Entwicklung des Verleihmarktes begann mit einer organisatorisch internen Lösung: Seit den 1920er Jahren hatten die *major studios* ein System aufgebaut, bei dem sie prominente Kinohäuser in den wichtigsten Märkten betrieben und dort exklusiv Kopien ihrer Neuerscheinungen projizierten. Dann verliehen sie die Kopien an unabhängige Kinobetreiber weiter. Die Zahl der Kopien, die sich im Umlauf befanden, lag zwischen 30 und 100. Mit diesem Vertriebssystem waren effektive Zutrittsbarrieren für konkurrierende Kinobetreiber aufgebaut. Im Schutz der Barrieren konnten Monopolpreise für das Privileg, einen Film zuerst und in angenehmer Umgebung zu sehen, durchgesetzt werden. Die Mieten der Kopienzweitverwerter wurden unter Monopolbedingungen festgelegt. 1948 beendete die Entscheidung des obersten Gerichts im *Paramount*-Fall dieses Arrangement: die Studios wurden verpflichtet, ihre Kinoketten zu verkaufen und Knebelverträge zu unterlassen (Caves 2000: 93f.).

Für die Studios erwies sich der Richterspruch als langfristig vorteilhaft. Er erlöste sie von dem Zwang, die Kapazitäten ihrer Kinohäuser ständig mit Inhalten zu versorgen. Der ständige Programmfluss wurde seit den frühen 50er Jahren wirkungsvoller über TV-Geräte geliefert. Unter dem Druck der Sender-Konkurrenz änderten die Studios ihre Formate: statt kurzer, regelmäßig erscheinender, in Fließbandroutinen produzierter Filme wurden längere, als Projekt angelegte und beworbene, mit großer Ausstattung versehene Filme hergestellt. Filme auf immer größeren Leinwänden unterschieden sich hinreichend deutlich von den kleinen Fernsehbildern. Die neue Flexibilität ermöglichte es auch, die eigenen Herstellungskapazitäten an die Bedingungen der Fernsehproduktion anzupassen und dadurch Schwankungen in der Auslastung aufzufangen.

Heute sind die Antitrust-Auflagen der Nachkriegszeit weitgehend aufgehoben. Dennoch hat keine nennenswerte Reintegration der Kinohäuser stattgefunden. Die *majors* übernehmen den Vertrieb ihrer Kopien weitgehend selbst (Vogel 2002). In den USA sind unabhängige und ausländische Filme auf die Zusammenarbeit mit einem *Major*-Vertrieb angewiesen, wenn sie nicht auf spezielle Kunstprogrammkinos in den urbanen Ballungszentren beschränkt sein wollen. Außerhalb der USA kommen auch unabhängige Verleihunternehmen zum Zuge. Wie wir aus dem Überblick in Kap. 3.3 wissen, sind etwa auf dem deutschen Markt vier der sechs Vertriebsunternehmen, die sich über 85% des Marktumsatzes teilen, Tochterunternehmen von US-amerikanischen *distributors* (Abb. 3.4).

Die Leistungen der Verleihfirmen oder der Distributionsabteilungen der großen Medienunternehmen, erstreckt sich über mehrere Ebenen: sie müssen planen, wie sie ihre knappen Kopien so einsetzen, dass daraus eine maximal erfolgreiche Kaskade von Aufführungen resultiert, sie müssen die dem Film angemessene Promotion – durch TV-Spots, Anzeigen und Öffentlichkeitsarbeit – beschaffen und steuern und sie müssen Verträge mit Kinobetreibern aushandeln und überwachen. Diese dritte Leistung hat ihre Eigenarten, weil die Kinos nur teilweise die Funktionen des traditionellen Einzelhandels erfüllen.

Den Verleihfirmen stehen in der Regel Kinoketten als Vertragspartner gegenüber. Kinoketten realisieren die Skalenerträge, die in der gemeinsamen Organisation des Betriebs und der Promotion von Kinohäusern liegen. 80% der Umsätze werden von den Kinoketten erzielt. Wir finden also auch hier die asymmetrische Branchenstruktur, bei der weniger als 20% der Unternehmen mehr als 80% der Umsätze tätigen.

Die Vertragsgestaltung zwischen Verleih und Kinobetreiber oder Betreiberkette reflektiert wieder einmal ein *Principal-agent*-Problem, denn das Verhalten des Kinobetreibers ist ebenso schwer zu kontrollieren wie seine tatsächlichen Einnahmen. Wie in derart schwer durchschaubaren Situationen üblich, hat sich eine Standardvertragsform entwickelt, von der selten und dann nur graduell abgewichen wird. Vom Kuchen der gesamten Ticketeinnahmen (*box office receipts*) werden die festen Ausgaben des Betreibers – seine *nut expenses* oder Kernausgaben – abgezogen. Vom verbleibenden Rest erhält der Verleih einen Prozentsatz, der bei 70-90% beginnt und mit jeder Woche, die die Kopie des Films läuft, sinkt, bis er bei 40% konstant bleibt. Die Zahlung an den Verleih wird durch eine Mindestsumme, die beispielsweise 50% der Ticketeinnahmen der ersten Woche beträgt, nach unten abgesichert. Bei besonders attraktiven Filmen kann es vorkommen, dass der Verleih Gebote der Kinobetreiber entgegennimmt, um über günstigere Prozentsätze den Mehrgewinn einer besonders erfolgsträchtigen Produktion abzuschöpfen (Vogel 2002: 76f.).

Auch innerhalb dieses Rahmens verbleibt noch genügend Entscheidungsspielraum, um Konflikte zwischen den Vertragspartnern auszulösen. Zum Beispiel verdienen Betreiber mehr durch die Gastronomie ihres Hauses als durch die Ticketverkäufe. Es zahlt sich also für die Betreiber aus, Ticketpreise niedrig zu halten und dafür mehr Getränke zu verkaufen. Der Betreiber bestimmt auch die Laufzeit der Kopie, er blockiert sie also unter Umständen für andere Einsätze. Schließlich kontrolliert er den Fluss der Zahlungen an den Verleih. Zahlungsverzögerungen wirken sich dabei effektiv als Zinsersparnis aus. Dem stehen die Einflussmöglichkeiten der Verleihunternehmen gegenüber. Mit dem Verleih an verschiedene Kinohäuser im selben Einzugsgebiet steuern sie die Exklusivität der einzelnen Betreiber. Durch regionale und nationale Werbung schaffen sie die Vorbedingungen des Kassenerfolgs. Schließlich können sie mit verschiedenen Varianten der Vertriebsbündelung arbeiten, etwa mit *block booking* (Buchung eines Pakets von Filmen über einen Zeitraum) und *blind selling* (Buchung von Filmen, die noch nicht fertig gestellt sind).

Auch in der Filmindustrie ist die technologische Kombination von Digitalisierung und Computervernetzung dabei, die Grundstrukturen des Vertriebsgeschehens zu verändern. Zuerst wurde ein neues Trägermedium gefunden: DVDs haben sich als Format für dieses Medium durchgesetzt. Auf dem Videomarkt hat das neue Medium die Relation zwischen Verleih und Verkauf deutlich zugunsten des Verkaufs verschoben. Filme, die bereits in den Kinos gelaufen sind, werden nun auf Trägermedien vervielfältigt und genau so wie Musiktonträger, oft auch über dieselben Vertriebskanäle, verkauft. Die Fähigkeit der Verwender, eigene digitale Kopien ihrer DVDs zu brennen – ohne die Qualitätsverluste beim Kopieren von Magnetbändern – hat die ausschließliche Verfügung, die die *majors* bislang über die Verwertung ihrer Filme hatten, löchrig gemacht. Die Kaskade der Verwertungen, über die wenigen Premierenkopien bis zu den vielen Kassettenkopien, wurde von den privat verbreiteten DVD-Kopien überholt. Die Folge war eine grundlegende Änderung der *Roll-out*-Strategie: Um den illegalen Kopien zuvor zu kommen, aber auch um Werbungskampagnen weltweit koordinieren zu können, werden heute die Kopien der Filme, die für den internationalen Vertrieb vorgesehen sind, am gleichen Tag zu Tausenden in Kinohäusern weltweit gestartet.

Die neuen Speichermedien haben den Rechtehaltern neue Verwertungsstufen für alte, erfolgreich gewesene Filme eröffnet. In den ersten Jahrzehnten der Filmindustrie wurden die Originalbänder von Filmen, die die Kinos durchlaufen hatten, zerstört. Jetzt kann der ursprüngliche historische Inhalt auf einer DVD mit Informationen zur Entstehung des Films, mit ähnlichen Werken einer Serie oder mit Werken, in denen der gleiche Star auftritt, gebündelt werden. Film-DVDs werden zum Sammelobjekt. Eine neue Art der Verwendung – ein Privileg des ständigen Zugriffs, das noch vor kurzem kaum bezahlbar war – wird nun, in rasch größer werdendem Bildschirmformat, für alle erschwinglich.

Die Vorteile der breitbandigen Vernetzung von Computern werden schon längst von privaten *filesharing communities* genutzt. Das Datenvolumen von Filmen beträgt das Hundertfache einer Musik-CD, und die Wiedergabe von 35mm-Filmen im Video-Format liefert keine perfekte Kopie. Neuartige Technologien, wie *bit torrent*, die Ladevorgänge über Netzwerke beschleunigen, haben dazu geführt, dass sich die Vervielfältigung im Internet mit ähnlicher Rasanz wie bei den Musikinhalten entwickeln. Auch hier werden die Studios bald mit eigenen Angeboten reagieren, um die bislang von privaten Kopierpartnern befriedigte Nachfrage auf die Plattformen der Rechteinhaber zu lenken.

## 2. Verteilung durch Signalübertragung

### *2.1 Verteilung ohne Verkauf*

Der Empfang von Sendesignalen hängt allein von einem geeigneten technischen Gerät ab. Damit entfällt die Inkassostelle des Einzelhändlers. Das erschwert den kommerziellen Vertrieb, weil die Signalverwender erst identifiziert werden müssen. Gleichzeitig muss der Umgang mit einem neu zugänglich gewordenen physischen Raum, nämlich dem Spektrum elektromagnetischer Wellen mit Frequenzen zwischen 1 und inzwischen 10.000 Megahertz, geregelt werden. Wer darf auf welcher Frequenz senden? Mit welchen Inhalten soll die Öffentlichkeit versorgt werden?

In Europa wurden diese Fragen generell dadurch beantwortet, dass der Betrieb von Sendeprogrammen viele Jahrzehnte öffentlich-rechtlichen oder unmittelbar staatlichen Organisationen vorbehalten war. In den USA wurde der andere Weg der öffentlichen Regulierung beschritten: der Staat etablierte eine Behörde, die bestimmten Sendeunternehmern bestimmte Frequenzen als Sendekanäle zuweist (vgl. Kap. 10). Der Staat bleibt also in der Rolle eines Koordinators. Dabei wird die begrenzte Anzahl an Frequenzen als primärer Interventionsgrund geltend gemacht. Diese Begrenzung ist durch die Präzision, mit der bestimmte Frequenzbänder eingesetzt werden können, technisch weitgehend aufgehoben. Es bleibt das kollektive Interesse an der störungsfreien Übertragung in einmal zugeteilten Frequenzkanälen. Außerdem können bei den Vergabekriterien politisch-moralische Werte zum Einsatz kommen. In jedem Fall werden die Rechte an der Verfügung über die neue gesellschaftliche Ressource der Sendefrequenzen nach wie vor zwischen staatlichen Kontrolleuren und privaten Unternehmen aufgeteilt.

Während im Bereich der periodischen Printmedien, mit seinen nun schon seit Jahrhunderten verwendeten Heften, eine stabile Vertriebsstruktur operiert, beschleunigen sich im Bereich der Sendemedien die Innovationszyklen immer noch. Die neuen Erfindungen, die die Verbreitung von Inhalten erleichtern, verdrängen die alten Medien nicht, sondern vergrößern das Gesamtvolumen der übertragenen Inhalte.

### *2.2 Natürliche Experimente: Rundfunkentwicklung in den USA und in Deutschland*

Der Vorgang der Verteilung bekam eine völlig neue Dimension als es möglich wurde, Informationen in elektromagnetische Wellen umzuwandeln, und sie beim Verwender über Empfangsgeräte zu reproduzieren. Statt einer Folge von Inhalteprodukten konnte nun ein kontinuierlicher Produktstrom an sämtliche Empfänger im Sendegebiet geschickt werden.

Die folgende Darstellung versucht, den historischen Faden der Märkte für den Vertrieb von Inhalten mittels elektromagnetischer und elektronischer Signale bis in die unmittelbare Gegenwart zu verfolgen. Die Darstellung beschränkt sich im Wesentlichen auf die Geschichte in den USA, weil sich wegen der stärker privatwirtschaftlichen Marktordnung dort mehr für das Verständnis der gegenwärtigen und zukünftigen Verteilermärkte lernen lässt. Sie betont die technische Dimension, weil daraus die Geschäftsmodelle der Sendeanstalten oder *program networks* folgten.

Bei der Übertragung von Signalen wird erst das Originalereignis – eine Aufführung, ein Interview – in Impulse umgesetzt, die innerhalb eines engen Frequenzbereichs oszillieren. Die Impulse erreichen die Standorte der Verwender entweder über die Atmosphäre oder über Leitungskabel. Dort werden sie wieder in akustische oder visuelle Signale umgesetzt, die die Verwender verstehen können.

Die früheste Form des Vertriebs bestand im Betrieb von Rundfunk-Stationen mit einem Senderadius von bis zu 50 km. Das erste kommerzielle Interesse am Betrieb solcher Stationen hatten die Hersteller von Empfangsgeräten: Wenn genügend Inhalte hergestellt und ausgestrahlt werden, dann lohnt sich der Kauf eines Empfangsgeräts. Folglich wurden von den Stationsbetreibern Live-Auftritte vor dem Aufnahmemikrophon produziert, die von den Herstellern der Empfangsgeräte finanziert wurden. 1920 nahm die erste kommerzielle Radiostation in den USA ihren Betrieb auf, sechs Jahre später waren 600 Stationen in Betrieb, und Millionen von Radioempfänger waren verkauft worden (Owen und Wildman 1992; Owen 1999). Das zum Senden verwendete Spektrum war in diesen Jahren ein ungeschützter, von jedem nutzbarer Raum. Entsprechend stieg das Ausmaß der Interferenz, also der Überlagerungen der gesendeten Programme. Die unkoordinierten Versuche, den jeweils eigenen Ertrag zu maximieren, lieferten ein schönes Beispiel für negative externe Effekte. Herbert Hoover nutzte die zunehmende Frustration mit dieser Situation, um 1927 den *Radio Act* zu verabschieden. Damit wurde erstens das Recht auf die Nutzung des elektromagnetischen Spektrums verstaatlicht. Zweitens wurde eine Regulierungsbehörde, die *Federal Radio Commission* (später FCC), eingesetzt, die die Vergabe der Lizenzen und die Entwicklung von Standards in Kooperation mit der Industrie zur Aufgabe hatte. Die Eigentümer der Radiostationen waren Geräte herstellende Unternehmen, insbesondere die *Radio Corporation of America* (RCA), *General Electric* (GE), *Westinghouse* und *American Telegraph and Telephone* (AT&T). Nach einer Absprache zur gemeinsamen Nutzung ihres Patentpools erhielten *GE* und *Westinghouse* das Recht, Radioempfänger herzustellen, und *RCA* übernahm erst den Vertrieb der Empfängergeräte, dann den Betrieb von immer mehr Sendestationen.

Die Einnahmen des Sender-Unternehmens speisten sich inzwischen überwiegend aus dem Verkauf von Sendezeit für die Botschaften von Programmsponsoren, und für vorbereitete Werbespots. Kosten entstanden durch Produktionen, die live aufgenommen wurden, also im Augenblick ihrer Vervielfältigung hergestellt wurden. Ein wesentlicher Grund für den Verzicht auf fertige Aufnahmen waren die dafür anfallenden Zahlungen an die Verwertungsgesellschaft *ASCAP* (Hagen 2005: 251). Die Produktionsdurchschnittskosten sanken mit der Zahl der Empfänger. Das erste nationale Vollprogramm-Netzwerk, die *National Broadcasting Corporation* (NBC), wurde von *RCA* seit 1926 betrieben. Aus den von *AT&T* übernommenen Stationen formte *RCA* in der Folge ein zweites Netzwerk, das erst 1943 verkauft wurde und dann als *American Broadcasting Corporation* (ABC) firmierte. Mit dem *Radio Act* wurde außerdem die Zahl der Sendelizenzen limitiert. Damit war das Oligopol der beteiligten Unternehmen stabil abgesichert.

Um die Jahrhundertmitte begannen zwei neue Technologien, diese Struktur aufzulösen: Die erste ermöglichte Television, also das Aufnehmen, Senden und Empfangen von Bilderzeilen, erst in Schwarz-Weiß, dann in Farbe. Die zweite verbesserte Radioübertragung dadurch, dass das Signal über sehr rasche Frequenzmodulation (FM) erzeugt wurde, was das störende Rauschen der Übertragung praktisch eliminierte. Die Fernsehtechnologie wurde vornehmlich von *RCA* entwickelt und einsatzfertig gemacht. *RCA* sorgte dafür, dass ein Teil des Frequenzspektrums, auf dem bereits FM-Stationen sendeten, für TV-Lizenzen ausgewiesen wurde. Dadurch wurde die Rundfunkübertragung eingeschränkt, und zumindest die Eroberung des Radiomarktes durch die neuen FM-Stationen verzögerte sich.

Außerdem beschränkte die *FCC* die Anzahl der Lizenzen für TV-Stationen soweit, dass die meisten TV-Zuschauer nur drei Stationen empfangen konnten. Die Stationen bezogen und beziehen bis heute ihr Programm aus lokalen Inhalten, und aus den von den drei Oligopolisten gelieferten Formaten. Die drei dominierenden Radio-Netzwerke *NBC*, *CBS* und *ABC* erweiterten sich zu TV-Netzwerken, die über 90% der US-amerikanischen Fernsehempfänger erreichten. Die Anzahl der Marktteilnehmer, sowohl auf der Ebene der das Programm beschaffenden *Network*-Unternehmen als auch auf der Ebene der ausstrahlenden Sendestationen, war sorgfältig so kalkuliert, dass die Erträge der beteiligten Unternehmen nicht durch übermäßigen Wettbewerb eliminiert wurden.

Bei der Entwicklung der Radionetzwerke spielte die technologische Neuerung der gepressten Vinylplatten eine entscheidende Rolle. Die billigen und leistungsfähigen Tonträger förderten die Nachfrage nach Plattenspielern ebenso wie die nach neuen Musikinhalten. Die Radiostationen, die inzwischen selbst Mitglieder der Verwertungsgesellschaft waren, erwiesen sich als idealer Partner der Musikverteiler: sie bekamen die neuen Produkte für ihre Programme nun umsonst geliefert, sodass die Kosten der Produktion des Radioprogramms radikal sanken. Heute halten auf der Ebene der Abspielstationen auch im Rundfunk Netzwerke die meisten Marktanteile. Das größte davon ist heute *Clear Channel* mit mehr als 1.200 Radiostationen. Das Programm dieser Stationen wird im Wesentlichen über Rechner gesteuert, wobei durch Zumischung von lokal gefärbten Ansagen und lokalen Nachrichten für den Hörer der Eindruck einer örtlich operierenden Station erzeugt wird.

Die Entwicklung der Sendemedien in Deutschland war in den Anfangsjahren nicht völlig verschieden von der Entwicklung in den USA, weil auch dort die Industrie großes Interesse am Aufbau eines Sendenetzes hatte, um den Verkauf von Röhrenempfängern zu fördern. Aber hier arbeiteten die Reichswehr, die Reichspost und einige private Unternehmen von Anfang an Hand in Hand. Nachdem 1923 Hans Bredow, Chefingenieur von *Telefunken*, zum zuständigen Staatssekretär im Reichspostministerium ernannt war, florierte die Allianz von Elektroindustrie und Staatsbürokratie (Hagen 2005). Der „Funkerspuk“, also die anarchistische Nutzung durch Funkamateure, wurde effektiv unterbunden. Die erhobenen Empfangsgebühren gingen zu 40% an die Post, zu 60% an das Sendeunternehmen. Aber auch dort war der Staat mit von der Partie: Das Reichspostministerium hielt 51% der Aktien der *Funk-Stunde-AG*, einem Unternehmen mit regionalen Töchtern in allen Landesteilen. 1932 erfolgte dann die vollständige Verstaatlichung des Rundfunkwesens.

Nach 1945 wurden die Rundfunkanstalten als öffentlich-rechtliche Anstalten mit dem Recht zur Gebührenerhebung neu gegründet und über einen Staatsvertrag legitimiert. Damit war zwar der unmittelbare staatliche Zugriff zurückgenommen, aber die rechtlichen Voraussetzungen für einen tatsächlichen Wettbewerb bei Sendeübertragungen wurden erst durch das Urteil des BVG im Jahr 1981 geschaffen.

Sende-Unternehmen verkaufen keine abgegrenzten Inhalte, sondern einen ständigen Inhaltestrom. Deshalb sind sie davon abhängig, dass sie ihr Programm ständig gefüllt halten. Sie erreichen das, wie schon in Kap. 4 erwähnt, mit einer Mischung aus selbst hergestellten und zugekauften Produktionen. Bei den zugekauften Produktionen streuen die Preise über eine extrem weite Skala. Am einen Ende rangieren erwiesene Quotenbringer, wie etwa die Rechte an Sportereignissen oder Erstübertragungen von Ligaspielen, am anderen Ende liegen billige Rechte zur Ausstrahlung von Inhalten, die schon sämtliche Verwertungsstufen durchlaufen haben (Rott 2003).

## 3. Verteilung durch Kabel- und Richtfunkübertragung

Bei Radio- und Fernsehsignalen wandern die Signale direkt von den Sendemasten zu den Empfangsantennen. Eine grundlegend alternative Übertragungstechnik besteht darin, elektrische Signale über Leitungen vom Sender zum Empfänger zu übertragen. Leitungen werden für Telefonie schon seit dem 19. Jahrhundert eingesetzt. Seit 1960 wurde es technologisch möglich, große Datenmengen in Echtzeit über Kabel zu übertragen. Seit den 1970er Jahren sorgt ein wachsendes Netz an Satelliten dafür, dass Programme per Richtfunk in Kabelnetze eingespeist werden können.

Die neue Technologie bietet einige schlagende Vorteile. Erstens ist die Qualität der Übertragungsleistung beständiger, weil im Kabel Störungen minimiert werden. Zweitens können so mehr Übertragungskanäle und damit gleichzeitig verfügbare Programme empfangen werden. Drittens, und ökonomisch am relevantesten, ist, dass das Verteilerunternehmen über das Kabel direkt mit den Verwendern seiner Programme verbunden ist. Dadurch können, ähnlich wie im Printbereich, die Verwender ihren Kabelübertragungsdienst im Abonnement bezahlen. Sogar weitergehende Preisdifferenzierungen sind möglich: Die Kabelkunden zahlen eine Gebühr für das Grundpaket des Anbieters, und sie zahlen zusätzlich für die Freischaltung weiterer Programme oder einzelner Sendungen.

Der Betrieb von zusammenhängenden Kabelsystemen erfordert einen hohen Anfangsaufwand für die physische Verlegung der Kabel. Um Kabeltrassen graben zu können, muss auf öffentlichen Raum zugegriffen werden. Gebietskörperschaften müssen dafür bezahlt werden, dass sie die Genehmigungen für die private Nutzung erteilen. Die Erträge aus dem Betrieb amortisieren diesen Aufwand allerdings rasch. Der entscheidende Grund für das relativ langsame Wachstum der Kabelanbieter liegt eher im hartnäckigen Widerstand der TV-Senderunternehmen. In den USA wurden von der *FCC* Auflagen für die Programme, die Kabelanbieter vorhalten mussten (*must-carry*) erlassen, und das Angebot von *Pay-TV*-Programmen ohne Werbeschaltungen war wegen Wettbewerbsschädigung bis 1972 verboten. Dennoch waren 1974 bereits 3.700 Kabelsysteme in Betrieb. Durch die Stationierung von Satelliten wurde es möglich, Knoten des Netzwerks auf eine Umlaufbahn in 40 km Höhe zu verlegen. Der Satellit sendet im Bereich von 3.4 bis 7.0 Gigahertz (C-Band) an spezielle Empfangsstationen (*head-ends*) und wird von dort entweder in TV-Sender oder in das terrestrische Kabelnetz eingespeist. Dadurch können einzelne Kabelnetze zusammengeschlossen werden (Abb. 6.1).

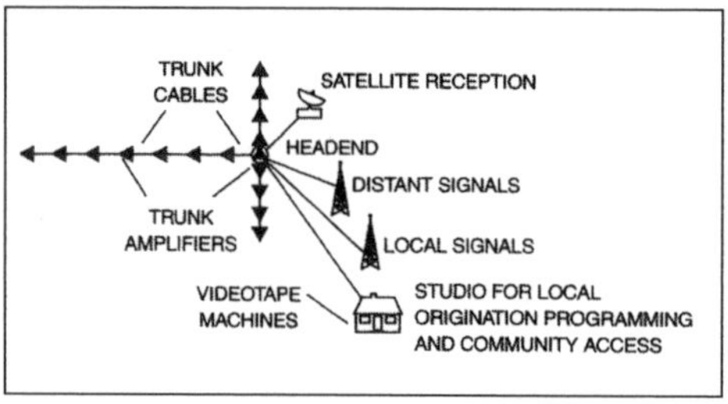


Abb. 6.1a: Architektur von Kabelsystemen: Satellitenverbindung
Quelle: Owen 1999: 110

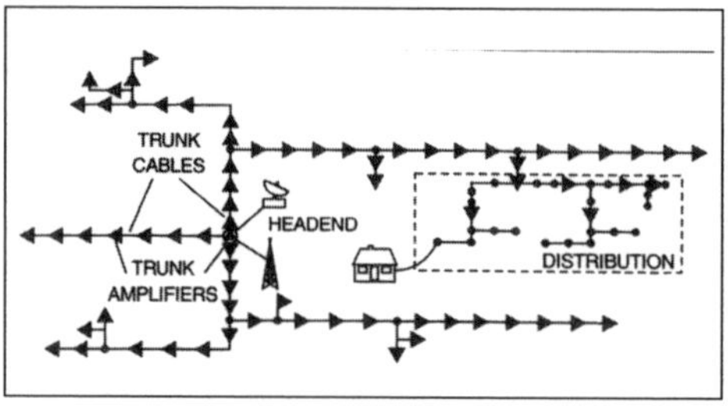


Abb. 6.1b: Architektur von Kabelsystemen: Verzweigung der Netzebenen
Quelle: Owen 1999: 110

In der Folge setzten sich *multi-system operators*, mit Tausenden von Einzelnetzwerken, die die lokale Verteilung besorgen, auf dem Kabelmarkt durch. Damit verbunden war auch eine Veränderung auf dem Markt für die Originalvorlagen der Programminhalte. Während anfangs das Geschäftsmodell der Kabelanbieter die reine Bündelung eingekaufter Inhalte oder ganzer *Network*-Programme vorsah, waren nun die Empfängerzahlen groß genug, um die Produktion eigener, speziell für Kabelkunden hergestellte Inhalte auszulösen.

1974 nahm *Home Box Office* (HBO) den Betrieb auf. *HBO*, damals ein *Time-Warner*-Unternehmen, operierte anfangs als Premium-Kanal, in dem besonders erfolgreiche Filmproduktionen zweitverwertet wurden. *HBO* war ein durchschlagender Erfolg, und die rasch sinkenden Satellitenübertragungskosten ermöglichten regen Wettbewerb. 1979 wurden die letzten Auflagen für die Kabelindustrie zurückgenommen. Seitdem profitiert die Industrie davon, dass ihre Standards nicht, wie bei Sendern, von der *FCC* genehmigt werden müssen. Heute können 97% der Bevölkerung von Kabelübertragungen erreicht werden.

Wir unterscheiden beim gegenwärtigen Stand der Kabelbranche zwischen zwei Stufen der Verteilung. Auf der nationalen oder regionalen Ebene agieren Programm-Ersteller (*cable networks*), die Programme einkaufen und an lokale Verteilungssysteme (*cable systems*) weiterverkaufen. Die Struktur des Einkommens der *cable systems* spiegelt ihre Position in der Wertschöpfungskette. Die Erträge stammen im Durchschnitt zu weniger als 15% von Werbekunden. Fast 50% werden durch die Basisgebühr erzielt, weitere 30% zahlen die Verwender für erweiterte Programmangebote, etwa Kanäle wie *Discovery*, *CNN* oder *HBO*, und für *Pay-per-view*-Dienste (Owen 1999: 123). Auf der Ausgabenseite stellen die Zahlungen für Programme, die in das Angebotsbündel des Kabelsystems eingespeist werden, den größten Kostenblock dar.

Die Verwender sind also bereit, für den besseren Zugang zu mehr Inhalten, für werbefreie Inhalte und für Inhalte, die auf ihre Interessen zugeschnitten sind, zu zahlen. Für die Programm-Ersteller ist dadurch eine weitere, in ihrer Bedeutung immer noch zunehmende Verwertungsstufe entstanden. Dazu kommt, dass sich die vorhandenen Kabelnetze auch sehr gut für Telekommunikationsleistungen einsetzen lassen. So entstehen den traditionellen Telefongesellschaften auf diese Weise Konkurrenten, die ursprünglich als Inhalteverteiler angetreten waren.

Dieses Ergebnis hängt allerdings davon ab, ob sich der Markt der Signalverteilung über Kabelnetze tatsächlich unreguliert entwickeln darf. Wenn, wie etwa in Deutschland, Verteilung und Programmlieferung unternehmerisch getrennt sein müssen, dann wird der Aufbau entsprechender Leistungen nicht stattfinden können. Die Kabel sind dann, als gigantische öffentliche Investition, zwar verlegt, aber das Anreizbündel, das vorhanden sein muss, um von privater Seite in die Organisation von Kabelnetzwerken zu investieren, kommt nicht zustande. So nutzen vorwiegend die öffentlich-rechtlichen Anbieter den zusätzlichen Übertragungskanal, und besetzen damit den Großteil der, wiederum durch Regulierung beschränkten, Anzahl von Kanälen, die im deutschen Kabelnetz verfügbar sind.

Die Übertragungsleistungen der Kabelsysteme sind, ebenso wie die Leistungen der Funksysteme, nur durch die Kombination mit Satellitensendetechnologie realisierbar geworden. Die Gesamtkapazität der Sendesatelliten liegt inzwischen bei schätzungsweise 7.200 Kanälen. Nur ein Teil davon wird für TV- und Kabelprogramme verwendet. Ein weiterer Teil der Kapazität dient der Übertragung privater Daten, von den Verkaufszahlen einer Supermarktkette bis zu den Aufnahmen einer Reportage, die als Input für ein Sendeprogramm dienen. Schließlich sind Satellitensender auch zum unmittelbaren Konkurrenten der Kabelanbieter geworden. Die für den Satellitenempfang notwendigen Schüsseln sind inzwischen so klein, dass sie auch private Haushalte einsetzen können. Größter Kostenfaktor ist die *converter box*, die die digitalen Satellitensignale in analoge TV-Signale umwandelt. Sie wurde auf Initiative der Satellitenbetreiber Mitte der 1990er Jahre entwickelt. Um rasch hohe Abonnentenzahlen zu erreichen, übernahmen sie bei Erstkunden deren Kosten. Im Gegensatz zum Beginn des Radiomarktes, als die Ertragserwartungen bei den Endgeräten zur Finanzierung der Programme führten, waren nun die Ertragserwartungen für die Verteilungsdienste der Satellitensender hoch genug, um die Kosten für einen Teil der Empfangsgeräte zu übernehmen.

Auch im Markt der Signalverteilung über Satelliten musste erst eine Form gefunden werden, die Transaktionen mit verhältnismäßig kleinen Leistungsbündeln ermöglichte. Die ersten Satelliten wurden von TV-Netzwerken in Auftrag gegeben. Sie setzten sie für die Verteilung der eigenen Programme an die angeschlossenen Stationen ein. Größere Satellitenprojekte brauchten aber entsprechend größere Finanzierungskonsortien, um die Fixkosten in der Höhe von mehreren hundert Millionen Dollar aufzubringen. Daher übernahmen in einer zweiten Phase Satellitenbetreiber eine unternehmerische Rolle: Sie verkauften, ähnlich wie beim *timesharing* von Ferienwohnungen, die Nutzung einer der aktiven elektronischen Einheiten (*transponder*) des Satelliten für bestimmte Zeitintervalle an TV-Netzwerke. Noch vor der Stationierung eines neuen Satelliten waren die Nutzungsrechte an verschiedene Programmanbieter verkauft.

Mit dem Vorstoß der Sender in die Erdstratosphäre wurde ein weiteres öffentliches Gut, der Weltraum rund um die Erde, tangiert. Auch hier begleitet ein öffentlicher, politischer Prozess das Überschreiten dieser Grenze zu einem neuen Raum. Anfang der 1960er Jahre, als die ersten Satelliten, die damals nur Telefonsignale übertragen konnten, zu senden begannen, organisierten die USA ein internationales Konsortium, *INTELSAT*, dem das alleinige Recht zum Betrieb internationaler Kommunikationssatelliten übertragen wurde. Der Betrieb von *INTELSAT* wurde *COMSAT* anvertraut, einer privaten Organisation, deren Aktienmehrheit bis 1970 *AT&T* gehörte. Als Satelliten für die Binnennutzung in den USA (*DOMSAT*) wirtschaftlich rentabel wurden, argumentierte *AT&T*, dass auch diese Sender unter ihr natürliches Monopol fielen. Ein eigens einberufenes *White House Panel* kam zu einem anderen Schluss, und 1972 akzeptierte die *FCC* eine *open sky policy*, wonach jedermann *DOMSATs* betreiben kann. Erst von diesem Zeitpunkt an war – zumindest in den USA – der Wettbewerb im Breitbandübertragungsbereich geöffnet (Owen 1999: 145f.). Andernorts, etwa in Deutschland, wird der Wettbewerb im Bereich der Kabelübertragung nach wie vor so stark reguliert, dass von einer eigenständigen Verteilerbranche, mit Arbeitsteilung zwischen Kabelprogrammanbietern (Netzwerken) und Kabelsignallieferanten (Systemen), nicht die Rede sein kann.

## 4. Datenverkehr in Computernetzen

Über das Internet können seit wenigen Jahren digitalisierte Informationsinhalte mit hohem Datenumfang von einzelnen, privaten Computerbetreiber verschickt, vervielfältigt und modifiziert werden. Das Transferprotokoll TCP (*transport control protocol)* zerlegt Datensätzen in dezentral verschickbare Informationspakete und ermöglicht so Übertragungen, die einen neuen, noch größeren Verteilungsmarkt für Medieninhalte eröffnen.

Die Übertragung einfacher Sprachsignale über Telefonleitungen war schon lange vor der ersten Radiosendung gelungen. Die Besonderheit dieser Übertragungsweise liegt darin, dass sie interaktiv ist und somit das Gespräch unter Anwesenden weitgehend ersetzen kann. Die dabei versendeten Datenmengen sind gering. Zentrale Verteiler steuern den Verkehr zwischen den Teilnehmern des Telefonnetzes, deren Empfangsgeräte lediglich ein Ankunftssignal abgeben und akustische Wiedergabe leisten müssen. Ganz anders funktioniert die Übertragung durch Sender: sie strahlen ihre Signale mit hoher elektrischer Energie aus, und können so große Datenmengen befördern. Der Nachteil der Sender liegt aber darin, dass die Übertragung nur in eine Richtung erfolgt: Ein Sender liefert Inhalte an viele Empfänger.

Bei allen periodischen Medien, im *Print-* ebenso wie im Rundfunkbereich, ist die herausgehobene Stellung der *distributors* bedingt durch den finanziellen und physischen Aufwand, der mit deren Aufgabe verbunden ist. Schon vor der Erfindung des Internets hatten Computerisierung und Digitalisierung Datensätze in bislang unbekanntem Ausmaß komprimiert, sodass selbst große Mengen über einfache Telefonnetze verschickt werden konnten. Gleichzeitig wurde die Verarbeitungs- und die Speicherleistung einfacher privater Computer vervielfacht. Durch das Internet sind nun aus „dummen" Empfangsgeräten „intelligente" Verteilerknoten und Sendezentralen geworden. Zu dieser Leistung gehören nicht nur die grundlegenden Transferprotokolle, sondern ein ganzes Cluster von Erfindungen, wie etwa Anwendungen, in denen die Datenübertragung formatiert wird, insbesondere die des Hyperlink-Programms *World Wide Web* und die der Schaltkreise (*Modems*), die Übertragung in beide Richtungen ermöglichen.

Die Computer und ihre Betreiber werden so in die Lage versetzt, nicht nur Inhalte beträchtlichen Umfangs selbst zu versenden, sondern auch im gesamten Netz der angeschlossenen Computer zu navigieren, d.h. bestimmte Adressen zu identifizieren und zu erreichen. Nachdem dieselben Technologien auch den Herstellungsprozess von Musik- und Videoinhalten verbilligen, haben erstmals die Urheber von audiovisuellen Inhalten die Möglichkeit, sowohl die Herstellung als auch die Verteilung ihrer Produkte selbst zu unternehmen.

Das Internet ist ein neues, in der Geschichte der Medienwirtschaft nie da gewesenes Verteilungsmedium. In seinen ersten Jahren erwies sich das Netz als ein grenzenloses, unerforschtes, noch von niemandem privatisiertes Territorium. Der neue Raum tauchte erwartungsgemäß in den traditionellen Branchen erst einmal als Bedrohung auf. Wenn Inhalte billig hergestellt und vertrieben werden können, dann wächst das Volumen der wechselseitigen Datenübertragung zwischen privaten Verwendern. Wenn aber die Verwender ihre Aufmerksamkeit von kommerziellen Produkten ab- und selbst gemachten Inhalten zuwenden, dann schrumpft der Markt für kommerzielle Medienprodukte.

Der langfristig wichtigere Effekt liegt aber in den wirtschaftlichen Möglichkeiten der Vervielfältigung und der Verbreitung, die durch das Medium Internet überhaupt erst geschaffen werden.

Zum Einen entstehen neue Formen des Vertriebs für traditionelle Formate. Das gilt für die Online-Versionen von Zeitungen, für Kataloge und Datenbanken, oder für *live-streams* von Radio- oder Videoübertragungen. Virtuelle Kaufhaus-Plattformen können eine hohe Zahl von Kaufangeboten interaktiv auf ihre Besucher zuschneiden, und dann die Transaktionen über konventionelle Zahlungsnetze abwickeln. Des Weiteren entstehen neue Leistungen, die erst unter den Bedingungen dieser Verbreitungstechnologie Marktchancen haben, wie etwa Suchmaschinen, die gewünschte Verbindungen herausfinden und die sich als gigantische Naben im Netzwerk der angeschlossenen Computer etablieren. Ähnlich wie Sender verkaufen sie inserierte Werbebotschaften.

Die Aufmerksamkeit, die im Rahmen unserer Betrachtung der Verteilung von Inhalten über das Medium Internet gewidmet wurde, steht noch in keinem Verhältnis zu den Umsätzen, die allein mit Verteilungsleistungen im Internet erzielt werden. Der kumulierte Umsatz der Hardwarelieferanten, Zugangs-Provider, Plattformen-Betreiber und anderer Internet-Dienste ist vergleichsweise gering. Dem steht gegenüber, dass die jetzigen Größenordnungen in der einmalig kurzen Zeitspanne von einem Jahrzehnt entstanden sind. Außerdem befindet sich die Erfindung von Spielformen und Inhalteformaten noch in einem experimentellen Stadium. Die Welle von Inhalteprodukten, die die Möglichkeiten des neuen Mediums für die großen Gruppen der Bevölkerung nutzen, steht uns noch bevor.

## Literatur

Caves, R. E. (2000). *Creative Industries. Contracts between Art and Commerce*. Cambridge, Harvard University Press.

Göpfert, H. G. (1976). *Bücherpreise: Kalkulationen und Relationen*. Frankfurt, Herbert Lang-Verlag.

Hagen, W. (2005). *Das Radio. Zur Geschichte und Theorie des Hörfunks – Deutschland/USA*. Paderborn, Wilhelm Fink.

Heinrich, J. (2001). *Medienökonomie, Bd.1: Mediensystem, Zeitung, Zeitschrift, Anzeigenblatt*. Opladen, Westdeutscher Verlag.

Owen, B. M. (1999). *The Internet Challenge to Television*. Cambridge, Harvard University Press.

Owen, B. M. und S. Wildman (1992). *Video Economics*. Cambridge, Harvard University Press.

Rott, A. (2003). *Werbefinanzierung und Wettbewerb auf dem Fernsehmarkt*. Berlin, Duncker & Humblot.

Vogel, H. (2002). *Entertainment Industry Economics: A Guide for Financial Analysis*. New York, Cambridge University Press.

# 7. Die Märkte für Geräte und Kanäle

## Einleitung

Information, das wurde in Kap.1 erläutert, entsteht erst dann, wenn ein Inhalt ein Medium gefunden hat, in dem er ausgedrückt und verbreitet werden kann. In die locker verbundenen Elemente des Mediums – in Bleibuchstaben, Vinylrillen oder Elektronen – werden die fest gekoppelten Formen der Mitteilungen eingeschrieben. So werden sie dann transportiert oder übertragen. Im vorhergehenden Kapitel waren zwar Sender- und Kabelnetzbetreiber unter denjenigen Unternehmen, die die Nachfrage auf den Verteilermärkten bestimmen, aber in der Untersuchung wurden die Geräte und Kanäle der Verteilung und Verbreitung als gegeben angenommen, um die Märkte der Inhalteprodukte im Fokus zu behalten. Immer waren Kommunikationsinhalte der Gegenstand der Markttransaktionen.

In diesem Kapitel soll nun die Kopplung der Wertschöpfungsspirale an diejenigen Märkte thematisiert werden, auf denen die materielle Infrastruktur für Aufnahme, Übertragung und Empfang von Inhalten gehandelt und bereitgestellt wird. Die Wertschöpfung der Unternehmen, die in diesen Märkten als Anbieter auftreten, entsteht nicht durch Inhalte, sondern durch die Leistungsfähigkeit der Geräte und Kanäle. Nicht *content*, sondern *hardware & channel* ist jetzt das Thema.

Die Erweiterung ist auch deshalb nötig, weil der Schwerpunkt der allgemeineren wirtschaftswissenschaftlichen und –politischen Diskussion eindeutig bei den Geräten und Kanälen liegt. Das Volumen der Wertschöpfung durch Informationstechnik und Telekommunikation (ITK) ist – zumindest in Deutschland – doppelt so groß wie das der Medienwirtschaft (Abb.1.3). Dem entsprechend erfasst der größte Teil des vorliegenden statistischen Materials diesen Sektor. Daten zur Medienwirtschaft sind manchmal mit eingeschlossen, oft fehlen sie. Dazu kommt, dass die Telekommunikationsnetze bis vor wenigen Jahren entweder von staatlichen betriebenen oder überwachten Unternehmen betrieben worden sind. Diese institutionelle Form brachte zahlreiche Untersuchungen zum Zweck der Regulierungskontrolle mit sich. Die Literatur zum IT- und TK-Sektor, den beiden Bestandteilen der *Channel*-Wirtschaft, ist deutlich umfangreicher als die Literatur zur *Content*-Wirtschaft.

Die Erklärung von Vorgängen auf Märkten für tangible, also handfeste Geräte und Leitungen, macht eine Erweiterung des Standardparadigmas nicht unbedingt notwendig. Unser Thema ist aber der Einfluss dieser Märkte auf die Herstellung, Verteilung und Verwendung von intangiblen Inhalten. Wir werden deshalb den IT- und TK-Sektor zentral unter dem Aspekt der Informationsveränderung- und vervielfältigung und nur peripher unter dem Aspekt der Material- und Arbeitsverwendung betrachten.

## 1. Der Anteil der Medienwirtschaft an den Umsätzen der Geräte- und Kanalanbieter

Die Verwendungen von Geräten und Kanälen der Informationstechnologie und der Telekommunikation gehen weit über die Anwendungen in der Medienwirtschaft hinaus. Um einen Überblick zu gewinnen, sind die unterschiedlichen Einsatzvarianten in Abb. 7.1 schematisch unterschieden.

Informationsgeräte und -kanäle können entweder kommerziell oder nicht-kommerziell eingesetzt werden. Die Umsätze für nicht-kommerzielle Nutzungen entstehen zu einem Teil durch private Verwender von Empfangsgeräten und von Telekommunikationsnetzen, insbesondere von Telefonnetzen. Den zweiten Teil der Umsätze bestreiten gemeinnützige Institutionen – etwa private Universitäten – vor allem aber staatliche Organisationen. Behörden versorgen sich intern mit Informationsnetzen und sie nutzen die Netze für externe Kommunikation. Eine besondere Bedeutung haben militärische Zwecke. Nachdem Informationstechnologie kriegsentscheidend sein kann, sind die Budgets dafür, insbesondere in den Phasen der heißen und kalten Kriege des vergangenen Jahrhunderts, extrem hoch gewesen. Die technologische Entwicklung der Radio-, Fernseh- und Internettechnologie ist dadurch rasch vorangetrieben worden.

Die Umsätze für kommerzielle Nutzungen entstehen durch alle Unternehmen. Sie alle haben Bedarf an interner Kommunikation, die durch eigene Netze ermöglicht wird. Alle Unternehmen sind auf Märkten präsent und müssen sich über Preis- und Volumenveränderungen informieren. Reine Handelsunternehmen müssen ihr Angebot auf den Märkten, auf denen sie agieren, bekannt machen. Ein weiterer, zweiter Teil der Umsätze aus kommerziellen Nutzungen entsteht durch Akteure, die an der Wertschöpfung einzelner Branchen der Medienwirtschaft teilnehmen. Urheber kaufen Instrumente, Hersteller kaufen Aufnahmegeräte und Verteiler kaufen Satellitenkapazität. Sie verwenden sie, um Inhalteprodukte bereitzustellen, oder um die Werbebotschaften zu produzieren, die dann in die Inhalte eingekoppelt werden. Von diesem Umsatzsegment machen Transaktionen mit Verteilerunternehmen den größten Teil aus. Das ist der Grund, warum dieses Kapitel unmittelbar an die Verteilermärkte anschließt, obwohl die Geräte- und Kanäleanbieter Geschäfte mit allen Akteuren der Medienwirtschaft machen. Wir werden auch sehen, dass nicht-kommerzielle Nutzung dank der Leistungsfähigkeit der gelieferten Geräte und Kanäle zu einem wichtigen Konkurrenten beim Wettbewerb um die Budgets der Verwender geworden ist.

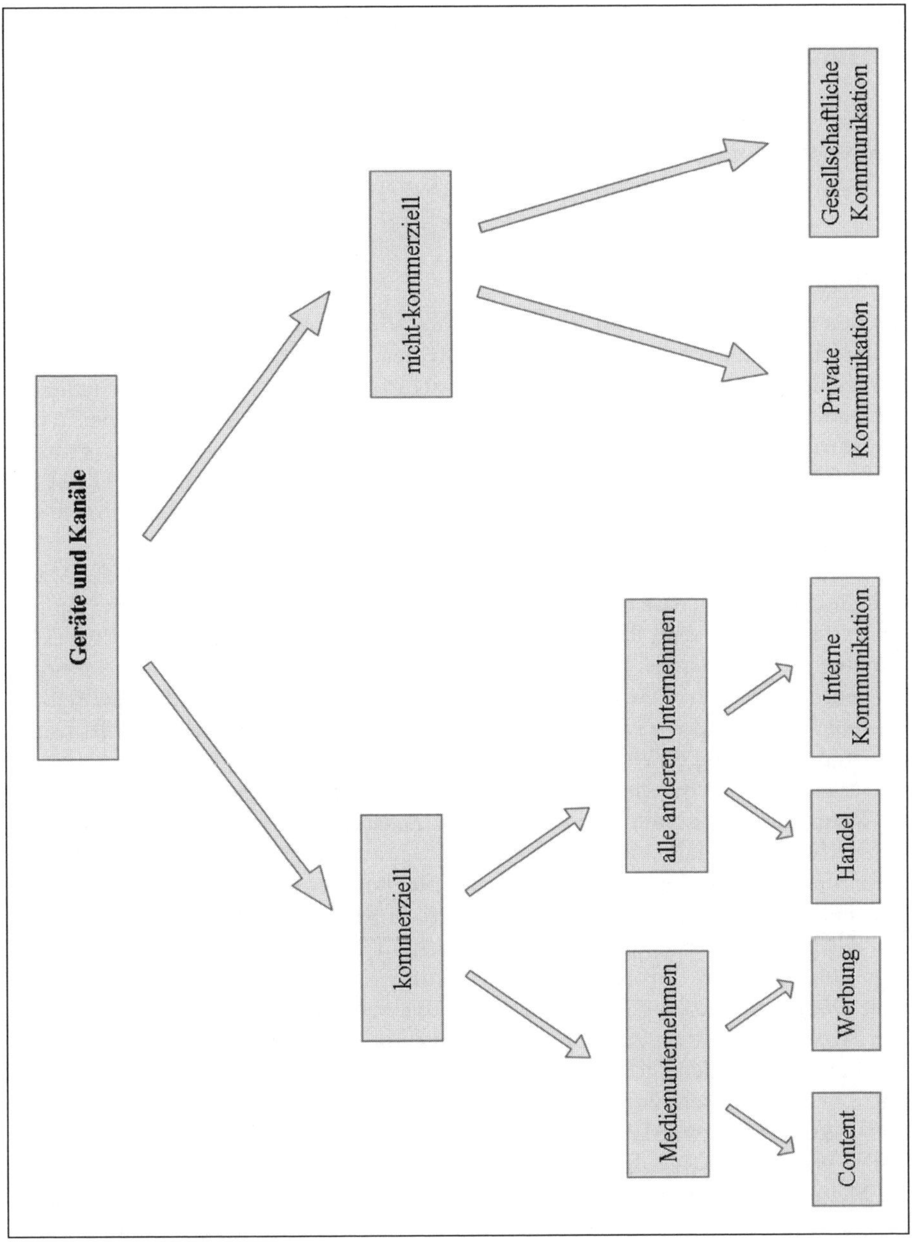


Abb. 7.1: Verwendungszweck von Geräten und Kanälen der Informationstechnologie und der Telekommunikation

## 2. Auswirkungen der Informationsbesonderheiten auf Geräte und Kanäle

Im Kap. 2 sind die ökonomisch relevanten Besonderheiten der Verwendung von Information vorgestellt und diskutiert worden. Die Eigenheiten der Produkte, die sie befördern, prägen auch die Märkte für Geräte und Kanäle.

### *2.1 Überraschende Marktgewinner*

Bei den *Content*-Produkten war beobachtet worden, dass die Konzentration der Aufmerksamkeit auf wenige neue Angebote den Verwendernutzen steigert, sodass nur wenige Produkte zeitweise den Großteil der Nachfrage auf sich konzentrieren. Schwankungen von Stimmungen und Geschmacksentwicklungen können dafür verantwortlich gemacht werden, dass die Gewinner von morgen nur mit großem Aufwand und selbst dann nur unvollständig zu erzwingen sind. Bei den ITK-Produkten liegen, trotz der handfesten Schaltkreise, Kabel und Sendestationen, die Verhältnisse ähnlich.

ITK-Produkte bestehen nur zum Teil aus materiellen Inputs. Manche der Materialien, etwa Hartplastik oder Silizium, sind billig und werden in großen Mengen eingesetzt, andere, etwa Platin oder Gold, begrenzen wegen ihrer hohen Preise den Umfang ihres Einsatzes. Der teuerste Teil der Produktion ist aber das technische Wissen, mittels dessen aus einfachen Rohstoffen Computer oder Sendesatelliten werden. Damit sind wir wieder mit der Schaffung neuer Information konfrontiert. Diesmal geht es um technischen Fortschritt.

Der technische Fortschritt entsteht zuerst in wissenschaftlichen Kontexten, also im Wettbewerb zwischen Wissenschaftlern. Zusätzlich sorgt der Wettbewerb zwischen kleinen Spezialherstellern ebenso wie der zwischen großen Systemanbietern dafür, dass auch in diesem Sektor ständig Neuheit generiert wird. Nischenunternehmen gehen bei kleiner Betriebsgröße große Risiken in spezialisierten Feldern ein. Als Nabenunternehmen setzen sich auch im Technologiewettbewerb nur wenige Unternehmen durch. Deren Geräte und Operationsstandards dominieren dann zwar eine Zeit lang ganze Branchen, aber selbst derartige Unternehmen sind den Prozessen kreativer Zerstörung auf funktionierenden Märkten ausgesetzt. Tatsächlich sind in vielen Teilbranchen rasche Sprünge zwischen *technological regimes*, die in der Regel auch die Dominanz bisheriger Marktführer beenden, beobachtet und dokumentiert worden (Teece und Coleman 1998).

Die Wirkung der Neuheitsspirale im ITK-Bereich ist so stark, dass sie ihrerseits die Medienwirtschaft maßgeblich beeinflusst hat. Schon die Entstehung der Film-, Musik- und Fernsehindustrie beruhte auf technischen Erfindungen. Die revolutionärsten Erfindungen der vergangenen Jahrzehnte fanden jedoch bei den digitalen Technologien statt – bei der Rechnerkapazität, bei der Übertragungskapazität und bei der Konnektivität verschiedener Rechner und Datenquellen. Diese Entwicklung hat die audiovisuellen Aufnahme-, Manipulations-, Verbreitungs- und Wiedergabemöglichkeiten ansteigen lassen und hat sie gleichzeitig billiger gemacht. Für die gegenwärtige Entwicklung einer zunehmend medienhybriden, konvergierenden *Content*-Industrie wird diese Abhängigkeit in vermehrtem Maß gelten.

### *2.2 Größenvorteile der Vervielfältigung*

Größenvorteile der Vervielfältigung entstehen durch Unteilbarkeiten des Kopier- oder Sendeapparats und durch Netzeffekte der Verbreitung (Kap. 2.2). Es ist offensichtlich, dass die erste Variante besonders stark im IT-Sektor, die zweite im TK-Sektor wirkt.

Der IT-Sektor stattet die Knoten von Kommunikationsnetzwerken mit Leistungen aus. Sie versetzen die Knoten in die Lage, Informationen zu erzeugen, sie zu verarbeiten, zu übertragen und zu empfangen. Für jede dieser Leistungen sind spezielle technische Geräte notwendig. Beispiele sind Kameras und Mikrophone für die Aufnahme, Rechner und Kopierer für Bearbeitung und Vervielfältigung, Fernsehempfänger und Computermonitore für die Wahrnehmung durch die Verwender.

Die Unteilbarkeiten bei der Herstellung derartiger Apparate lassen sich zum Teil auf die Dimension der eingesetzten Maschinerie zurückführen, etwa bei einer Rotationsdruckpresse oder einer Sendeanlage. Als relevanter hat sich die Unteilbarkeit des Wissens erwiesen, mit dessen Hilfe Neuerungen in bestimmten Technologien durchgesetzt werden. Dieses Wissen wird entweder gekauft in Form des Humankapitals, das in einem Wissenschaftler oder einer Forschergruppe inkorporiert ist, oder es wird hergestellt im Rahmen eines Forschungsprogrammen. Beide Optionen setzen ein hohes Aufwandsniveau voraus. Das so gewonnene Wissen kann häufig über Patentrechte zumindest eine Zeit lang effektiv gegen fremde Nutzung geschützt werden. In der Frühzeit der audiovisuellen Medien waren Patentrechte der Grundstock, auf dem die Monopolpositionen von Firmen wie Edison's *Motion Picture Patents Company* oder der *Société Pathé Frères* aufgebaut wurden. Patentrechte sicherten den Erfolg von *IBM* und *Xerox*, und sie sichern heute die Erträge von *Intel* und *Microsoft*.

Die Unternehmen verlassen sich aber nicht allein auf die Zutrittsbarrieren im technischen Bereich. Sie akkumulieren darüber hinaus *Know-how* in den Unternehmensroutinen, das sich in der Effektivität der Produktionsprozesse und der Qualität der Produkte auszahlt. Vor allem stellen sie gut ausgebildete Ingenieure und Forscher ein. Das Humankapital der Spezialisten lässt sich nur schwer von der Konkurrenz substituieren. So verschränken sich die Unteilbarkeiten zu Wettbewerbsvorteilen, die langfristig Preise über dem Niveau der Grenzkosten durchsetzbar machen.

Wir wechseln nun zur zweiten Quelle von Größenvorteilen, der Netzstruktur der Inhalteverbreitung. Die Hersteller und Betreiber von TK-Netzwerken profitieren von der skalenfreien Struktur evolvierender Kommunikationsnetze: Wachsende Netzwerke, die die Möglichkeiten der Verknüpfung maximieren, zerfallen in einige wenige Großknoten mit extrem hohen Kontaktzahlen und viele Kleinknoten mit wenigen Kontakten (vgl. dazu Kap. 2). Die historische Entwicklung hin zu Nabennetzwerken können wir im TK-Sektor beobachten.

Seit 1844, als die Telegrafenstrecke Baltimore-Washington eröffnet wurde, wird Signalübertragung dadurch erreicht, dass Zeichen in elektromagnetische Form gebracht werden, und dann vom Sender entweder durch ummantelte Kabel oder über Sendefrequenzen an eine Empfängerstation geschickt werden. Im 20. Jahrhundert wurden in allen Industrieländern Telekommunikationsnetze für Telephonie und Sendesignalübertragung aufgebaut. Sternförmige, symmetrische Telefonnetze operieren mit einer Hierarchie von Schaltzentralen, die sich zu den Anschlüssen verzweigen. Außerdem wurden Rundfunksendenetze aufgebaut, die mit Sendeanlagen operieren, deren Ein-Weg-Mitteilungen von Endgeräten empfangen werden.

Die Vernetzungsfähigkeit digitaler Rechner, die zellularen Mobilfunknetze und die Kommunikation über Satelliten haben die Übertragungsfähigkeit auf den interaktiven Sprach- und Datenverkehr ausgedehnt. Der Bedarf an Übertragungskapazität hat seit 1978 zum Ausbau eines weltweiten Netzes transkontinentaler Glasfaserkabel geführt, über die die nationalen und regionalen Telefon- und *Audiovisual*-Kabelnetze verbunden sind. Um etwa ein Signal aus einem Fernsehstudio über das Breitbandkabelnetz an ein Empfangsgerät zu senden, werden inzwischen Knoten und Leitungen von fünf oder sechs Netzebenen beansprucht.

Die Leistungsfähigkeit der Informationsverarbeitung durch Personal Computer hat zur Ausstattung von Unternehmen und privaten Verwendern mit eigener Informationsspeicher- und –verarbeitungskapazität geführt. Binnen eines Jahrzehnts erlebte das Internet, ein neues, dezentrales Zwei-Wege-Netz, eine explosionsartige Verbreitung. Es war also insbesondere die Leistungsfähigkeit der Endgeräte, die es ermöglicht, den Kommunikationsverkehr immer stärker von zentralem Ein-Weg- auf dezentralen Zwei-Weg-Verkehr umzustellen.

Die Entstehung neuer Netze hat die Verwendung der älteren Netze bislang nicht reduziert. Im Gegenteil, die älteren Netze sind zum Träger neuer Leistungen geworden. So finden wir heute asymmetrische, nabenstrukturierte Netze für den Internet-Verkehr neben symmetrischen, sternstrukturierten Netzen für den Sende- und Telefonverkehr. Die alten symmetrischen Netze werden in die asymmetrischen Netze eingebaut.

Die Größenvorteile des Netzbetriebs haben in den globalen Telekommunikationsmärkten ihre Spuren hinterlassen (Teece und Coleman 1998). Eine Momentaufnahme der Größenverhältnisse im TK-Sektor liefert Abb. 7.2. Fusionen, Akquisitionen und Bankrotte haben zwar dafür gesorgt, dass schon wenige Jahre später eine andere Konstellation entstanden ist, aber die Größen- und Machtverhältnisse haben sich seit 1999 nicht wesentlich verändert: Die fünf größten Betreiber waren, mit der Ausnahme von *Sprint*, die Nachfolgeunternehmen ehemals staatlich betriebener oder genehmigter Monopolbetriebe. Ihr kumulierter Umsatz von 164 Mrd. $

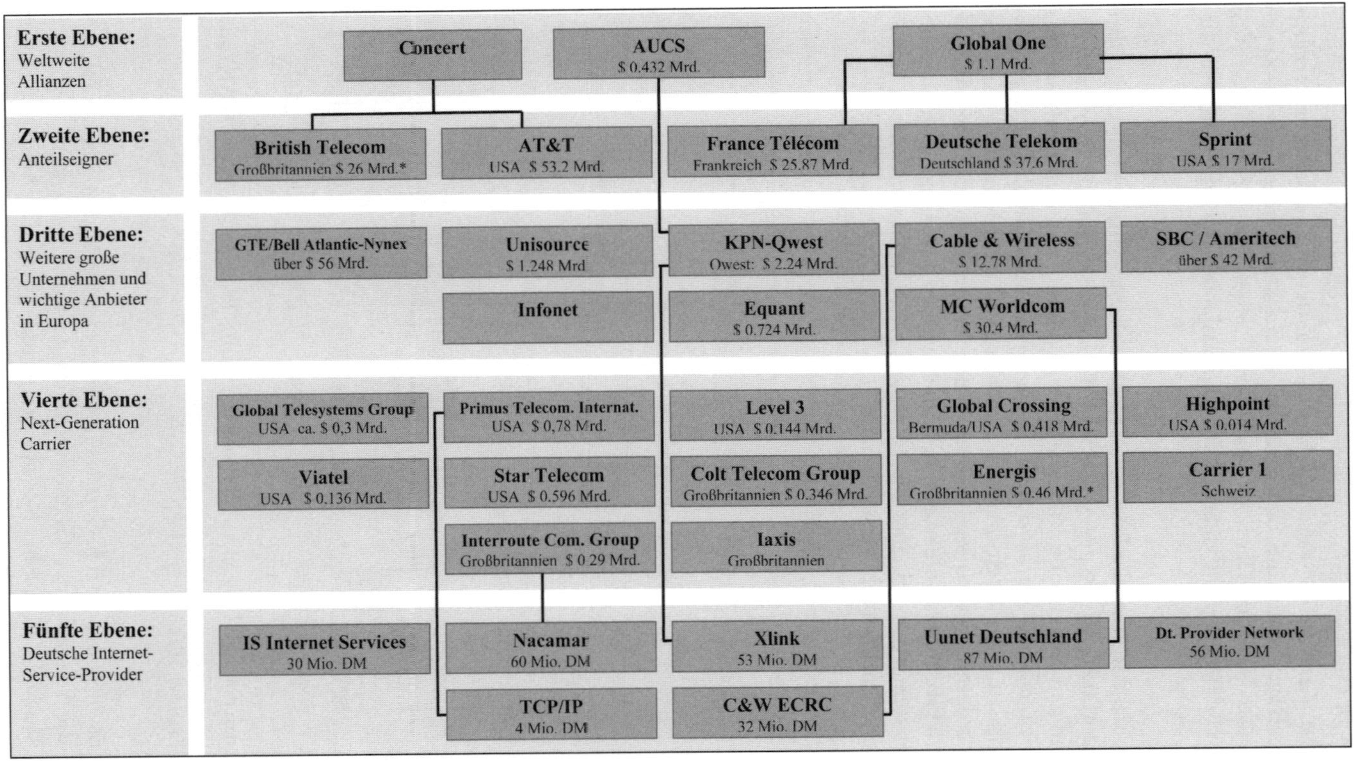


Abb. 7.2: Struktur des globalen Telekommunikationsmarktes, 1998
Quelle: FAZ vom 30.9.1999 nach Nettrafic ISP Watch

lag in der gleichen Größenordnung wie der der vier größten Spezialunternehmen – *GTE*, *SBC*, *MCI* and *C&W* – mit 140 Mrd. $. Auf der Ebene der *Next-generation Carriers* betragen dann die Umsätze der wichtigsten Firmen nur etwa ein Hundertstel dieses Niveaus. Dennoch sind diese *Carriers* wiederum die Großen ihrer Märkte, auf denen sie mit vielen kleinen Spezialanbietern, mit wenigen Mitarbeitern, konkurrieren.

Auch in Deutschland konnte die *Deutsche Telekom* als ehemaliger Monopolist ihre unangefochtene Marktstellung gegenüber den Wettbewerbern trotz Marktanteilseinbußen verteidigen. Offenbar nützen die ehemaligen Monopolunternehmen ihre noch immer vorhandenen Marktvorteile. Die liegen hauptsächlich in der privilegierten Nutzung der alten Telefonnetze. Zwar bauen sie teilweise erfolgreich ihre Leistungen in anderen Netzen aus, aber in vielen Branchen sind sie bereits von jüngeren, andere Größenvorteile nutzende Unternehmen verdrängt worden. Abb. 7.3 zeigt in welchem Ausmaß etwa die *Deutsche Telekom* binnen sieben Jahren sogar im Festnetz Marktanteile verloren hat.

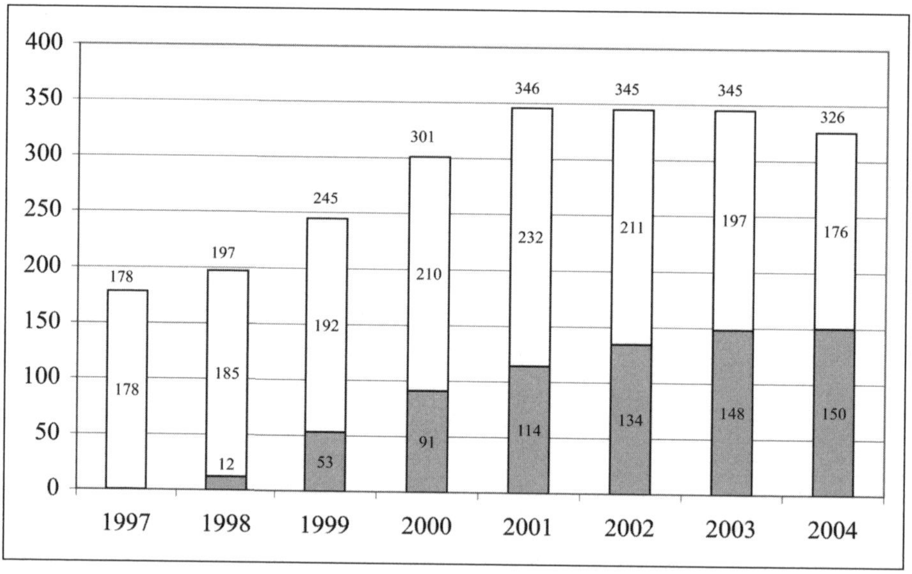


Abb. 7.3: Volumen der Verbindungsminuten im Festnetz von *Deutsche Telekom* (DTAG) und Wettbewerbern, 1997-2004
Quelle: Telecom Handel 19/05

In der Gesamtentwicklung des TK-Sektors treten zwei gegenläufige Trends auf, die in der Summe die Spaltung der Größenverhältnisse noch verstärken. Der erste basiert auf den Möglichkeiten einer Skalenerweiterung durch den Ausbau und die

Verknüpfung internationaler Netze. Neue Netze für Mobilfunk und Satellitenübertragung werden aufgebaut und in die vorhandenen Netze integriert. Die nötigen Geldmittel werden in großen Unternehmen mit großer Finanzkraft oder durch Fremdkapitalkonsortien aufgebracht. Der zweite Trend basiert auf den Möglichkeiten der drastisch verbilligten Informationsverarbeitungskosten. Dadurch sind spezialisierte, administrativ sehr sparsam ausgestattete Unternehmenseinheiten möglich geworden. Physische Anwesenheit ist bestenfalls zeitweise notwendig. Der konvergenten Entwicklung zu immer größeren technischen und ökonomischen Einheiten läuft also die divergente Entwicklung zu kleineren, in neuer Weise untereinander vernetzten Unternehmenseinheiten entgegen.

### *2.3 Öffentlichkeit der Güter*

Aspekte der Öffentlichkeit spielen bei den Geräte- und Kanalgütern keine geringere Rolle als bei den *Content*-Gütern. Zwar sind Tonbandgeräte und Kupferkabel rivalisierend im Konsum, denn selbst die transportierte Information, wenngleich ein öffentliches Gut, erreicht durch die Verwendung von Kanälen jene Ausschließbarkeit, ohne die Inhalte nicht privatwirtschaftlich angeboten werden könnten. Die Kosten des materiellen Aufwands verhindern auch, dass technische Geräte und Netzbereitstellungen im Überfluss vorhanden sind. Dennoch kämpft die Industrie mit der Öffentlichkeit des Wissens, auf dem die eingesetzten Technologien basieren.

Unter den Strategien der Ausschließung von Wissensinhalten, die von den Akteuren im Sektor eingesetzt werden, ist die materielle Ausgrenzung im Fall der Kabel und die Frequenz- und Amplitudeneichung im Fall der Sendesignale immer noch am effektivsten. Aber damit ist wenig erreicht, wenn es um den Zugriff auf das technologische Wissen geht, mit dem die Netze und ihrer Zugangsgeräte geschaffen und mit dem ihre einzelnen Bestandteile ausgestattet werden. Derartiges Wissen ist pure Information, somit öffentlich und nur durch die Institution des geistigen Eigentums schützbar.

Die Entwicklung brauchbarer Schutzrechte ist gegenwärtig noch in einem Stadium rascher Veränderung. Zum Beispiel wird in jüngster Zeit erfolgreich versucht, urheberrechtlichen Schutz für Software-Algorithmen geltend zu machen. Gleichzeitig sehen sich die Hersteller und Netzbetreiber mit einer Forderung konfrontiert, die aus der Öffentlichkeit der durch sie übertrag- und kopierbar gewordenen Inhalte resultiert: Digitale Brenner und *Peer-to-peer*-Plattformen im Internet ermöglichen es den Verwendern, die technische Ausschließung durch Trägermedien zu unterlaufen. Um dennoch Erträge für die Inhaltehersteller zu generieren, werden Pauschalzuschläge auf die Verwendung von Geräten und Netzen gefordert, die dann, wiederum nach einer Vereinbarung über Ausschüttungsquoten, auf die Inhalteproduzenten verteilt werden sollen. Verständlicherweise machen sich insbesondere die Verwertungsgesellschaften für eine derartige Regelung stark, nachdem sie es wären, die dann mit der Administration für die aufwendige Umverteilung betraut würden.

Öffentlichkeit spielt auch in einer weiteren Interpretation eine wichtige Rolle. TK-Netze sind in dem Maße öffentlich, in dem sie die kommunikative Interaktion ihrer Teilnehmer ermöglichen. Sie schaffen Öffentlichkeit in Form imaginärer Plätze und Foren, auf denen es zum Austausch neuer Mitteilungen kommt. Gemäß der technischen Ausgestaltung eines Kanals lässt sich steuern, ob der gegenseitige Zugang durch die Menge der Adressen, die Geschwindigkeit der Übermittlung oder durch andere Parameter konditioniert werden soll. Die innere Administration des Internets und seiner Adressen und Domänen spielt eine essentielle Rolle für die Leistungsfähigkeit solcher virtueller öffentlicher Räume. Auf deren möglichst reibungsloses Funktionieren verlassen sich die ISP-Unternehmen, die Bandbreiten, Serverspeicher und weitere Informationsdienste anbieten.

Die sozialen Effekte der verstärkten Kommunikation finden ihren Niederschlag in überproportionalen Nutzensteigerungen der Teilnehmer an den TK-Netzen. Aber damit sind die externen Effekte noch nicht erschöpft: Netze können mit anderen Netzen verknüpft werden. Das geschieht horizontal, wenn etwa eine E-mail aus Deutschland über das Netz der USA geleitet wird und schließlich in Honduras landet. Es geschieht vertikal, wenn Filme umkopiert und in Kabel eingespeist werden. Durch die Verknüpfung wird der Grad der Produktivität bei der Herstellung von Gütern gesteigert. Analog lässt sich feststellen, dass der Grad der Konsumtivität, also der Qualität der Bedürfnisbefriedigung, steigt.

Die Vernetzungstechnologie des Internets hat den Effekten der Netzverknüpfung eine neue, noch leistungsfähigere Dimension gegeben. Wenn jeder *host* als Netzzentrale operieren kann, dann weiten sich die Kanäle, in denen sich die Verwender begegnen, endgültig zu Räumen, in denen virtuelle Gleichzeitigkeit herrscht. In diesen Räumen kann von jedem Teilnehmer, aufgrund der kostenlosen Reproduzierbarkeit digitalisierter Information, ein Zustand nicht-rivalisierender Öffentlichkeit erzeugt werden: Jeder Teilnehmer an einem Online-Spiel oder einer *Usenet*-Liste schickt seine Information an alle und maximiert so den Gesamtnutzen. Die Kanäle verlieren allerdings in dieser Konstellation ihre Fähigkeit zum Ausschluss. Das ist der tiefere Grund für die Kostenlosigkeit, die die Internet-Kommunikation prägt. Ausschluss muss erst in einer für das Internet geeigneten Weise neu erfunden werden.

Die Besonderheiten der Informationsschaffung und -verwendung spielen also in den Geräte- und Kanalmärkten eine zwar anders gelagerte, aber keineswegs geringere Rolle als in den *Content*-Märkten.

## 3. Auswirkungen auf das Anbieterverhalten

Die Auswirkungen der Besonderheiten auf das Verhalten insbesondere der Anbieter in den einzelnen Märkten sind jetzt genauer zu untersuchen. Dafür werden wir im weiteren Verlauf nach IT-, TK- und Internet-Märkten unterscheiden.

### *3.1 IT-Märkte: Geräte und ihre Dienste*

Auf den IT-Märkten werden Geräte, Ausrüstungen, Steuerungsprogramme und Dienstleistungen rund um diese Produkte gehandelt. Das Spektrum des Angebots reicht vom Transistorradio bis zur Sendeanlage, und von der Betriebssoftware bis zu Ausbildungskursen. Wir beobachten insbesondere die Anbieter, die den Nachfragern aus den Medienmärkten gegenüber stehen.

Die Hersteller verkaufen ihre Produkte an die vier Gruppen, die in Abb. 7.1 unterschieden wurden: (1) Urheber, Hersteller, Verteiler und Verwender auf den Inhaltemärkten, (2) Unternehmen, die die Geräte für ihre interne und externe Informationsverarbeitung und Kommunikation sowie für TK-Netzausrüstung einsetzen, (3) private Kunden und (4) gemeinnützige und staatliche Auftraggeber. Nur in wenigen Produktmärkten herrschen kompetitive Bedingungen auf beiden Seiten des Marktes. Sowohl kommerzielle als auch staatliche Nachfrager haben genug Marktmacht, um in bilateralen Verhandlungen mit den Herstellern ihre Preis- und Qualitätsvorstellungen durchzusetzen. Wenn die Nachfrager private Konsumenten sind, die etwa Fernsehgeräte oder Spiele-Software kaufen, dann müssen sie zwar die gebotenen Preise akzeptieren, profitieren aber gleichzeitig von der intensiven Preiskonkurrenz auf einem lukrativen, rasch wachsenden Markt. In 2005 wurden in Deutschland Fernseh-, Rekorder- und Playergeräte im Wert von 12.4 Mrd. € verkauft (GfK 2006).Innovationsgewinne und ständig neue Größenvorteile der Produktion sorgen dafür, dass die IT-Märkte von Preiswettbewerb und technischem Fortschritt getrieben werden. Innovationswettbewerb impliziert einen hohen Markterschließungsdruck. Das Produkt muss rasch bekannt und zum neuen Standard gemacht werden kann, denn nur so lassen sich die profitablen Stückzahlen erreichen. Außerdem können im Bereich der Informationstechnik neue Lösungen zu signifikanten Kosteneinsparungen und Leistungszuwächsen führen, die in dieser Dimension bei anderen Produkten unbekannt sind.

Die strategische Relevanz von Forschung und Entwicklung führt bei den Anbietern zu hohen Fixkosten der Einführung neuer Produkte. Davon wird ihre Preisstrategie der temporären Preisdifferenzierung bestimmt: Die Hersteller verlangen für neue, leistungsfähigere Geräte und Leistungen zuerst Monopolpreise. Wenn überlegene Konkurrenzprodukte angeboten werden, sinken die Preise, oft unter die Herstellungskosten. Nachdem die tatsächlichen Grenzkosten der Produktion sehr niedrig sind, ist es unter Konkurrenzbedingungen oft schwierig, den geforderten Preis auf einem Niveau zu halten, das langfristig profitabel ist.

Die Anbieterunternehmen haben in dieser Marktsituation eigene Wege der Preisgestaltung gefunden. Kurzfristig versuchen sie, die Geräte mit ihren niedrigen Renditen an Betriebssoftware und Betreuungsdienstleistungen zu koppeln. Auf diesen Märkten ist der Wettbewerb gedämpft, weil die Software mit den gelieferten Geräten kompatibel sein muss. Dienstleistungen wie Wartung und Schulung setzen ein Wissen voraus, das außerhalb des Unternehmens nur mit Aufwand gesammelt werden kann (Zerdick, Picot et al. 1999: 125f.). Allerdings zeigt das Beispiel der

Druckerindustrie, dass ungewöhnlich hohe Renditen bei den angekoppelten Farbpatronen genügend Anreize schaffen, um die Nachfrage billiger zu befriedigen.

Ein weiterer Weg, sich die Loyalität der Verwender zu sichern, führt über Design und Image der Geräte. Empfangsgeräte, über die Inhalte fließen, die für die Verwender stark persönlichkeitsbezogen sind, werden nicht nur wegen ihrer technischen Eigenschaften geschätzt. Entsprechend sensibel ist die Reaktion der Nachfrager auf verwendete Materialien, auf die künstlerische Gestaltung der äußeren Formen und auf die begleitende Werbung. Die Produkte des Computerherstellers *Apple* sind besonders erfolgreiche Beispiele für diese Strategie.

Innerhalb der Wertschöpfungskette wird versucht, sich durch vertikale Integration gegen Wettbewerbsdruck und Überraschungen abzusichern. Deshalb ist etwa der Gerätehersteller *Sony* aktiv in der Film- und Musikproduktion geworden, *IBM* erzielt inzwischen den Großteil seiner Umsätze bei IT-Serviceleistungen und *General Electric* operiert über *NBC Universal* auch als Nachfrager auf den Gerätemärkten.

### *3.2 TK-Märkte: Netze und ihre Dienste*

In den Telekommunikations-Märkten werden Zugriffsrechte verkauft, die nach Rechteinhalt und Zeitdauer spezifiziert sind. Wir werden uns im Folgenden primär mit Leistungen zur Nutzung der drei Grundnetze befassen: Netzbetreiber verkaufen (1) die Nutzung durch Sprach- und Datenkommunikation im *Telefonfestnetz*, sie verkaufen (2) ähnliche Leistungen in *Mobilfunknetzen*, und sie verkaufen (3) die Einspeisung von Fernsehprogrammen und anderen Inhalten in *Kabelnetze*.

Die Größenvorteile bei der Herstellung des Leistungsangebots liegen auf der Hand. Telefon- und Kabelnetze waren bislang so teuer in ihrer Erstellung, dass der Aufbau neuer Netze neben den vorhandenen, im Verlauf eines Jahrhunderts verlegten Netzen unwirtschaftlich zu sein schien. Inzwischen sind in manchen Bereichen Neuverlegungen mit exponentiell gesteigerter Netzleistung auch ökonomisch überlegene Alternativen. Aufgrund der Konnektivität bleiben die vorhandenen Festnetze einfach Bestandteil der Gesamtnetzstruktur. In den Mobilfunkmärkten sind die Netze so klein, dass tatsächlich mehrere gleichartige Netze nebeneinander betrieben werden können, die dann allerdings auf dieselben Einrichtungen, etwa Sendemasten, zurückgreifen.

Die Fortschritte in der Informationsverarbeitungskapazität der Endgeräte, also der Workstations, PCs, Palmtops und Handys, haben die Wertschöpfung auch im TK-Sektor verändert. Neue Netze konnten entstehen, die voll gepackt sind mit intelligenten Bestandteilen, die Information nicht nur weitervermitteln, sondern sie auch filtern, bündeln, verstärken, an ausgesuchte Empfänger schicken und in anderer Weise bearbeiten können. Dienstleistungen sind also tranformierbar in Routinen und werden, konvertiert in Soft- und Hardware, als „Dienste“ verkauft. Technischer Fortschritt erhöht so neben der Verarbeitungskapazität auch den Grad der Konnektivität von TK-Netzen. Die Verknüpfung von Informationen aus dem Kühlschrank, aus dem Freundeskreis und aus Fernsehstudios ist in Modellwohnungen schon gelungen.

Die Digitalisierung bei den Endgeräten hat wesentlich dazu beigetragen, dass Netzleistungen nicht mehr an intermediäre Geschäftspartner verkauft werden, die dann ihrerseits die Geschäfte mit Endkunden tätigen, sondern direkt an die Verwender, die mit entsprechend leistungsfähigen Empfangs- und Sendegeräten arbeiten. Der gestiegene Anteil des Endkundengeschäfts erhöht die Volatilität des Geschäftsverlaufs, weil Überraschungen aufgrund des Kaufverhaltens der Verwender schwerer vorhergesehen werden können.

Die Preise, die für die Netzleistungen gefordert werden, spiegeln den Umstand, dass die Verwender die Netze nur für kurze Zeitspannen und in schmalen Übertragungsbereichen beanspruchen. Sie sind organisiert als Tarifpläne, die nach unterschiedlichen zeitlichen und sachlichen Kriterien gestaffelt sind.

Die Gestaltung dieser Preisvektoren hängt grundlegend davon ab, ob sie von einem einzigen staatlich kontrollierten Betreiber diktiert werden, oder ob sie im Wettbewerb mit alternativen Anbietern entstehen. Im ersten Fall verwendet der Netzanbieter Preisregeln, die sich am vermuteten Verlauf der Nachfragekurve orientieren, und die Mengeneinbußen beim Durchsetzen der Monopolpreise in Kauf nehmen. Außerdem werden Merkmale der Netzauslastung berücksichtigt, damit durch entsprechende Preiszuschläge Netzüberlastung vermieden wird.

Durch die Politik der Deregulierung (Kap. 10) sind inzwischen Märkte entstanden, in denen alternative Anbieter auftreten. In Deutschland ist das einschneidende Datum die Verabschiedung des Telekommunikationsgesetzes von 1996. Dadurch ist, wie inzwischen in vielen Ländern, das staatlich geschützte Netzmonopol außer Kraft gesetzt worden. Seitdem gibt es Lizenzen für kommerzielle Anbieter von Netzleistungen. Den Lizenznehmern werden Universaldienstverpflichtungen auferlegt, um die Öffentlichkeit der Netze zu gewährleisten. Im Gegenzug können die Lizenznehmer die öffentlichen Netze nutzen (Gerpott 1998). Seit der Deregulierung haben sich insbesondere zwei Märkte stürmisch entwickelt: der erste ist der Markt für Mobilfunktelefonie, einschließlich der Mobiltelefone, ihrer Klingeltöne und ihrer Zusatzdienste. Der zweite ist der Markt für Verbindungsleistungen im Internet, der in Abschnitt 3.3 thematisiert wird.

Den ehemaligen Monopolisten bleiben nicht nur die Wettbewerbsvorteile, die in Abschnitt 2.2 diskutiert wurden. Sie verfügen auch immer noch über Privilegien, vom Netzeigentum über hoheitliche Anrainerrechte bis zu langfristig geschlossenen Verträgen. Selbst unter derartig verzerrten Wettbewerbsbedingungen haben sich die Grundkoordinaten der Preisgestaltung verändert. Jetzt ist es das Ziel der Anbieter, das langfristige Ertragspotential einer Kundenbeziehung zu maximieren, ohne den Kunden zu verlieren. Das impliziert auf einer ersten Ebene niedrige einmalige Anschlusspreise, um Kunden für eine Netzteilnahme zu gewinnen, sowie Maßnahmen, die die Bindung des Kunden an das Netz stärken, etwa hohe Anschlussbeendigungspreise. Auf einer zweiten Ebene wird versucht, die Merkmale des Preistarifs so zu gestalten, dass sie die Bedürfnisse des Kunden optimal abbilden. Der Kunde kann dabei ein Kabelunternehmen sein, das sich Zeitfenster (*slots*) und Bandbreite auf einem geostationären Satelliten kauft, oder eine Studentin, die zwischen den Tarifen verschiedener Mobilfunk-Betreiber wählt.

Zu den Merkmalen eines Tarifplans gehören viele Parameter: der Grundpreis für den Netzzugang, der Verbindungspreis pro Zeittakt, die Länge der Zeittakte, die Abgrenzung der Zeitabschnitte pro Tag und Woche, die Abgrenzung der Entfernungszonen, mengenabhängige Rabatte, Vertraglaufzeit, Abrechnungsmodalitäten, und die Höhe der Preise für Nebenleistungen, etwa die Überlassung von Endgeräten (Gerpott 1998: 298). Diese Merkmale werden in vielen Variationen von Preisbündeln den Verwendern angeboten. Die Variationsbreite liegt an der Entwicklungsphase der Netzmärkte, die erst seit kurzem und immer noch unvollständig zu Wettbewerbsmärkten geworden sind. In dieser Phase werden Varianten ebenso rasch aus dem Markt genommen wie sie eingeführt worden sind. Im Verlauf der nächsten Jahre werden erfolgreiche Bündelungen durchgesetzt sein, deren Preispläne sich dann zu Standards der Preisgestaltung verfestigen. Die gleiche Kombination aus rascher Innovation und niedrigen Grenzkosten, die schon jetzt die Preis- und Produktentwicklung im IT- Sektor treibt, wird dann auch die Entwicklung im TK-Sektor bestimmen.

### *3.3 Internet-Märkte*

Etwa an der Nahtstelle zwischen IT-Herstellung und TK-Betrieb findet die Entwicklung einer neuen technischen Dimension der Vernetzung, die des Internets, statt. Die Neuheit entsteht dadurch, dass die Netz definierende Größe nicht mehr physikalischer, sondern logischer, genauer, symbolischer und semantischer Natur ist. Internetkommunikation kann in verschiedenen Netzqualitäten stattfinden. Sie wird gewährleistet durch Software-Programme, die Adressen identifizieren, Mitteilungen in Datenpakete zerlegen, sie über alternative Routen zum Empfänger schicken und sie dort wieder zusammensetzen. Diese Leistung konnte erreicht werden, als die Qualität der IT-Ausstattung der Netzteilnehmer das erforderliche Niveau erreicht hatte. Die technische Entwicklung wurde begleitet von der Entwicklung einer selbst organisierten Netz-Administration, der *Internet Corporation for Assigned Names and Numbers* (ICANN), die konsequenterweise innerhalb der wissenschaftlichen Arena und jenseits politischer Gremien und wirtschaftlicher Interessen entstand (Hutter 2004).

Auf der Basis des Internets hat sich ein dreistufiger, weltweit angelegter Markt für Netzübertragungs-, Serverspeicher- und Inhaltebearbeitungsleistungen etabliert. Auf der so institutionalisierten und durch die ISPs erschlossenen Internet-Technologie operieren heute grundlegende Dienste, über die Botschaften in beliebiger Komplexität verschickt oder Datenbanken zugänglich gemacht werden können. Die auf Null gefallenen Grenzkosten des Versendens von Information haben das *World Wide Web* zu einem riesigen Reservoir an Informationen und Diskussionen gemacht, die zum größten Teil ohne Bezahlung zugänglich sind. Rasch entwickeln sich in diesem neuen Milieu neuartige Zahlungsformen und Geschäftsmodelle (Hofer 2000; Beyer und Carl 2004). Komplexe Informationsangebote können durch Werbung finanziert werden, denn die Werbekunden verschieben ihre Aufträge von den Zeitungen und Fernsehprogrammen zu den Plattformen, auf denen private und kommerzielle Inhalte zur Verfügung gestellt und von denen sie auf private Speichermedien geladen werden. In manchen Fällen wird an den Margen der kommerziellen Transaktionen, die über einen Internetdienst ermöglicht wurden, verdient. Dort, wo erfolgreiche Geschäftsmodelle gefunden wurden, haben sich bereits marktdominierende Anbieter etabliert. Die spektakulärsten Fälle sind *Amazon* bei den Medienprodukteplattformen, *eBay* bei den Auktionsplattformen und *Google* bei den Suchmaschinen. Aber noch immer gibt es bislang unerschlossene Bereiche, wie die florierenden Partnerschaftsbörsen oder die Angebote von Seminar- und Diplomarbeiten aus allen Wissensdisziplinen zeigen.

Weitere Nutzungsvarianten, mit gravierenden Wirkungen für konventionelle TK- und Inhaltemärkte, sind in nächster Zeit zu erwarten. Beispiele sind Internettelephonie, Online-Spiele-Communities und *filesharing*-Plattformen, deren Betriebsysteme als *Open-Source*-Projekte organisiert sind. In jedem Fall profitieren die Produzenten und die Konsumenten in der Medienwirtschaft von der bislang unerreichbaren Interaktivität des Netzmediums. Die neue Nutzungsqualität treibt die technologische Entwicklung im gesamten Informationssektor, bei den Netzwerken und Diensten, bei den Ausrüstungen und Geräten und nicht zuletzt bei allen Inhalten, die sich in digitale Form bringen lassen.

### *3.4 Die Anbieter der Zukunft*

In diesem Kapitel sind die Märkte für Geräte und Kanäle, insbesondere das Verhalten der Hersteller solcher Güter, unter Annahmen untersucht worden, die für die Medienwirtschaft entwickelt worden sind. Der Einfluss der Geräte- und Kanälehersteller auf die Medienwirtschaft entstand nicht allein durch technologische Neuerungen. Er resultierte auch aus den aktiven Geschäftsstrategien der einzelnen Unternehmen in ITK-Sektoren. Gerätehersteller wie *Sony* oder *Microsoft* und Netzbetreiber wie *Vodaphone* oder *Deutsche Telekom* wissen, dass ihre Absatzzahlen von der Nutzung der Geräte und Kanäle abhängen. Private Kommunikation lässt sich nur beschränkt erweitern und kostenpflichtig machen, und kommerzielle Kommunikation bleibt den Entscheidungen derjenigen Unternehmen unterworfen, die sie einsetzen. Vor allem bei den Inhalten bieten sich Potentiale für eine weiter steigende Nachfrage. Also lohnt es sich für IT-Hersteller und TK-Betreiber, ihr Angebot stärker in den Bereich der Inhaltewertschöpfung hinein zu verlängern. In diesem Szenario tritt zur technischen Konvergenz die Konvergenz der Unternehmen: Die Verteiler und die Hersteller von Medienprodukten werden in ITK-Unternehmen integriert, und die Urheber finden ihren Platz in der vernetzten Hierarchie der Konzerne.

## Literatur

Beyer, A. und P. Carl (2004). *Einführung in die Medienökonomie*, Konstanz, UVK (UTB).

Gerpott, T. (1998). *Wettbewerbsstrategien im Telekommunikationsmarkt*. Stuttgart, Schäffer-Poeschel.

Hofer, M. (2000). *Medienökonomie des Internet*. Münster, LIT-Verlag.

Hutter, M. (2004). Die globale Regulierung des Internet Domain Name Systems. Fünf Lehren aus dem Fall der ‚ICANN'. *Soziologie des Cyberspace. Medien, Strukturen und Semantiken*. U. Thiedeke. Wiesbaden, Verlag für Sozialwissenschaften: 522-537.

Teece, D. und M. Coleman (1998). „The meaning of monopoly: antitrust analysis in high-technology industries." *The Antitrust Bulletin* 43(3-4): 801-857.

Zerdick, A., A. Picot, et al. (1999). *Die Internet-Ökonomie: Strategien für die digitale Wirtschaft*. Berlin, Springer.

# 8. Die Verwendermärkte

## Einleitung

Mit den Verwendermärkten sind wir bei denjenigen Märkten angekommen, die mit gutem Grund als die eigentlichen Medienmärkte gelten. Hier werden die Kopien der Inhalte an die Endkunden verkauft, hier erreichen sie ihre Verwender. Unter den Verwendern entsteht jene selektive Aufmerksamkeit, die sich als Kaufkraft äußert und aus einigen der neuen Produkte im Meer der Angebote besonders profitable Medieninhalte macht. Damit kommen wir zu derjenigen Entscheidungsstufe, welche die davor liegenden Selektionsentscheidungen der *Verteiler* und der *Hersteller* determiniert und die letztlich auch die Gestaltungsentscheidungen der *Urheber* beeinflusst. Die Verwender determinieren die Nachfrage, und diese Nachfrage ist die treibende Kraft der Wertschöpfung. Insofern unterscheiden sich die Märkte der Medienwirtschaft noch nicht von allen anderen Märkten.

Um dem Unterschied auf die Spur zu kommen, müssen wir uns die Modellierung der Nachfrage etwas genauer ansehen. Ein wichtiger Baustein des einfachen Modells der Marktkoordination ist die Annahme stabiler Präferenzen der Verbraucher. Auf dieser Basis lässt sich nachverfolgen, wie die Veränderung *externer Bedingungen*, insbesondere die der Produktpreise, das Kaufverhalten der Verbraucher bestimmt. Die *internen Bedingungen* sind die subjektiven Wertungen, die eine Person zum Individuum machen. Die Formulierung als „Präferenzrelationen" hat den Vorteil, dass man von den agierenden Individuen nicht anzunehmen braucht, dass sie irgendwelche „Nutzeneinheiten" anhäufen. Es genügt, dass sie zwischen besseren, schlechteren und gleich guten Alternativen unterscheiden können. Die Präferenzen selbst sind kein Gegenstand wirtschaftswissenschaftlicher Forschung. Sie werden als Geschmacksrelationen angesehen, und sind damit in die psychologische oder gar neurologische Disziplin der Forschung entrückt.

In vielen Bereichen der Wirtschaft, etwa bei der Verwendung unterschiedlicher Schrauben oder unterschiedlicher Milchprodukte, bleiben die Geschmacksrelationen tatsächlich länger konstant als die ihrer Preise und Produkteigenschaften. Im Fall der Medienprodukte beziehen sich die Präferenzen der Akteure auf Informationsinhalte. Informationen bilden Geschmack, stimulieren ihn und halten ihn aufrecht. Wir werden also die Auswirkungen der Informationseigenschaft auf die Präferenzen näher untersuchen müssen.

Bislang sind die Auswirkungen der drei Besonderheiten der Informationsgüter auf der Produzentenseite beobachtet worden. In diesem Kapitel richtet sich die Aufmerksamkeit auf die Auswirkungen derselben Eigenschaften auf die Konsumentenseite.

## 1. Die Nachfrage nach Neuem

### *1.1 Information ist neu*

Information ist eine Differenz, die für den Verwender einen Unterschied macht. Der Unterschied wird als Neuheit erlebt. Die Neuheit kann im zeitlichen Verlauf, also in der *Aktualität* einer Nachricht liegen. Sie kann die Antwort auf die Frage „Wer gewinnt?" sein, die im Kontext etwa eines Fußballspiels oder einer *game show* als *Spannung* entsteht. Sie kann auch in der technischen oder stilistischen Fähigkeit der Ausführung liegen, also in der *Unerhörtheit* eines Werks.

Was machen Menschen mit aktuellen, spannenden, unerhörten Informationen? Wozu verwenden Individuen die neuen Inhalte, die sie kaufen oder denen sie zumindest ihre Aufmerksamkeit schenken? Die Orientierung am Begriff des Geschmacks ist hilfreich, um eine befriedigende Antwort auf diese schwierige Frage zu finden.

Geschmack ist eine Fähigkeit der Wertung nach ästhetischen Kriterien. Diese Fähigkeit wird erst seit dem 18. Jahrhundert allen Individuen zugeschrieben (Hutter und Shusterman 2006). Die Entwicklung von Geschmacksurteilen hängt eng zusammen mit dem Prozess der *Identitätsbildung*, den Heranwachsende und junge Erwachsene in besonderer Intensität durchlaufen, der aber nie völlig abgeschlossen ist. Geschmacksurteile ermöglichen es den Individuen, Informationsgüter – vom Klatsch an der Ecke bis zur Wagner-Oper – zu verwenden, und daraus unmittelbaren Genuss zu ziehen. Dabei lassen sich zwei Arten von Genuss unterscheiden (Scitovsky 1985): der Genuss an der Entdeckung von Neuem (*stimulus*) und der Genuss an der Befriedigung von Mangelgefühlen (*comfort*). Die *Stimulierung* durch die ständige Suche nach Neuem umfasst Entdeckungsreisen und Avantgarde-Filme. Komfort schließt *Unterhaltung* mit ein, im Sinne einer Überbrückung von Zeit. Sei es durch höfliche Konversation, durch den Besuch von Musicals oder durch Pornofilme, in jedem Fall werden Neuheiten auf kaum überraschende Variationen reduziert. Unterhaltung überbrückt auch zwischenmenschliche Schranken. Hintergrundklänge werden zum geeigneten Rahmen für das eigentlich Neue, nämlich persönliche oder geschäftliche Beziehungen.

Informationsgüter können diese drei Zwecke für verschiedene Verwender in unterschiedlicher Relation erfüllen. Romane, Fernsehserien und Musik-CDs können für eine Generation von Individuen in einer bestimmten regionalen oder sozialen *community* der Anlass für prägende Einsichten und Entscheidungen zur Selbststilisierung sein. Sie können Sehnsüchte stillen und Begeisterung auslösen, und sie können zumindest während der Zeitspanne der Aufmerksamkeit die Illusion erfüllen, in einer fiktiven, angenehmen Welt zu leben.

Für alle drei Zwecke müssen nicht unbedingt Produkte gekauft werden, um die in verschiedenster Weise ausgeprägte Gier nach Neuem zu befriedigen. Klatsch, Forschung oder Reisen können auch selbst hergestellt werden. Aber käufliche

Medieninhalte bieten eine unendliche, in ihren Effekten einzigartige Vielfalt von Neuheiten. Sie werden daher im Vergleich mit hausgemachten Varianten immer öfter verwendet.

Diese Medienprodukte sind es nun, die durch ihre eigene Veränderung die Präferenzen der Individuen ständig verändern. Bei der Identitätsbildung formen sie in hohem Maß das, was das Individuum wertschätzen wird. Bei der Stimulierung testen sie ständig die Grenzen dessen, was noch „geschmackvoll" ist. Selbst bei der Unterhaltung wird ein gewisser Grad an Veränderung der Inhalte gefordert, um den gleichen Grad an Genuss zu erhalten. Veränderung impliziert, dass Neuheiten rasch altern, und von neuen Inhalten ersetzt werden müssen. Der schwindende Effekt der Neuheit sei noch einmal betont, denn er ist der Hauptgrund für den raschen Wertverfall von Medienprodukten. Nachrichten altern sehr schnell, auch Spiele, deren Ausgang bekannt ist, verlieren ihren Reiz. In Musikwerken und Filmen jedoch können so viele Neuheitsvarianten untergebracht werden, dass möglicherweise noch nach Jahren in ihnen Neues entdeckt werden kann. Nachdem jedes Individuum seine eigenen Erfahrungen macht, können vor langer Zeit hergestellte Inhalte bei neuen Generationen von Verwendern immer wieder neuen Genuss auslösen. Meist werden die alten Inhalt in einen neuen Informationskontext – „Klassiker der Filmgeschichte", „Hits der 80er Jahre" etc. – eingebettet, um ihnen aktuelle Aufmerksamkeit zu verschaffen.

Wenn Informationen immer in irgendeiner Weise neu sind, dann ist die Reaktion der Verwender auf die Neuheit prinzipiell nicht vollständig vorhersagbar – weder von den Verwendern selbst noch von denen, die sie beobachten. Schon in Kap. 2 war auf die Bedeutung des *Nobody knows*-Prinzips für die Hersteller hingewiesen worden. Deren Wahl der richtigen *skills & scripts* wird von den Erwartungen über den Geschmack der Verwender abhängig gemacht. Deshalb wird die Vermarktung der hergestellten Inhalte von Informationen begleitet, die auf den Inhalt neugierig machen und die andere Informationen aus der Aufmerksamkeit der Verwender verdrängen. Sie wird außerdem begleitet von Versuchen, mit Hilfe der Methoden der Sozialforschung etwas über die Verhaltensmuster bestimmter Zielgruppen herauszufinden.

Aber nicht nur die Hersteller wollen zukünftige Geschmacksurteile vorhersagen. Die Orientierung des eigenen Geschmacks an beobachtbaren Standards und an der Meinung von Experten ist durchaus im Interesse der Verwender. Auch für sie ist es vorteilhaft zu wissen, welche der unzähligen Inhaltevariationen, die täglich von ihm empfangen werden können, von Anderen geschätzt werden.

### *1.2 Information wird im Kopf vervielfältigt*

Menschen verfügen über Wahrnehmungsorgane, über ein Bewusstsein, mit dem sie die Wahrnehmungen interpretieren und über die Fähigkeit, die wahrgenommenen und mit Bedeutung versehenen Informationen zu wiederholen oder sie zum Gegenstand weiterer, selbst gestalteter Informationen zu machen. In menschlichen Köpfen findet die Verdopplung von Information statt, die die Vervielfältigung eines Inhalts erfolgreich abschließt.

Die Subjektivität dieses Vorgangs scheint eine radikal individuelle Verwendung von Medieninhalten zu implizieren. Dennoch richtet sich die Nachfrage der Einzelnen rasch auf bestimmte Inhalte, die auch von vielen Anderen verwendet werden, bis sie in ihrer Prominenz von neuen Inhalten abgelöst werden. Das liegt daran, dass auch auf der Verwenderseite Größen- und Netzeffekte auftreten.

Die *Größeneffekte* der Vervielfältigung resultieren daraus, dass einmal aufgenommene Inhalte – etwa eine Komposition oder ein Text – von dem Individuum, das sie kennen gelernt hat, unendlich oft wiederholt werden können. Lernen und Ausbildung beruhen auf dieser Fähigkeit. Je öfter ein einmal gelernter Inhalt verwendet werden kann, desto geringer sind die Durchschnittskosten des Lernvorgangs. Die Kenntnis vieler ähnlicher Inhalte hilft außerdem, Details in neuen Inhalten zu erkennen, erhöht also die Ausbeute an Genuss, die aus einer Erfahrung gewonnen werden kann. Daraus speist sich etwa das schier endlose Vergnügen daran, Einstellungen aus alten, klassischen Filmen in neuen Produktionen zu zitieren.

Gebündelte Informationen können mit gesteigerter Aufmerksamkeit rechnen, weil Informationen immer aufeinander verweisen. Oft wird Erkennbarkeit überhaupt erst dadurch geschaffen, dass auf den Zusammenhang zwischen Inhalten hingewiesen wird. Solche Ertragssteigerungen, die aus der simultanen Nutzung unterschiedlicher Ressourcen resultieren, werden „Verbundeffekte" genannt. Verbundeffekte sind also eine Variante der Netzeffekte. Sie sind Auslöser für die Aufmerksamkeitskaskaden, die durch eine Population von Verwendern laufen, wenn ein neuer Inhalt erfolgreich platziert werden konnte, weil er beispielsweise vom Regisseur der *Lord-of-the-Rings*-Trilogie hergestellt wurde. Die Verwender erfahren über die Knoten ihrer Netze von relevanten neuen Inhalten. Die Verbreitung bei anderen Verwendern erhöht auch die Chancen, bei Mitteilungen über diese Inhalte bei anderen verstanden zu werden. So selektieren sich die prominenten Inhalte über die Nutzung der Verbundeffekte selbst aus.

Verbundeffekte spielen auch eine Rolle für das Verständnis von Sammlungen: Die Objekte der Sammlung verweisen aufeinander und machen dabei die Kriterien, nach denen sie gesammelt wurden, deutlich. Die Sammlung muss aber nicht notwendigerweise sichtbar sein, wie das bei Ölbildern oder bei Briefmarken der Fall ist. Auch die Erfahrungssammlungen, die sich Musik- oder Romanliebhaber zulegen, profitieren von den Verbundeffekten im Bündel der Inhalte, an die sich die Sammler erinnern.

### *1.3 Information schafft Öffentlichkeit*

Der Verbrauch der Information verbraucht sie nicht, sie steht weiterhin allen zur Verfügung. Das macht sie bekanntlich zum öffentlichen Gut. Die Öffentlichkeit

– sowohl als *Eigenschaft* als auch als *gesellschaftlicher Raum* – entsteht aus den vielen Bewusstseinsoperationen, die durch die auslösende Information geschaffen worden sind.

Von Seiten der Hersteller und der Verteiler ist die Eigenschaft des öffentlichen Guts besonders relevant. Um damit Geld zu verdienen, ist entscheidend, ob das Angebot hinreichend knapp gehalten werden kann. Deshalb das große Interesse aller Medienunternehmen an der Ausgestaltung des Rechts an geistigem Eigentum. Von Seiten der Verwender erscheint der öffentliche gesellschaftliche Raum relevanter. Im Raum einer Öffentlichkeit entscheidet sich der Genuss, den der Verwender aus einem Medienprodukt ziehen kann. Der Verwender nimmt Teil an einer Gesamtheit, die wir *Publikum* nennen. Neben dem intern generierten Genuss, der in den beiden vorhergehenden Abschnitten im Vordergrund stand, liegt nun die Betonung auf einer Erhöhung des Nutzens infolge einer gleichzeitigen Verwendung des Inhalts durch andere Individuen.

Mit dem Begriff Publikum, der uns schon in Kap. 2 begegnet war, wird hier ein Phänomen bezeichnet, das in der Geschichte der Medien- und der Kommunikationswissenschaft eine prominente Stelle einnimmt, das aber in seiner Bedeutung für wirtschaftliches Geschehen nur wenig erforscht ist. Der gängige englische Name, *audience*, richtet sich auf die gemeinsame, gleichgerichtete Aufmerksamkeit des Hörens. Aber nicht nur die physisch anwesenden Zuhörer eines Konzerts oder die Zuschauer einer Filmvorführung bilden ein Publikum, sondern es gibt auch abstrakte Gesamtheiten, wie das Lesepublikum einer Zeitung, oder die Öffentlichkeit, die die Neuheiten der Flamenco-Szene verfolgt. Öffentlichkeit, ebenso wie Publikum, existiert folglich nicht nur im Singular, als Ausdruck für das allumfassende gesellschaftliche Publikum. Vielmehr gibt es viele Öffentlichkeiten, die sich in ihren Teilnehmern zwar überlappen, die aber in ihren präferierten Themen und in ihren Wertungen einzelner Beiträge gut unterscheidbar sind. Die Bildung solcher Öffentlichkeiten geschah bis ins frühe 20. Jahrhundert maßgeblich durch Printmedien, sodass es begreiflich ist, dass die so geschaffene öffentliche Meinung für die Einzige gehalten wurde. Heute haben die audiovisuellen Medien breite und gut unterscheidbare Öffentlichkeiten geschaffen.

In der soziologischen Literatur finden sich vielfältige Untersuchungen zum Phänomen der Öffentlichkeiten. Beispielsweise berichtet Keith Negus, der sich mit *music audiences* beschäftigt, von der „Identität“, die die Teilnahme an bestimmten Inhalten den Mitgliedern spezifischer Zirkel verschafft. Die Medienunternehmen versuchen zwar, solche *audiences* strategisch zu platzieren und zu beeinflussen. Aber die Studien peripherer Rand- und Subkulturen zeigen, wie unvorhersehbar sich diese Öffentlichkeiten entwickeln (Negus 1999).

Aus ökonomischer Sicht besteht ein Publikum aus der Gesamtheit der rationalen Einzelkonsumenten, die sich für den Kauf eines bestimmten Produkttyps entschieden haben und vermutlich wieder entscheiden werden. Die Beständigkeit der Entscheidungen muss erst von den Medienunternehmen erzeugt werden. Dann kann der Zugang zu dieser Öffentlichkeit an Werbeinteressenten verkauft werden (Kiefer

2001). Dennoch unterscheidet sich ein Publikum von einer Zielgruppe: Eine Publikumsöffentlichkeit konstituiert sich selbst durch gegenseitige Beobachtung gemeinsamer Präferenzen unter Verwendern, eine Zielgruppe wird dagegen durch Anbieter konstituiert, die hoffen, damit ein tatsächlich existentes Publikum zu treffen.

Die Präferenzen der Verwender können sich durch Urteile aus eigener Erfahrung ändern, oder durch die Mitteilungen anderer Mitspieler, also Mundpropaganda, oder durch die Informationsperipherie, mit der die Markteinführung eines neuen Inhalts werbend und kritisierend begleitet wird. In einem Prozess der Selbstansteckung läuft dann die Wertschätzung für bestimmte Inhalte durch die *community*, schaukelt sich auf und verschwindet, wenn neuere Inhalte sie aus dem Aufmerksamkeitsraum dieser Öffentlichkeit verdrängen (Kretschmer, Klimis et al. 1999).

### 1.4 Unendliche Wünsche und knappe Budgets

Es gibt eine weitere Eigenheit der Nachfrage nach Informationsgütern, die in gewisser Weise eine Konsequenz aus den drei Besonderheiten ist: Der Verbrauch, genauer die Verwendung von Informationsinhalten, kostet Zeit. Damit wird das Zeitbudget der Individuen zu einer entscheidenden externen Bedingung für ihre Wahl zwischen Alternativen.

Der Vorgang der mentalen Aufnahme von Information ist ein Vorgang, der Zeit verbraucht. Lesegeschwindigkeit und Geschwindigkeit im Erfassen von Bildinformation sind noch in Maßen variabel, aber die Geschwindigkeit, mit der Musik und audiovisuelle Werke aufgenommen werden, ist durch den Modus der Aufführung vorgegeben und schwankt kaum. So wird das Zeitbudget zu einer zentralen, das Kauf- und Verwendungsverhalten determinierenden Randbedingung. Typischerweise wechseln die Zeitbudgets von Individuen von Tageszeit zu Tageszeit und von Woche zu Woche sehr stark. Phasen, in denen Zeit gefüllt werden muss, wechseln mit Phasen, die nur für das Wichtigste Zeit lassen. Aber dennoch zeigen Untersuchungen, dass im Verlauf der vergangenen Jahrzehnte die durchschnittlich mit der Verwendung von Medienprodukten verbrachte Zeit fast verdoppelt wurde. Abb. 8.1 zeigt auch, dass die Zeit, die mit und im neuen Medium des Internets verbracht wird, den übrigen Medienkonsum nicht schmälert.

Solche Durchschnitte verdecken allerdings enorme Abweichungen in beide Richtungen. An einem Ende des beobachtbaren Spektrums sind Individuen mit Zeitbudgets, die so groß sind, dass sie weit über den Punkt hinausreichen, an dem die Individuen noch zusätzlichen Nutzen aus den verfügbaren Handlungsalternativen ziehen. Aus dem kostbaren Gut „Zeit haben“ ist ein Leid geworden, das möglichst kostengünstig entsorgt wird. Ökonomen sprechen von einem „Sättigungspunkt“ in den Präferenzrelationen, jenseits dessen die vorhandenen Handlungsmöglichkeiten zur Last werden. Die gegebene Zeitspanne muss gefüllt werden, damit das Mangelgefühl der Langeweile nicht entsteht. In anderen Worten: Das Problem besteht darin, überschüssige Zeit los zu werden. Viele Medienpro-

| | 1980 | 1985 | 1990 | 1995 | 2000 | 2005 |
|---|---|---|---|---|---|---|
| Gesamt | 346 | 351 | 380 | 393 | 502 | 600 |
| Fernsehen | 125 | 121 | 135 | 158 | 185 | 220 |
| Hörfunk | 135 | 154 | 170 | 162 | 206 | 221 |
| Tageszeitung | 38 | 33 | 28 | 30 | 30 | 28 |
| Zeitschriften | 11 | 10 | 11 | 11 | 10 | 12 |
| Bücher | 22 | 17 | 18 | 15 | 18 | 25 |
| CD/LPMC/MP3 | 15 | 14 | 14 | 14 | 36 | 45 |
| Video/DVD | – | 2 | 4 | 3 | 4 | 5 |
| Internet | – | – | – | – | 13 | 44 |

Basis: BRD gesamt[1], Mo-So[2], 5.00-24.00 Uhr, Pers. ab 14 J., in Min./Tag (brutto)
1) Bis 1990 nur alte Bundesländer.
2) Der Sonntag wurde erst ab 1990 in die Erhebung aufgenommen.

Abb. 8.1: Entwicklung der Mediennutzung in Deutschland in Minuten pro Tag, 1980-2005
Quelle: van Eimeren und Ridder 2005: 501

dukte bieten einen Weg, um auf angenehme Weise Zeit zum Verschwinden zu bringen. Gewöhnlich steigt ihr Preis mit der Länge der Zeit, die die Beschäftigung mit ihnen beansprucht. Das gilt für dicke Bücher, für lange Filme und für CD-Editionen. Große Zeitbudgets sind auch eine gute Voraussetzung für die unermüdliche, Zeit raubende Suche nach neuen, billigeren, möglichst kostenlosen Inhalten. Das explosionsartige Anwachsen des Marktes für SMS-Dienste bietet ein Beispiel für eine Innovation der Inhalte. Der Reiz der verkürzten Textmitteilungen wurde erst von den Verwendern entdeckt, und dann von den Anbietern als knapp und damit preisfähig erkannt.

Am anderen Ende des Spektrums sind Individuen mit Zeitbudgets für Medienverwendung, die so klein sind, dass sie mit lebenserhaltenden Funktionen wie Schlafen oder Essen konkurrieren. Das können Personen sein, die hoch bezahlt werden und außer ihrer Arbeits- und bereits minimierten Schlafzeit nur wenige Stunden zur Disposition haben. Sie wählen ihre Medieninhalte so, dass die kurzen Zeitspannen durch angemessen hochwertige Inhalte gefüllt werden. Die dafür nötige Exklusivität wird in der Regel durch knappe Originale – also Premieren in Salzburg, Drei-Sterne-Menüs oder Antiquitäten – geschaffen. Selbst bei Personen mit derart hohen Opportunitätskosten schwankt der Wert der Zeit im Tages- und Jahresverlauf – auch sie langweilen sich im Urlaub. Kleine Zeitbudgets treten aber auch bei Menschen auf, denen ein geringer Lohnsatz keine Freizeit lässt. Im 19. Jahrhundert hat die Lohnarbeit viele Formen des Brauchtums – also selbst gemachte Varianten von Mediengütern – verdrängt, weil dafür außerhalb der Fabrikarbeit keine Zeit blieb. Die Muster und Fähigkeiten blieben verloren, als dann im Verlauf des vergangenen Jahrhunderts die steigende Produktivität zur Verkürzung der Arbeitszeit führte.

Die Geldbudgets für Medienprodukte, die die Verwender ausgeben, sind im Zeitablauf deutlich konstanter als die Zeitbudgets. Sie weisen gegenüber den Budgets, die Konsumenten für andere Produktgruppen aufweisen, vor allem zwei Eigenheiten auf: (1) Jugendliche bekommen Budgetzuweisungen ihrer Eltern, und können diese Summe mangels andersartiger Verpflichtungen vollständig für Filme, CDs, Videospiele etc. ausgeben. Veränderungen in den Preisen oder im Geschmack betreffen deshalb nicht nur ein paar Prozent des Gesamteinkommens eines Akteurs, sondern schlagen zu hundert Prozent auf das Kaufverhalten durch. (2) Die Marktfähigkeit neuer Medientechnologien reduziert die Konsumausgaben für die vorhandenen Medien nicht, sondern fügt neue Medienkonsumausgaben hinzu. Die Steigerungsrate der sich addierenden Konsumausgaben ist höher als die des gesamten verfügbaren Einkommens. Das bedeutet, dass die Individuen ihre Geldmittel umschichten: Der Nutzen der technologisch und kommerziell verfügbar gemachten Medieninhalte ist größer als der von Aktivitäten, die materielle Ressourcen verbrauchen, und deshalb sind sie bereit, einen entsprechend größeren Teil ihres Budgets dafür auszugeben. Daten zur langfristigen Entwicklung der Freizeit- und speziell der Medienausgaben belegen, dass der Anteil der Mediengüter am gesamten verfügbaren Einkommen seit 1970 ständig gestiegen ist (Abb. 8.2).

| | 1970 | 1980 | 1985 | 1990 | 1995 |
|---|---|---|---|---|---|
| Percent of total personal consumption | 4.3 % | 5.3 % | 6.1 % | 7.1 % | 8.6 % |
| Total recreation expenditures | 93.8 | 189.7 | 215.8 | 291.8 | 395.5 |
| Books and maps | 12.8 | 12.5 | 13.9 | 17.6 | 19.4 |
| Magazines, newspapers, sheet music | 16.7 | 23.3 | 21.7 | 23.8 | 23.0 |
| Radio and TV receivers, records, musical instruments | 6.2 | 12.7 | 24.7 | 47.9 | 106.0 |
| Radio and television repair | 3.2 | 4.1 | 4.0 | 4.6 | 4.6 |
| Admissions to specified spectator amusements | 10.9 | 13.1 | 14.2 | 16.5 | 18.0 |
| Motion picture theaters | 5.5 | 5.1 | 4.7 | 5.6 | 5.1 |
| Legitimate theaters and opera, and entertainments of nonprofit institutions | 1.7 | 3.5 | 4.7 | 6.1 | 8.1 |
| Spectator sports | 3.7 | 4.5 | 4.8 | 4.8 | 4.8 |

Abb. 8.2: Ausgaben für Freizeit- und Medienprodukte in den USA in Mio. $ in Relation zum verfügbaren Einkommen, 1970-1995
Quelle: Vogel 2002: 20

Im Gestrüpp dieser Eigenheiten bewegt und verändert sich die Nachfrage nach Medieninhalten auf den Verwendermärkten. Die Anbieter reagieren darauf mit ihren Produktpräsentations- und -preisstrategien.

## 2. Das Angebot: neue Verträge und neue Preise

### *2.1 Zwischenstation: Der Einzelhandel*

Produkte, die in physischer Form gespeichert und im Speichermedium vom Ort der Herstellung zum Ort des Verkaufs transportiert werden, gelangen über den Einzelhandel zu den Verwendern. Damit taucht eine Wertschöpfungsstufe auf, die bislang kaum Erwähnung fand. Die Produzenten liefern an Einzelhändler und werden von Einzelhändlern bezahlt; erst die Einzelhändler verkaufen die Produkte zu einem von ihnen gesetzten Preis und mit dem Mehrwert ihrer unmittelbaren Verfügbarkeit, an die Verwender. Der Wert des Beitrags des Einzelhandels von Print-, Tonträger- und Filmmärkten lässt sich an der *Handelsspanne* ablesen: sie liegt in der Größenordnung von 25-30% des Verkaufspreises der Güter. Dafür setzen die Einzelhändler Lager- und Ausstellungsräume, Verkaufspersonal und lokale Werbung ein. Außerdem verfügen sie über eine Informationsressource, die dem standardisierten, fertig verpackten Produkt fehlt: sie haben das Wissen über die lokalen Kaufgewohnheiten. So können sie etwa bei Zeitschriften mit großer Treffsicherheit diejenigen Titel auswählen, die an ihrer Verkaufsstelle vermutlich nachgefragt werden.

Nun kann man argumentieren, dass der Beitrag des Handels in seinen Gestaltungsmöglichkeiten des Produkts dennoch relativ gering ist. Deshalb seien dann Einzelhändler lediglich Agenten der Verteilerunternehmen, die für ihre Auslieferung eine Gebühr auf den dem Hersteller gezahlten Preis aufschlagen dürfen. Dieses Argument scheint für Teile des Zeitschriften- und des Musikhandels zuzutreffen. Dort werden die Preise im Einzelhandel nach Möglichkeit starr gehalten. Ein derartiges Verhalten ist aber durchaus im Interesse der Händler. Zwar würden sie durch Preissenkungen Käufer anlocken und dadurch die Marktanteile zu eigenen Gunsten verschieben. Aber sowohl die Massen- als auch die Fachhändler sind sich über die langfristigen Ertragseinbußen durch Preiskonkurrenz im Klaren. Deshalb werden die Preisvorgaben der Hersteller nach Möglichkeit eingehalten. Die Handelsspanne bei den Fachbuchhändlern ist in Deutschland durch die gesetzliche Preisbindung sogar starr festgelegt.

Die Marktmacht zwischen Verlagen und Händlern hat sich allerdings seit den 1990er Jahren deutlich zu Gunsten der Händler verschoben, weil Handelsunternehmen mit ausgebauten Filialnetzen entstanden sind. Die Handelsketten werden von den Verlagen direkt beliefert, während die Fachhändler auf das Großhandelssortiment angewiesen sind. Durch ihr Umsatzvolumen können Handelsketten

Verlage zu Konzessionen zwingen, die in niedrigeren Einkaufspreisen und damit größeren Spannen resultieren. Nur selten und nur zeitweilig werden die niedrigeren Einkaufspreise für Preissenkungen genutzt. Der Umsatz einzelner Handelsunternehmen hat mit dem Online-Verkauf von Büchern und digitalen Trägern neue Größenordnungen und damit auch neue Größenvorteile erreicht. Dennoch ist es (noch) selten, dass sich Handelsunternehmen rückwärts integrieren, also Verteiler- oder Herstellerunternehmen aufkaufen, um ihr Sortiment an neuen Inhalten besser steuern zu können.

Die Rolle des Handels ist schlagartig geringer, wenn die Inhalte durch „Wellen" übertragen werden. Die Handelsstufe ist technisch überflüssig, denn die Verwender holen sich die Radio- und Fernsehsignale selbst aus dem Äther – nachdem sie vorher Geräte und Netze für diesen Zweck gekauft haben. Die Handelsstufe ist aber als Phase der Informationswertschöpfung keineswegs überflüssig. Ohne sie fehlt die Produktpräsentation, die zum Kauf anregt, und es fehlt der Agent, der die Zahlung entgegennimmt und anteilig auf das Herstellerkonto weiterleitet. Die Produktpräsentation kann gut ersetzt werden. Sie kommt im selben Medium als Eigenwerbung vor, beispielsweise als Programmtipp. Sie kann auch über andere Medien neue Verwendergruppen schneller und vollständiger erschließen als das Einzelhändlern gelingen könnte. Der fehlende Zahlungsagent ist das größere Problem. Folglich wird bei gesendeten Inhalten entweder auf Bezahlung durch die Verwender verzichtet, oder der Empfang unter Umgehung des geforderten Preises wird unter Strafe gestellt. Bei der Übertragung der Inhalte durch Kabel entfallen diese Schwierigkeiten, denn das Verteilerunternehmen steht in physischer Verbindung mit dem Verwender und kann so als sein eigener Zahlungsagent auftreten.

Wenn die Inhalte als „Ladungszustände" in miteinander digital vernetzten Rechnern auftreten, dann verschwindet sogar die Zurechnung der Inhalte auf einen bestimmten Sender oder ein Sendernetzwerk. Dafür haben die Anbieter wegen der Interaktivität des Mediums nun wieder die Möglichkeit, ihre Produkte oder Teile davon potentiellen Verwendern besser zu präsentieren als das Einzelhändlern je möglich war. Die Bezahlung von Inhalten ist noch schwierig, vor allem, wenn kurze Takteinheiten verkauft werden sollen. Aber im Prinzip kennt der Verkäufer alle seine Käufer, denn die Nutzer können Anonymität nur mit technischem Aufwand herstellen. Geeignete Bezahlformen, gekoppelt an die Telekommunikationsgrunddienste, dürften sich deshalb in den nächsten Jahren verbreiten.

### *2.2 Preissetzung in Verwendermärkten*

Gemäß den Größenverteilungsregeln in Netzwerken erzielen in jedem Medienmarkt nicht mehr als 5 international operierende Unternehmen über 70% des Umsatzes. In Kap. 3 wurde diese Vermutung empirisch bestätigt. Marktmacht stellt sich diesen Unternehmen bestenfalls in Gestalt der eben erwähnten Handelsnetzorganisationen entgegen. Die Endkunden, also die Verwender, sind dagegen kaum organisiert. Auch wenn die Nachfrage in Wellen und Schwärmen bei den Verteilern ankommt, so gehorcht sie doch keinem erkennbaren Akteur, der dadurch in die Lage versetzt würde, mit Nicht-Kooperation zu drohen. Insgesamt sind also die Bedingungen für eine gemeinsame Preissetzung durch die *majors* der jeweiligen Medienbranchen günstig. Die wenigen Akteure können ihr Handeln gegenseitig so gut koordinieren und kontrollieren, dass kaum Anreize bestehen, den vereinbarten oder implizit gefundenen Preis zu unterbieten, um dadurch kurzfristig Marktanteile zu gewinnen. Tatsächlich sind nicht nur die Preisstrategien in den einzelnen Branchen stabil, sondern auch die Preisniveaus für einzelne Produkttypen können über Jahre hinweg konstant gehalten werden.

Kommen wir nun zu den konkreten Preisen, die von den Medienunternehmen – möglicherweise vermittelt über den Handel – gesetzt werden. Der traditionellen Preistheorie zufolge können die Preise langfristig nicht unter die Grenzkosten der Inhalteproduktion sinken, also die Kosten, die die jeweils letzte produzierte Einheit verursacht. Idealerweise wird der Wettbewerbsdruck die Preise auf diesem Niveau halten. Aber unter den Bedingungen der Medienmärkte besagt diese Regel wenig. Wegen der ständig sinkenden Grenzkosten können niedrigere Preise zu Absätzen mit höheren Gewinnen führen. Außerdem gehören zu den Kosten der erfolgreichen Produkte auch die Investitionen in erfolglose Produkte. Die Auswirkung einer bestimmten Preissetzung kann deshalb vom Unternehmen erst viel später festgestellt werden. Tatsächlich beobachten wir in allen Medienbranchen, dass Gewinne und Verluste stark schwanken. Die Preise lassen sich also nicht in Höhen schrauben, die das Insolvenzrisiko von vorne herein ausschließen. Dort, wo die Preise hoch genug sind für Gewinne, sorgt der Wettbewerbsdruck dafür, dass der Aufwand für neue Angebote erhöht wird, soweit es die Finanzierungskraft der Unternehmen zulässt.

Die Absatzbedingungen der Medienwirtschaft haben zu drei sehr unterschiedlichen Geschäftsmodellen mit entsprechend unterschiedlichen Preissetzungsstrategien geführt. Bei der ersten wird der Preis für die Verwender auf Null gesetzt. Bei der zweiten wird ein Preisvektor in verschiedenen zeitlichen und inhaltlichen Dimensionen definiert. Bei der dritten wird ein Preis für ein Bündel an Leistungen gesetzt. Wir werden uns mit einer jeden der drei Strategien im Folgenden näher befassen.

### a. Der Preis ist Null

Wenn die Einnahmen durch Werbekopplungen über den Kosten des Programminhalts liegen, dann ist es für das Unternehmen sinnvoll, den Preis für das Programm auf Null zu senken. Das Programm wird nicht knapp gehalten, sondern es soll die größtmögliche Öffentlichkeit erreichen. Die Preise für die Werbekunden werden nach der Menge der erreichten Kontakte gestaffelt. Auch wenn der Geldpreis auf Null gesenkt ist, besteht der Beitrag der Verwender immer noch darin, ihr Zeitbudget zur Verfügung zu stellen. Dabei wird erwartet, dass sie ihre Aufmerksamkeit auch den Werbebotschaften schenken.

Die Nullpreisstrategie ist eine der beiden Grundstrategien für Radio- und TV-Programme geworden. Neue Techniken zum Ausblenden von Werbebotschaften werden allerdings voraussichtlich die Höhe der erreichbaren Werbepreise senken. Daraus wird eine Verringerung des Angebots der kostenlos empfangbaren Sender resultieren.

Mit dem Vordringen des Internets ist eine weitere Variante der Verbreitung kostenloser Inhalte relevant geworden. Ein steigender Anteil der empfangenen Inhalte wird von privaten Teilnehmern einer der vielen Internet-Öffentlichkeiten hergestellt, Vertrieb und Vervielfältigung besorgen die Verwender mittels ihrer Rechnerleistung selbst. In solchen *Peer-to-peer*-Netzwerken bezahlen die Teilnehmer mit der Zeit ihrer Aufmerksamkeit, mit den Kosten des Gebrauchs der Leitungsnetzwerke, die ihnen die Übertragung der Inhalte ermöglichen und mit ihrer Rechnerkapazität, solange sie am *P2P*-Netzwerk angemeldet sind. Der Aufwand, der durch das Erfinden und Bereitstellen der Inhalte entsteht, wird privat finanziert, weil er von den Anbietern als Selbstzweck und damit als ein positives Gut verstanden wird. Folglich konkurrieren die kommerziellen Unternehmen, deren Anteilseigener an monetären Gewinnen interessiert sind, mit nicht-kommerziellen Anbietern, die an der weitest möglichen Verbreitung ihrer Inhalte und nicht an Zahlungen interessiert sind.

### b. Der Preis ist positiv und marktdifferenziert

Wenn in den Märkten für Informationsprodukte positive Preise zustande kommen, dann werden sie für unterschiedliche Kategorien der Nutzung entlang zeitlicher und inhaltlicher Art gesetzt. So entstehen mehrdimensionale Tableaus aus Preisvarianten.

In vielen Medien, etwa bei Zeitungen, Kabelprogrammen und Filmvorführungen, können positive Preise beim Verwender erzielt werden. Die Werbeerträge ergänzen die Endverkaufserträge, und die Produkte haben somit zwei Preise: Verkaufspreise und Werbepreise. Die beiden Preisarten bewegen sich tendenziell in die gleiche Richtung: Wenn die Nachfrage nach dem Produkt steigt, können beide Preise höher angesetzt werden. Der Verkaufspreis ist allerdings weitaus stabiler als die Werbepreise. Während die Werbepreise vierteljährlich geändert werden und in beide Richtungen schwanken können, werden die Kiosk- und Abonnementpreise nur im mehrjährigen Abstand erhöht. Das liegt an der Bedeutung des kontinuierlichen Nutzungsstroms durch die Verwender. Jeder Anlass, der die Verwender dazu bringen könnte, das Mediennetzwerk zu wechseln und zukünftige Ausgaben für Produkte anderer Anbieter zu verwenden, wird sorgfältig vermieden.

Die Werbepreise waren schon Gegenstand von Kap. 5, wir können uns bei der Darstellung der Verwendermärkte auf Verkaufspreise beschränken. Ein wichtiger Grund für das Auftreten verschiedener Preisvarianten ist die Preisdifferenzierung, die aus der Einzigartigkeit von Originalinhalten resultiert. Die optimale Strategie des Verkaufs unter Monopolbedingungen ist die vollständige Preisdifferenzierung: Jeder Verwender soll dazu gebracht werden, das Maximum seiner Zahlungsbereitschaft für eine Kopie des betreffenden Inhalts zu zahlen. In der Regel gelingt den Unternehmen nur eine vereinfachte Form der Preisdifferenzierung: Der Gesamtmarkt wird in eine Reihe von räumlichen oder zeitlichen Teilmärkten mit unterschiedlicher Zahlungsbereitschaft ihrer Käufer aufgeteilt. Das Preisdifferenzierungskriterium bei Medienprodukten liegt primär im Zeitpunkt des Zugangs zum Inhalt, oft kombiniert mit einer Veränderung der Ausstattung: Billige Taschenbuchauflagen sind erst Monate nach der teuren *Hardcover*-Version erhältlich, Premierenkinos verlangen höhere Preise als Kinos, in denen die Filme später laufen, und neue Editionen von Musiktiteln und Videospielen wandern Monate oder Jahre später in den Billigpreis-Sektor.

Im Musikmarkt ist diese Bewegung vom Hochpreis- zum Niedrigpreissektor nur noch ein bescheidener Rest der vielfältigen Preisdifferenzierungen, mit denen in den ersten Jahrzehnten der Schellack-Tonträger zwischen besonders begehrten und weniger attraktiven Aufnahmen unterschieden wurde. Jahrzehnte später, beim Übergang von der LP zur CD als Tonträger, konnte der neue Preis so hoch angesetzt werden, dass auf Jahre hinaus eine hohe Profitmarge garantiert war. Bis heute hat sich eine einheitliche, möglichst starr durchgehaltene Hochpreisstrategie für alle Tonträger durchgesetzt. Der alternative Vertrieb über Musik-Datensätze, die auf Computer geladen werden können, verschafft den Verwendern Alternativen, mit denen die Musikverteiler nicht gerechnet haben. Eine der Folgen ist das Aufweichen der Hochpreisstrategie zu Gunsten von variablen Preisabschlägen selbst bei *Premium CDs.*

Die Geschichte des Filmmarkts bietet ein anschauliches Beispiel für die Variationsvielfalt von Preisen für Medienprodukte, beeinflusst von all den Faktoren, die eben vorgestellt wurden. In den frühen Jahren, zwischen 1900 und 1920, waren die bevölkerungsstarken Teile der USA und Mitteleuropas übersät mit kleinen Vorführhäusern, deren Kunden oft täglich die nur halbstündigen Produktionen konsumierten. Zwischen 1920 und 1950 verwandelten sich die *Nickelodeons* in Kinopaläste, in denen mehrstündige Produktionen aufgeführt wurden, zum Zehnfachen des alten Eintrittspreises. In der Nachkriegszeit sanken die Eintrittspreise, gleichzeitig mit der Qualität der „Leinwände" (*screens*) oder Aufführungssäle, die den Zuschauern geboten wurden. Mit der Vervielfältigung von Filmen in Form von Wiederaufführungsrechten, Kassetten- und DVD-Kopien entstanden weitere Preise, die ins Preisgefüge für Fernsehprogramminhalte, für Kauf- und für Leihkopien passen mussten.

Bislang war immer noch von Preisen die Rede, die sich entweder auf ein Objekt oder auf den einmaligen Zugang zu einer Aufführung beziehen. Bei periodischen Medien müssen aber die Preise abbilden, dass die Verwendung kontinuierlich stattfindet. Diese zeitliche Dimension der Preisdifferenzierung ist so vielfältig, dass ihr ein eigener Abschnitt gewidmet wird.

### c. Preise pro Zeiteinheit

Nachdem Information eigentlich immer als Fluss auftritt, ist es nicht überraschend, dass die Preissetzung eine Form finden muss, die nicht für den Kauf einer isolierten

Ware, sondern für den eines dauernden Stroms an Inhalten gilt. Die dafür gängige Form ist der Abonnementpreis. Je nach Trägermedium wird der Inhalt entweder in regelmäßigen Abständen geliefert, wie bei der Tageszeitung, oder er wird zugänglich gemacht, wie beim monatlichen Konzert, oder der Verwender bekommt für den vereinbarten Zeitraum Zugang zur Übertragung eines ständig fließenden Programms.

Die Bedeutung der Preisgestaltung durch Abonnements ist im Printsektor besonders groß. Etwa die Hälfte der Publikumszeitschriften wird in dieser Form verkauft (Heinrich 2001). Im Radiosektor war sie in Deutschland in den 20er Jahren gängig, wurde dann aber von der Rundfunkgebühr abgelöst. In jüngster Zeit hat die Verbreitung der Kabelübertragung dazu geführt, dass ein steigender Anteil des Fernsehsegments über Abonnementpreise finanziert wird.

Abonnementzahlungen haben für Medienunternehmen große Vorteile. Sie binden die Käufer für einen längeren Zeitraum, denn in der Regel muss die Kündigung des Vertragsverhältnisses aktiv vom Käufer initiiert werden. Dadurch erhöht sich die Stabilität zukünftiger Zahlungsströme. Die Medienunternehmen sind deshalb bereit, einigen Aufwand in die Akquisition neuer Abonnementkunden zu stecken, und die Preiskonditionen je nach Länge der Bindung günstiger zu gestalten. In manchen Fällen gelingt es Verlagen, die Preise für die Abonnements der Zeitschriften auf dem Niveau der Einzelhandelspreise zu halten. Offenbar ist den Käufern dieser Zeitschriften der zusätzliche Service der Lieferung Anreiz genug.

Für die Abonnements entfallen die Leistungen von Groß- und Einzelhandel, die etwa die Hälfte der Erlöse aus dem Direktverkauf beanspruchen. Alternativ erfordern aber die Abonnements den Aufwand der dauernden, pünktlichen Lieferung an die Adresse des Käufers. Für Zeitschriften kann der, bislang in Deutschland noch subventionierte, Postdienst eingesetzt werden, für Zeitungen sind eigene Vertriebsnetze aufgebaut worden. Vertriebsnetze werden lokal und regional von mehreren Anbietern gemeinsam genutzt. Die Verlage, die die Vertriebsorganisationen betreiben, verfügen dadurch über ein wirksames Instrument zur Verhinderung von Konkurrenz. Ein markanter Fall war der Versuch der *Süddeutschen Zeitung* in 2002, einen Regionalteil für Nordrhein-Westfalen im Markt zu platzieren. Der Versuch scheiterte daran, dass die führenden regionalen Zeitungshäuser der *Süddeutschen Zeitung* die Beteiligung an ihrem Vertriebsnetz kündigten.

Bei Fernsehprogrammen, insbesondere bei Kabelkanalpaketen, findet der Wettbewerb in anderen Vergleichen statt. Zum Einen stehen die Bezahlkanäle in Konkurrenz zu den kostenlos übertragenen Programmkanälen. Aber darüber hinaus müssen verschiedene Abonnementpreise für die Inhalte eines „Grundpakets“ und für unterschiedlich konfigurierte Zusatzpakete gesetzt werden. Beispielsweise zieht ein niedrigerer Grundpreis mehr Kunden zu einem der Anbieter, zwingt ihn aber, die Zusatzleistungen teurer anzubieten. Allein aus dieser Relation folgt, dass Faktoren wie die Preiselastizität der Nachfrage, also die Reaktion der Käufer auf veränderte Preise, das Ergebnis solcher Abschätzungen bestimmen. Das Beispiel von *Premiere*, dem einzigen deutschen *Pay-TV*-Sender, zeigt ein derartiges Preistableau (Abb. 8.3).

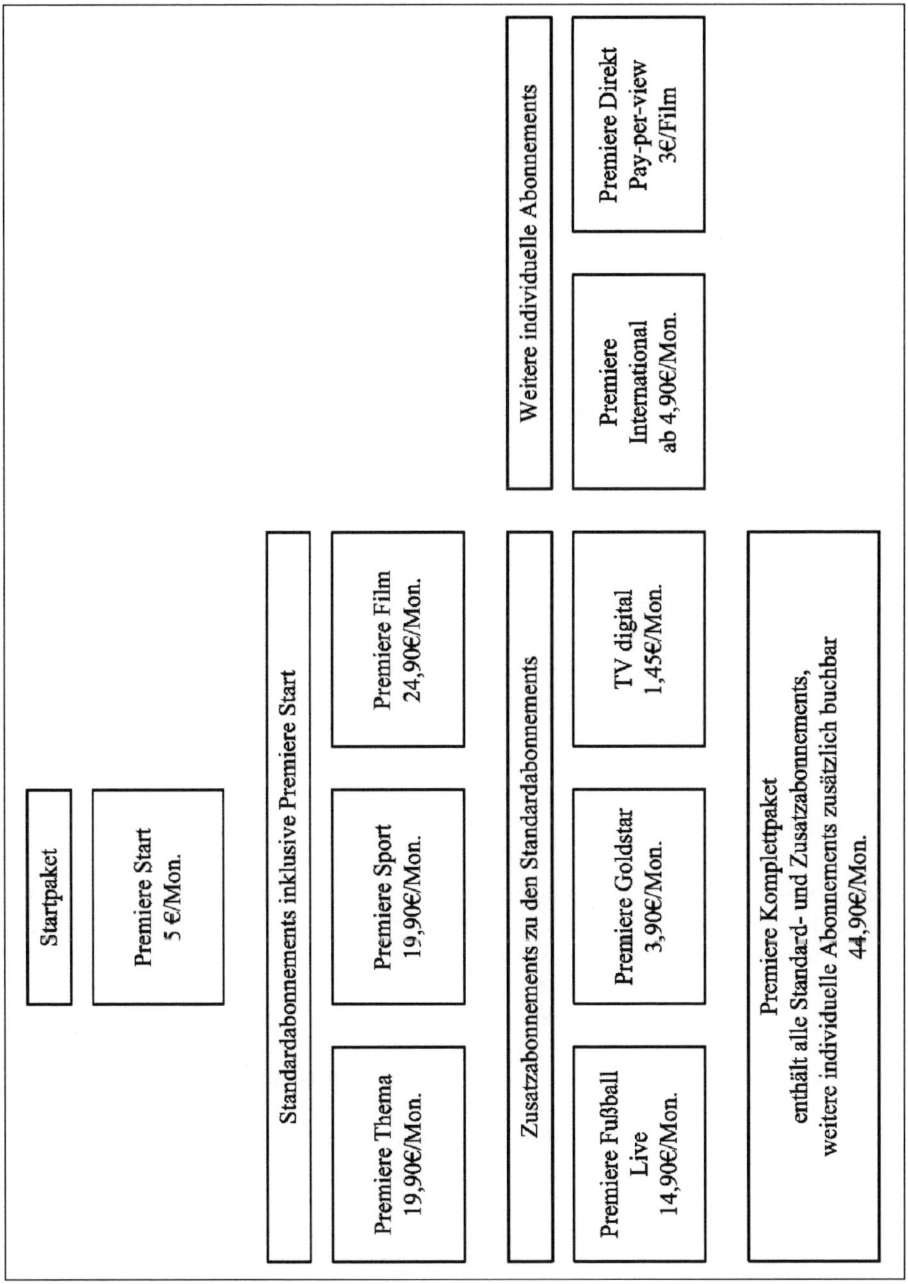


Abb. 8.3: Abonnementpreise für *Premiere*-Pakete
Quelle: Eigene Darstellung nach *Premiere*-Website 2006

Der Kampf um die Käufer ist deshalb besonders intensiv, weil das Volumen des gesamten Zahlungsstroms, den ein einmal gewonnener Abonnent erzeugt, dadurch gewonnen oder verloren wird. Neben einmaligen Vergünstigungen, die den Interessenten zum Vertragsabschluss ermuntern sollen, sind billigere Abonnementpreise ein entscheidendes Argument.

Eine besondere Variante des Abonnementpreises ist die Gebühr, die in vielen europäischen Ländern für den Betrieb von Rundfunk- und Fernsehempfangsgeräten gefordert wird. Die Preise werden bei dieser Konstruktion von einem damit beauftragten Gremium festgesetzt. Sie werden mit notwendigen Aufwendungen der öffentlich-rechtlichen Sendeanstalten begründet. Sie sind keinerlei Wettbewerb ausgesetzt, weil der Betrieb der Empfangsgeräte eine Grundvoraussetzung für den Empfang aller Sendeinhalte ist. Die fehlende Bindung an den Wettbewerb spiegelt sich in den unterschiedlichen Niveaus der geforderten Gebühren: Haushalte in Deutschland zahlen jährlich 204, in Großbritannien 184, in Frankreich 116 und in Italien 94 € für den Zugang zu öffentlich-rechtlichen und kostenfreien privaten Programmen. Die Programme werden allerdings auch in sehr unterschiedlicher Vielfalt und Qualität geliefert.

Auch die Service-Provider im Internet (ISPs) bieten ein Grundpaket, das die reine Netzwerknutzung ermöglicht, und satteln darauf Abonnementpreise für zusätzliche Leistungen (Abb. 8.4). Bei der Datenübertragung im Internet hat inzwischen der *upstream traffic* Bandbreiten und Volumina erreicht, die noch vor wenigen Jahrzehnten kommerziellen Unternehmen vorbehalten waren. Entsprechend hart ist der Wettbewerb zwischen den Versorgern, die solche Übertragungsleistungen zur Verfügung stellen.

## 3. Resümee

Die Untersuchung der Verwendermärkte bleibt in ihren Ergebnissen unbestimmter als die der Beschaffungs- oder der Verteilermärkte. In jenen Märkten sitzen auf beiden Seiten des Verhandlungstisches relativ wenige Akteure, in den Verwendermärkten agieren Millionen auf der Nachfragerseite. In den anderen Märkten waren die Zielsetzungen auf beiden Marktseiten relativ präzise durch Gewinnmaximierung beschreibbar, in den Verwendermärkten kommt die gesamte Palette menschlicher Bedürfnisse und Ambitionen ins Spiel. Die Verwender sind nicht die Akteure eines beliebigen Teilmarkts, sondern sie bestimmen die Dynamik aller davor liegenden Märkte. Von ihren Kaufentscheidungen hängen die Ertragskalkulationen aller anderen Akteure in der Medienwirtschaft ab.

Entsprechend agieren die Hersteller und die Verteiler bei ihrem Versuch, in einer Welt turbulenter Geschmacksveränderungen die attraktivsten Neuheiten zu finden und den besten Preisvektor dafür zu setzen. Mit den ausgewählten Inhalten und Programmen und den dafür eingeführten Preistableaus platzieren die Unternehmen eine Art Wette, deren Ergebnis sie oft erst Jahre später kennen.

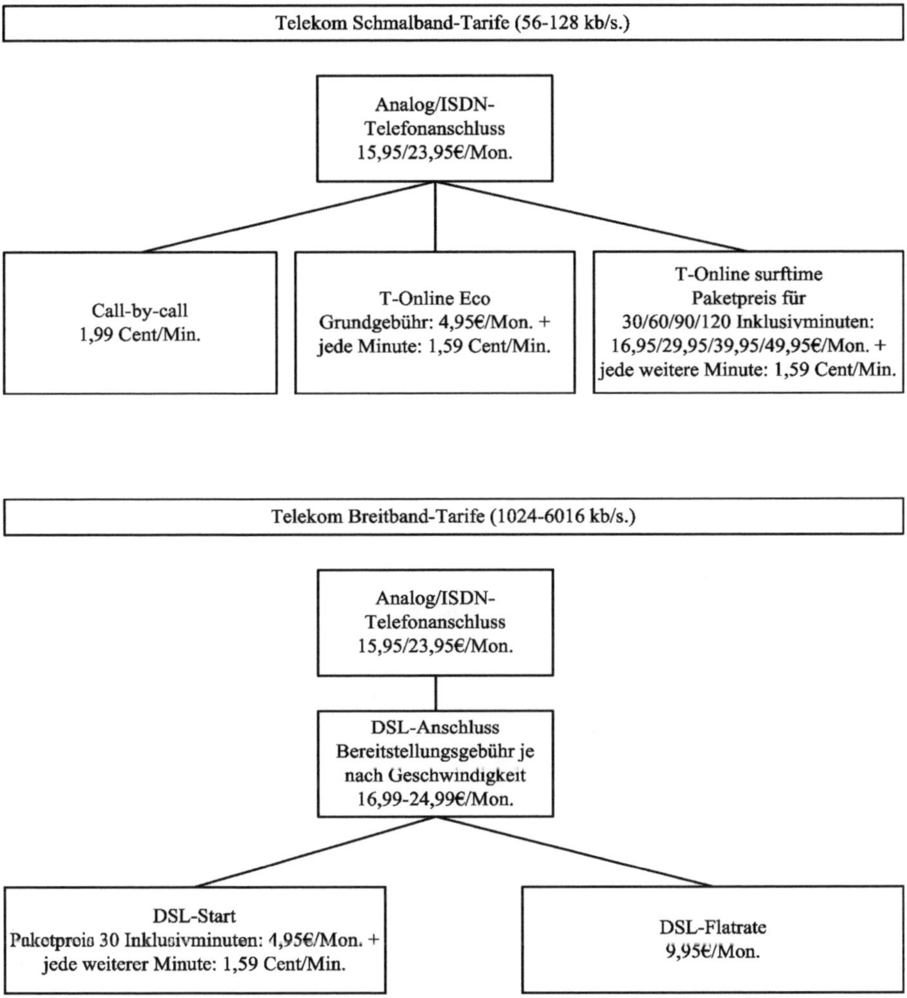


Abb. 8.4: Preismodelle für verschiedene Internetzugänge der *Deutschen Telekom*
Quelle: Eigene Darstellung nach *Deutsche Telekom*-Website 2006

## Literatur

Heinrich, J. (2001). *Medienökonomie, Bd.1: Mediensystem, Zeitung, Zeitschrift, Anzeigenblatt*. Opladen, Westdeutscher Verlag.

Hutter, M. und R. Shusterman (2006). Value and the Valuation of Art in Economic and Aesthetic Theory. *Handbook on the Economics of Art and Culture*. V. Ginsburgh und D. Throsby. Amsterdam, North-Holland: Kap. 6.

Kiefer, M.-L. (2001). *Medienökonomik. Einführung in eine ökonomische Theorie der Medien*. München, Oldenbourg.

Kretschmer, M., M. Klimis, et al. (1999). „Increasing Returns and Social Contagion in Cultural Industries." *British Journal of Management* 10(Supplement): 61-72.

Negus, K. (1999). *Music Genres and Corporate Cultures*. London, Routledge.

Scitovsky, T. (1985). *Psychologie des Wohlstands. Die Bedürfnisse der Menschen und der Bedarf der Verbraucher*. Frankfurt, Campus.

van Eimeren, B. und B. Ridder (2005). „Trends in der Nutzung und Bewertung der Medien 1970 bis 2005." *Media Perspektiven*(10): 490-504.

Vogel, H. (2002). *Entertainment Industry Economics: A Guide for Financial Analysis*. New York, Cambridge University Press.

# UMWELTEN

# 9. Wettbewerb in Qualitätsarenen

## Einleitung

Wenn die Zeitungen gelesen, die CDs angehört, die Filme angesehen und die virtuellen Drachen erschlagen sind, dann verschwinden sie nicht aus dem Kreislauf der Ressourcen. Sie werden erwähnt, zitiert und besprochen – und bleiben dabei Information. Vor allem aber bilden sie die Voraussetzung für weitere Informationsinhalte. Die Zeitung von morgen bezieht sich auf die Zeitung von gestern, die Hits von heute verwenden die Erfindungen des vergangenen Jahres, und die Spielesoftware wird durch eine erweiterte Version ersetzt. Solche Folgekommunikationen finden nicht irgendwo statt. Wäre das der Fall, dann müssten wir tatsächlich annehmen, dass Neuheiten entweder völlig zufällig auftauchen, oder im unergründlichen Genie einiger Individuen entstehen, die daraufhin als Urheber identifizierbar sind. Tatsächlich finden wir historisch gewachsene institutionelle Formen von Öffentlichkeit, in denen ständiger *Wettbewerb* um die bessere *Wertung* der Inhalte, die zur Selektion vorgeschlagen werden, herrscht.

Bis zur Verbreitung von Büchern war die physische Anwesenheit des Publikums bei solchen Wettbewerben eine notwendige Voraussetzung. Mit dem Medium des Buches, vor allem aber mit dem Medium der Zeitung, gelang es, *Arenen* zu konstituieren, die nur mehr das Lesen der Werke voraussetzen. In den audiovisuellen Medien haben sich neben den Arenen für Musik-, Tanz- und Opernaufführungen neue, über Radio und Fernsehen verknüpfte Arenen für Musikeinspielungen und Filmproduktionen gebildet. Diese virtuellen Arenen sind heute die vorherrschende Form von Öffentlichkeit. Sie werden nur noch ergänzt durch physische Arenen, in denen sich die Zuschauer von der biologischen Existenz der Akteure und der Authentizität der Leistung überzeugen können. Seit der Aufführung im Internet hat die Arenenbildung eine neue Dimension gewonnen. Jetzt können die Zuschauer sowohl in Echtzeit wie auch zeitversetzt auf Inhalte reagieren, ohne bei deren Aufführung physisch anwesend zu sein.

In diesen Arenen treffen die späteren Urheber von *skills & scripts* auf Verwender, die ihre Bewertungen zur *Qualität* von Inhalten, seien sie hörbar, sichtbar oder lesbar, abgeben. Genau genommen sind die Urheber frühere Verwender, die erst zu Urhebern wurden, indem sie auf den ehemaligen Neuheiten früherer Urheber aufbauten.

Die Arenen, in denen Verwender und Urheber aufeinander treffen, bilden also im Entstehungsprozess von Inhalten eine weitere Schnittstelle, an der Wertung stattfindet. Die Arenen haben einige Ähnlichkeiten mit Märkten, deren Ablauf durch monetäre Wertungen koordiniert wird. Wir werden auf diese Ähnlichkeiten im Abschnitt 3 zurückkommen. Aber grundsätzlich ist die Wertung von Qualität nicht über monetäre Wertung organisiert. Die sechste Schnittstelle ist kein weiteres

Glied in einer linear verlaufenden Wertschöpfungskette, denn in den Arenen taucht eine Gruppe von Akteuren, die Urheber, zum zweiten Mal auf. Während sie beim ersten Mal, in den *skills & scripts*-Märkten, auf der Anbieterseite der Schnittstelle waren, sind sie beim zweiten Mal, in den Qualitätsarenen, diejenigen, die die Wertung des Publikums nachfragen. Die Zuordnung der Akteure scheint zirkulär, wäre da nicht die Dimension der Zeit: In den Arenen treffen die Verwender der gegenwärtigen Periode auf die Urheber der Folgeperiode.

Die Kopplung des Endes der Wertschöpfungskette mit ihrem Anfang in der Folgeperiode wird durch eine weitere räumliche Dimension repräsentiert. So entsteht das Bild der Neuheitsspirale, das in Abb. 3.1 verwendet wurde.

Im Folgenden wird erst der Ablauf des Wertungsprozesses in Qualitätsarenen untersucht, dann die Versuche der Medienunternehmen, sich an den Wertungsprozessen zu beteiligen. Schließlich wird das Konzept der Arena eingesetzt, um eine neue Perspektive auf Wertungsprozesse in Märkten zu gewinnen.

## 1. Qualitätsarenen der Medienwirtschaft

### *1.1 Struktur und Prozess der Arenen*

#### a. Spiele und Publikum

Qualitätsarenen bekommen ihren Namen von Spielarenen, die seit der Antike gebaut worden sind: rund um das Spielfeld, in der Regel geformt als sandbedeckter Kreis oder als Rechteck, befindet sich eine weitere abgeschlossene Form, häufig als Kreis oder Oval gestaltet, in der sich die Zuschauer aufhalten. Der konkrete Ort heißt dann Colosseum, später *Hollywood Bowl* oder *Allianz-Arena*. Die Struktur aus Wettbewerbsfeld und umgebendem Publikumsfeld bleibt immer die Gleiche. Sie bleibt auch dann gleich, wenn die Wertungsprozesse keinen physischen Ort haben, sondern in einer virtuellen Öffentlichkeit ablaufen.

Die technische Möglichkeit, nicht nur Kopien von Texten, sondern auch Kopien von Aufführungen zu verbreiten, die auf Bühnen oder in Studios stattgefunden haben, hat die Dichte und Ausdehnung von Öffentlichkeiten gewaltig wachsen lassen. Gerade wenn der Kreis der gesamten Öffentlichkeit sehr groß ist, muss eine Arena mit Publikum geschaffen werden, in der der eigentliche Wettbewerb stattfindet. Tatsächliche, einmalige Events wie Konzerte oder Erstausstrahlungen spielen dabei eine untergeordnete Rolle. Die Arenen sind vielschichtiger, sie setzen sich aus einer Serie von Events zusammen, an denen die wichtigsten Akteure auf Seiten der Urheber, Experten und Produzenten teilnehmen, gefolgt von Meldungen in den Printmedien, die überhaupt erst bei ihren Lesern das Bild des Wettbewerbs der Urheber und der Inhalte um Ränge in Hitparaden oder um Vergleichbarkeit mit klassischen Referenzwerken entstehen lassen. Obwohl in virtuellen Arenen die klare Grenze fehlt, so wird doch meistens ziemlich genau zwischen Teilnehmern am aktiven Publikum und Teilnehmern einer breiteren Öffentlichkeit unterschieden.

b. Merkmale des Wertens

Der Prozess des Wertens in einer Qualitätsarena weist drei konstituierende Merkmale auf:

1. In der Aufführung findet ein Wettkampf oder Wettbewerb statt. Der Wettkampf wird nicht durch eine Regel für Sieg oder Niederlage entschieden, sondern durch eine Wertung des Publikums. Die Reaktionen der Zuschauer entscheiden, welcher Inhalt im Wettbewerb vergleichbarer Aufführungsinhalte „gewinnt". Sie erreichen solche Entscheidungen durch spezifische kommunikative Interaktion, bei der sie ein Werturteil über das Werk ausdrücken. Die gegenseitige Notwendigkeit von Wettbewerbern und Publikum ist dabei entscheidend. Um genau zu sein: Eine Arena wird durch die interne Unterscheidung zwischen Zuschauern und Aufführenden überhaupt erst konstituiert.

2. Durch eine Abfolge von Aufführungen wird eine Rangfolge in der Qualität, oder in verschiedenen Qualitäten, der konkurrierenden Inhalte ermittelt. Bei Wettbewerben stehen Aufführungen miteinander in Konkurrenz, die zu unterschiedlichen Zeitpunkten stattgefunden haben, die aber vom Publikum durch seine Wertungsäußerungen verglichen und dadurch in eine temporär akzeptierte Rangfolge gebracht werden.

3. Im Verlauf einer Aufführung bleibt die Grenze zwischen Zuschauern und Aufführenden gewahrt, über die hinweg die Wertungsinformationen der zuschauenden Verwender die aufführenden Urheber erreichen. Im Verlauf einer Folge von Aufführungen können aber die Zuschauer auf die Seite der Aufführenden wechseln, und Aufführende kehren auf die Seite der Zuschauer zurück.

In derartigen Wertungsarenen werden die notwendigen Voraussetzungen für gesellschaftliche Entwicklung geschaffen. In stationären Gesellschaften war die Kontingenz zukünftiger Ereignisse allein durch die Naturgewalten und durch feindliche Aggression gegeben. Durch Wettbewerbe zwischen Aufführungen, deren Inhalte keinen anderen Zweck als den der Unterhaltung und Betrachtung haben, wird ein neuer, größerer Horizont der Zukunftsgestaltung aufgespannt. Der Horizont ist nicht mehr draußen, bestimmt durch äußere Kräfte, sondern innerhalb der Gesellschaft, bestimmt durch die Fähigkeit, derartige Wettkämpfe zu inszenieren und zu werten (Huizinga 1987).

### *1.2 Eigenqualitäten und ihre Identifikation*

Die Entscheidung darüber, wer Sieger wird, folgt bei Sportereignissen vorgegebenen, objektiv messbaren Regeln. Bei Ereignissen, in denen Inhalte aufgeführt werden, fehlt diese Eindeutigkeit. Dennoch ist die Eigenart oder *Qualität* der Wertungen über das Publikum verschiedener Aufführungen hinweg stabil genug, um Rangfolgen zu erstellen. Wir werden im Folgenden diese Wertung, die offenbar anderen Gesetzmäßigkeiten folgt als die Wertung über Geldzahlungen, genauer untersuchen.

Wertung beruht auf Vergleich. Zwei Ereignisse oder Werke werden miteinander verglichen und dann hierarchisch geordnet. Das eine Ereignis oder Werk ist in irgendeinem Sinn „besser" als das Andere, ist ihm also übergeordnet. Was sind nun die Qualitäten, die den Unterschied zwischen zwei Werken ausmachen?

Die Qualitäten eines Werks müssen im Werk selbst festgemacht werden können. So können Aufführungen anhand ihrer Inhalte, nicht anhand der äußeren Umstände, unter denen sie stattfinden, verglichen werden. Das bedeutet, dass innerhalb einer Öffentlichkeit, in der ein bestimmter Inhalt – eine Klaviersonate, oder ein Breakdance, oder ein Leitartikel – auftaucht, ein Vergleichsmaßstab entsteht, der sich allein auf Verweise zwischen Inhalten des gleichen Stils stützt. Der *Stil* fungiert dabei als *Medium*: Aus lose gekoppelten Klang-, Choreographie- oder Rhetorikelementen werden die konkreten Inhalte geformt, die dann – in einer Kommunikation über Kommunikation – miteinander verglichen und in eine Rangordnung gebracht werden. Auf diese Weise können die Wertungen anderer beobachtet werden, sie können verstanden und selbst ausgeführt werden, ohne dass es notwendig wäre, die dabei eingesetzten Maßstäbe verbindlich zu benennen.

Besonders beobachtet werden die Wertungen so genannter „Experten". Experten sind Teilnehmer am Publikum, deren Urteil besonderes Gewicht hat. Die Experten erreichen ihre Position durch zutreffende Aussagen über Ähnlichkeiten von Kriterien und Vorhersagen von Wertungsentwicklungen: sie können beispielsweise überzeugend begründen, warum der neue Roman eines jungen Autors besser ist als bestimmte bereits geschriebene Romane und deshalb Teil einer literarischen Tradition werden wird. Sie sind regelmäßig in den ersten Reihen der ersten Aufführungen der wichtigsten physischen Arenen, sodass sie mit den Aufführenden und ihren Agenten interagieren können, und sie sind in der Lage, ihre von den periodischen Medien verteilten Wertungen so zu artikulieren, dass sie auch von den Teilnehmern der interessierten Öffentlichkeit verstanden werden, die nicht bei dem Wettbewerb anwesend waren. Erwartungsgemäß bemühen sich die Experten, durch geeignete Interventionen die selbst erfüllende Kraft ihrer Vorhersagen zu unterstützen.

Die Experten einer bestimmten Kultur- oder Medienszene bewerten Qualitäten, die ein Werk in höherem Maß aufweist als ein anderes. Qualitäten werden zwar gelegentlich, wiederum von den Experten, durch benennbare Kriterien umschrieben, etwa wenn ein Kritiker den „geschmeidigen Ton" eines Symphonieorchesters lobt, aber solche Kriterien wechseln mit den Werken und sind außerdem in einer Metaphorik verfasst, die genug Raum für fallbezogene Interpretationen erlaubt. Eigentlich täuschen die Kriterien eine Definierbarkeit vor, die nicht gegeben ist: Eine Wertung muss von dem, der sie beobachtet, nachvollzogen werden. Dabei kann man sich nicht auf Merkmale verlassen, die von anderen Beobachtern geäußert wurden. Deshalb bleibt nichts anderes als vage von einer *Eigenqualität* zu sprechen, wenn von Werten, die in einer Qualitätsarena entstanden sind, die Rede ist.

Die Eigenqualitäten, die in Wertungsarenen entstehen, sind für diejenigen, die die Qualitäten in der Verwendung der Inhalte erleben, also die Teilnehmer des jeweiligen Publikums, nicht einfach eine weitere Ware oder eine Dienstleistung, die so vollständig verschwindet wie eine Massage. Die Auseinandersetzung mit den Inhalten ist identitätsstiftend. Dieser Zusammenhang gilt weit über die Medienwirtschaft hinaus. Familien, die in der Lage sind, sich über Generationen hinweg selbst zu beobachten, weisen historisch stabile Wertungen auf, die expliziter Bestandteil der familiären Erziehung werden. Erst durch den Bezug auf diese ihr eigenen Wertungen verstehen sie sich als eine Familiengemeinschaft. Ähnliches gilt für eine Wissenschaftsdisziplin oder eine Kunstszene. Immer sind es die Wertungen, die *excellence* oder Außergewöhnlichkeit erfassen, die einer Gruppe oder einem verstreuten Publikum den Eindruck und damit das Gefühl einer Einheit verschafft. In den Wertungsarenen einer Öffentlichkeit wird diese Einheit erneuert und fortgesetzt, indem Inhalte beispielhaft vorgeführt und nach den Qualitätskriterien der *community* bewertet werden. In der kulturwissenschaftlichen und der soziologischen Literatur sind solche Identitätseffekte wohl bekannt. Dort ist je nach Anwendungsbereich von *communities of practice* (Wenger 1998), *art worlds* (Peterson und White 1979; Becker 1982) und *scenes and subcultures* (Negus 1999) die Rede.

### *1.3 Die Wertung in Arenen*

Um überhaupt in den Wertungskategorien der Arena einer bestimmten physischen oder durch Medien vermittelten Öffentlichkeit aufzutauchen, muss ein Werk bestimmte Grundvoraussetzungen erfüllen, die zeitlicher, sachlicher und sozialer Art sind:

1) Die Werke sind *zeitlicher* Bestandteil einer historischen Werktradition. Die Werktradition liefert den Referenzmaßstab, mittels dessen Abweichungen registriert werden.

2) Die Werke erfüllen *sachliche* Kriterien der Exzellenz im Umgang mit (a) dem technischen Medium, etwa einer Geige oder einer Fotografie, (b) ihrem unmittelbaren sinnlichen Ausdruck, etwa im Gesang oder im Wortgebrauch, und (c) mit den spezifischen Beschränkungen des Formats, etwa dem des Trickfilms oder dem der Opernaufführung.

3) Die Werke erreichen die *soziale* Wertschätzung eines Publikums, das sich bereits eine Reputation für die Qualität des eigenen Urteils erworben hat.

Nur, wenn ein Werk alle drei Dimensionen zufrieden stellend erfüllt, hat es eine Chance, Sieger im Wettbewerb einer Wertungsarena zu werden. Erst die Kombination von Traditionsbezug, Virtuosität und Ausdruckskraft, die das Werk erzeugt, macht seine Wirkung aus.

Eindeutige Bedingungen für Sieg und Niederlage sind allerdings nur bei sportlichen Wettkämpfen gegeben. Wettbewerbe zwischen Schauspielern, Romanen, Zeitschriftentiteln oder Grafikprogrammierern ziehen sich über Jahre hin. An die Stelle der harten Unterscheidung tritt die weichere, aber dennoch real beobachtbare Unterscheidung zwischen Werken (und ihren Urhebern), die zur *A-List* und denjenigen, die zur *B-List* gehören.

Auch zur Art und Weise der Wertung in einer Arena lässt sich Genaueres sagen. In physischen Arenen zählt erst einmal der Applaus, also die unmittelbaren Beifalls- und Zustimmungsäußerungen der Anwesenden. Die Unmittelbarkeit, mit der das Publikum sein Gefühl der Anerkennung oder der Ablehnung zum Ausdruck bringt, gibt dem Applaus Glaubwürdigkeit. Die zweite Wertungsform, bei der verbal ein Urteil geäußert wird, wird von denjenigen, die es beobachten, bereits mit der Wertungsreputation der Urteilenden gewichtet. Solche Wertungen sind heute in der Regel verschriftlicht und erscheinen in Zeitungen und Zeitschriften, oder sie werden in Radio- und Fernsehkritiksendungen aufgeführt und so für die Zuhörer beobachtbar.

Virtuelle Arenen haben die Eigenart, dass sie nie öffnen oder schließen. Wertungen zu Medieninhalten werden ständig gefällt. Die Wertung dieses ständig vorhandenen Publikums wird routiniert durch Geschmacksurteile, die auf die Inhalte eines bestimmten Wettbewerbs – etwa der Filmszene, oder der Szene für Barockmusik, oder der Szene für *Manga-Comics*-Hefte – angewendet werden. Geschmack bietet stabile Routinen der Über- und Unterordnung, die sich durch wiederholte Verwendung einschleifen. Die Wiederholungen führen zu bestimmten Regeln der Aufführungspraxis (*state of the art*) und zu Routinen des Geschmacksurteils, die von Urhebern, Experten und allen übrigen Verwendern mit unterschiedlichen Graden der Virtuosität eingesetzt werden.

Auf der Basis dieser Präzisierungen sind die Merkmale der „sechsten Schnittstelle“ jetzt besser erkennbar. Die *Verwender*, geordnet nach ihrer eigenen Wertungsreputation, werten als unmittelbares Publikum, oder sie beobachten die Reaktionen des Publikums und seiner Experten von außen, als Teilnehmer einer Öffentlichkeit. Die *Urheber* führen ihre Inhalte in der Arena vor, entweder in unmittelbarer Konkurrenz, wie zwischen den Gemälden des traditionellen Pariser Kunstsalons, oder in mittelbarer Konkurrenz, wie zwischen den Konzerten von Pop-Bands, die von ihrem Publikum verglichen werden. Die Urheber brauchen die Wertung des Publikums, sonst fehlt ihnen der Vergleichsmaßstab. Das Erlebnis, etwas über die Wertung der eigenen Fähigkeiten und Werke zu erfahren, ist attraktiv genug, um immer wieder Verwender zu Urhebern werden zu lassen. In einer Gesellschaft, die dauernd neue Information zur Verarbeitung braucht, ist die Fähigkeit bestimmter Akteure, verlässlich neue Werke hoher Qualität erzeugen können, sehr geschätzt. Die Werke, die dann später auf den Beschaffungsmärkten als *scripts* oder *skills* auftauchen, sind zuvor an den Wettbewerben der Arenen erprobt und hervorgehoben worden.

## 2. Die Kopplung der Medienunternehmen an die Wertungsarenen

### *2.1 Der Betrieb der physischen Arenen*

Arenen erreichen nur dann Regelmäßigkeit und Verlässlichkeit, wenn zwischen den Urhebern und ihrem Publikum Mittler auftauchen, die die Arenen organisieren und betreiben. Eine Musikkneipe kann eine solche privat betriebene Arena sein, oder eine Kunstausstellungshalle kann von einer Stadtverwaltung betrieben werden. In manchen Fällen verstehen sich die Betreiber selbst als Teil des Publikums, in anderen halten sie ihre Dienstleistung strikt getrennt von einer qualitativen Wertung. Bei virtuellen Arenen besorgen oft Zeitungsverlage und Rundfunksender, den Betrieb.

Bei Musikinhalten ist die Organisation von physischen Veranstaltungen zu einer Branche geworden, in der jährlich weltweit Milliarden von Dollars umgesetzt werden. Noch bis vor wenigen Jahren handelte es sich selbst in Ländern mit umsatzstarken Musikmärkten um eine mittelständisch strukturierte Branche mit vielen lokal betriebenen Einzelunternehmen. Inzwischen schlagen auch hier die Marktmacht der Gewinner und die Größenvorteile der Vervielfältigung durch.

Marktführer für *live entertainment* ist das Unternehmen *Live Nation*, das in 2005 aus dem Konzern *Clear Channel* als eigenständige Aktiengesellschaft ausgegliedert wurde. Zum Zeitpunkt des Börsengangs betrieb *Live Nation* 135 eigene Veranstaltungsorte in den USA und in Europa, und mit knapp 30 Mio. verkauften Eintrittskarten wurde ein Umsatz von 2.9 Mrd. $ erreicht. Das unternehmenseigenen Arenennetzwerk ist so umfassend, dass die Welttourneen der *top acts* in eigener Regie durchgeführt werden können. Die Konzerteinnahmen können direkt zwischen dem Betreiberunternehmen und den marktmächtigen Musikern auftgeteilt werden, lokale Veranstalter erhalten lediglich Entgelte für vereinbarte Dienstleistungen. Auch in dieser Branche ist also die asymmetrische Verteilung der Unternehmensgrößen bereits erkennbar.

### *2.2 Strategien der verdeckten Intervention*

Im Qualitätswettbewerb einer Arena entstehen neue Werke oder zumindest Bestandteile von neuen Werken, die kopiert und vervielfältigt werden können. Für die Medienunternehmen stellt sich die Frage, mit welcher Ressourcenstrategie sie sich die gewinnträchtigsten Einfälle und Talente sichern. Eine einfache Strategie ist die „Ernte". Beispielsweise ging die Musikindustrie lange Zeit so vor, dass Sänger und Musiker mit Reputation in einer Live-Szene, sei es Jazz oder HipHop, ausfindig gemacht, ihre Werke mit allen Rechten gekauft und dann die Kopien an die gleiche Fangemeinde, die in der Periode davor die erwähnte Reputation geschaffen hat, weiter verkauft wurden. Aber selbst diese Strategie der Nicht-Intervention hat nicht verhindert, dass die Produzenten und ihre *talent scouts* besondere Teilnehmer im Publikum waren und sind. Die potentielle kommerzielle Nutzung wirkt zurück auf die Qualität der Aufführung in den Arenen der Musik oder des Autorenfilms.

Es ist nur konsequent, dass sich die Hersteller- und Verteilerunternehmen, deren Gewinne durch das Volumen der verkauften Kopien entstehen, darüber hinaus auch um das Funktionieren der Arenen kümmern. Sie fördern Konzerte, sie machen Szenereportern Formulierungsvorschläge für ihre Berichterstattung, sie setzen Preise für Wettbewerbe aus und wirken in den Jurys mit, sie fördern die Ausbildung junger Talente. Dennoch ist es ein entscheidendes Kriterium für den Erfolg einer Qualitätsarena, dass die Autonomie des Wertungsprozesses, in dem die internen Qualitätsurteile ausgedrückt werden, gewahrt bleibt. Ist das nicht der Fall, dann geht das Moment der Überraschung verloren. Form- und Stilexperimente werden erst dominiert von kommerzieller Zielsetzung und finden bald nicht mehr statt. Deshalb müssen etwa Sportunternehmen bei aller Professionalität im Management strikt darauf achten, dass auf sie nicht der Verdacht fällt, Wettbewerber oder Gegner gekauft zu haben. Ähnliches gilt für die Beiträge zu Tageszeitungen, die ihre redaktionellen Beiträge vor dem Verdacht der Gefälligkeit schützen müssen. Selbst in der kommerziell abgebrühten Szene der Hitparaden-Musik führte 1990 die Nachricht, dass die Gesangsgruppe *Milli Vanilli* ihre Tracks nicht selbst gesungen hatte, zum Karriereabsturz der Interpreten.

Medienunternehmen müssen sich also einerseits mit journalistisch unabhängigen Redaktionen, mit *Final-cut*-Privilegien oder mit anderen Ausprägungen des Qualitätswettbewerbs auseinandersetzen, andererseits müssen sie im Wettbewerb der Wirtschaftsunternehmen überleben. Ihr Geschäftsmodell verbindet die kulturell sensible Selektion von Originalinhalten mit der technischen Herstellung massenhafter Kopien und deren Verkauf. Gleichzeitig muss signalisiert werden, dass die Neuigkeiten weder an Dritte verkauft, noch politisch erzwungen noch durch sonstige Interessen manipuliert sind. Das gelingt durch den Bezug auf einen inneren Qualitätscode der journalistischen, musikalischen, filmerischen oder mit einem anderen Medium verbundenen Arena. Das ist der Grund für den Einsatz von Selbstkontrollgremien, die zumindest prinzipiell ihre Entscheidung gegen die Gewinninteressen der Unternehmen richten können, in denen ihre Mitglieder angestellt sind.

Noch eine weitere Schwierigkeit müssen die Medienunternehmen meistern. Die Vermarktung von Informationsinhalten ist nur dann erfolgreich, wenn es gelingt, einen Teil der Information, die ständig erzeugt wird, aus dem Zustand der Öffentlichkeit heraus und in einen zumindest teilweisen Zustand der Privatheit hinein zu befördern. Erst die Beschränkung des Zugangs potentieller Verwender ermöglicht es, für die selbst hergestellten Kopien bezahlt zu werden. Gleichzeitig müssen aber Urheber in nicht kontrollierbaren Öffentlichkeiten auftreten können. Die Oszillation zwischen der Öffentlichkeit der Arenen und der Privatheit der Märkte muss also erhalten werden, damit Urheber über längere Zeit neue Inhalte schaffen.

### *2.3 Das Beispiel der Country-music-Arena*

Die Ausführungen in den beiden vorhergehenden Abschnitten waren sehr breit und allgemein gehalten, weil es darum ging, ein Phänomen zu beschreiben, das ebenso umfassend ist wie die Wertung von Produkten auf Märkten. Die folgende Fallstudie illustriert, wie sich Arenen tatsächlich bilden, und wie sie mit der Wertschöpfungskette in der Medienwirtschaft verknüpft werden (Negus 1999).

*Country music* war noch 1925 ein Stil, der vor kleinem lokalem Publikum aufgeführt wurde. Die Studios für Plattenaufnahmen, die eine Alternative zum Auftritt vor Publikum schufen, waren in den wenig industrialisierten Regionen des nordamerikanischen Südens und Westens selten. In den 1950er Jahren entdeckten Rundfunksender, deren Programme durch Werbebotschaften finanziert wurden, *country music* als erfolgreichen Inhalt. Musikgruppen, die bislang in den Arenen von Stadien und Aufführungshallen gespielt hatten, begannen, ihren Stil auf die Bedingungen der Live-Aufnahme für ein Sendernetzwerk auszurichten. Zum Zentrum des Musikstils wurde eine *Radio Variety Show*, die *Grand Old Opry*, die seit 1927 in einem Live-Studio in Nashville, Tennessee täglich aufgeführt wird. Damit hatte die *Country music*-Öffentlichkeit eine Arena gefunden, in der ihre *A-List*-Urheber auftreten konnten. Dort fand der Wettbewerb zwischen den *Performern* und *Bands* statt. In der *Opry* wurde entschieden, wer zu *Voices of Country* (männlich und weiblich), dem Referenzmaßstab für alle anderen Werke und Urheber, auserwählt wurde.

Nach der Einführung der Vinylplatten verlagerte sich der Schwerpunkt der Produktion auch in diesem Genre in die Studios für Plattenaufnahmen. Dem größeren Publikum entsprechen inzwischen neue Live-Arenen. Sie werden arrangiert als Auftrittsserien oder Festivals, mit jeweils zehntausenden Teilnehmern. Während dieser Auftritte sind die Stars *accessible*, d.h. sie mischen sich unter die anwesenden Fans, beantworten Fragen und geben Autogramme. Damit wird ihre Authentizität, ihre Verbundenheit mit der Lebenswelt der *Country*-Öffentlichkeit, von der sie singen, glaubwürdiger. Die Verwender, die zum Publikum der Arenen gehören, werden in der *Country-music*-Szene auch begrifflich als *hard core* bezeichnet und damit vom Rest der interessierten Öffentlichkeit unterschieden. Die Fans fühlen sich als Teil einer überschaubaren Gemeinde, zu deren Entwicklung sie beitragen, auch wenn die Produkte, die sie dabei verwenden, kommerziell bereitgestellt werden. *Hard core style* verwendet einen Südstaatenakzent, nasale Stimmführung und andere Erkennungszeichen für regionale Identität, bis hin zu Leder und Jeansstoff als erwarteten Bekleidungsmaterialien.

Die Peripherie der Szene wird als *soft shell* bezeichnet. *Soft shell fans* gehören zu einer diffuseren Öffentlichkeit, in der Teilnehmer zwischen Stilen wandern, auf diese Weise aber auch geografische Migrationen von Gesangsstilen, unübliche Instrumentierungen und andere Überraschungen ermöglichen. Diese Verwender operieren nicht nur in der peripheren Schale einzelner *Country-music*-Stile, wie *Bluegrass*, *Religious* oder *Rock*, sie kaufen auch Produkte aus der Pop-Musik. Sie gehören also zu einer größeren, global aktiven Öffentlichkeit rund um Musikaufnahmen. *Soft-shell*-Produkte verwenden Standardenglisch, ausgebildete Stimmführung, Orchesterbegleitung und Aufführende in Gesellschaftsgarderobe.

Das Beispiel zeigt, dass auch dort, wo intensiver marktmäßiger Wettbewerb zwischen industriell hergestellten und vertriebenen Informationsprodukten stattfindet, das Geschehen in voneinander weit entfernten Öffentlichkeiten und ihren Arenen unverzichtbar ist. Dort entstehen die Variationen in den Stilformen, die in der Folgeperiode zu neuen Produkten werden.

## 3. Sind Märkte auch Wertungsarenen?

Wertungen tauchen in allen Bereichen der Gesellschaft auf. Die Gesellschaft ist voll von Öffentlichkeiten, in denen wirtschaftliche, politische, rechtliche oder wissenschaftliche Leistungen gewertet werden. In all diesen Öffentlichkeiten operieren Arenen. Können dann auch Marktplätze als Wertungsarenen interpretiert werden? Anders gefragt: Worin liegt der Unterschied zwischen einer Qualitätsarena für *Country-Music*-Aufführungen und dem Produktmarkt für *Country-music*-CDs?

Der Unterschied liegt in den grundlegend verschiedenen Funktionen des gesellschaftlichen Überlebens, die die beiden Arenen erfüllen. In den Qualitätsarenen geht es um *Ausdrucksformen*. Alte Inhalte werden wiederholt, neue werden ausprobiert. Im Publikum wird darüber kommuniziert, welche Formen verstanden werden, welche mit Bedeutung aufgeladen werden können und welche nicht mehr als angemessener Ausdruck wahrgenommen werden. Im ständigen Spiel mit der Unterscheidung zwischen der Form des Inhalts und dessen Medium entstehen neue Formerfindungen. Formerfindung, also der Ausdruck selbst, erhält einen Eigenwert. Der ist am deutlichsten ausgeprägt und artikuliert in den Arenen der Kunstgattungen. Aber die gleiche Verhaltenskompetenz der Ausdruckswertung wird in jeder Arena erwartet, in der Lebensäußerungen durch Beobachtung, Wiederholung, Kommentierung, Karikierung oder irgendeine andere Methode „künstlich" gemacht werden. Das gilt für den gesamten Bereich der so genannten „Kulturaktivitäten", einschließlich der Arenen der Medienformate. In einem sehr weiten, aber durchaus zwingenden Sinn operieren auch die oberflächlichsten *reality-show*-Formate mit künstlerischen Mitteln. Hier wie dort wird die Ausdrucksinformation des aufgeführten Werkes geliefert und die Eindrucksinformation der Publikumswertung nachgefragt.

Wirtschaft ist eine besondere Form der Kommunikation, die einer Gesellschaft dabei hilft, ihr Problem der *Versorgung* mit natürlichen und künstlichen Gütern zu lösen. Wann immer die Menge des erwünschten Zugriffs auf eine Ressource oder eine Leistung größer ist als die vorhandene Menge, liefern Märkte Knappheitssignale, die die Zuteilung der Güter an diejenigen, die sie am höchsten bewerten, koordinieren. In der Arena eines Marktes ist der Wettbewerb so organisiert, dass dem Publikum der Käufer die Verkäufer im Spielfeld des Wettbewerbs gegenüberstehen. Die Wertung erfolgt nicht mehr durch Klatschen oder durch Literaturpreise, sondern ausschließlich durch das hochspezifische, institutionell abgesicherte Medium des Geldes. Die Knappheit der Geldmittel, im Markt angewandt auf die Knappheit der Güter, repräsentiert den Tauschwert der Sachen oder Inhalte, die im Markt zum Gegenstand der Transaktion werden. Der Geldwert ist derjenige Wert, der die besondere Qualität gekaufter Güter ausmacht und sie dadurch vom Rest der Kommunikation unterscheidet. So, wie die Wertung durch Qualitätsurteile in den Kulturarenen die einzig akzeptierte Wertung ist, so ist in den Wettbewerbsarenen der Märkte die Geldzahlung die einzig akzeptierte und sinnvolle Wertung. Wirtschaft ist eine besondere, in langer zivilisatorischer Evolution entstandene Öffentlichkeit, in der es gelingt, derartige Wertungen zu etablieren und dadurch dafür zu sorgen, dass über die Kaufkraft, also die Verteilung der Geldmittel, die Verteilung der vorhandenen Güter und ihrer Verwendungsmöglichkeiten gesteuert wird.

Qualitätsarenen und Marktarenen sind beide Wertungsarenen. Sie konstituieren Öffentlichkeiten, die sich gegenüber dem Rest der Gesellschaft ausgrenzen, um bestimmte Problemlagen präziser kommunizieren zu können. Aber der innere Zirkel, die Wechselwirkung zwischen den beiden Seiten der Binnenunterscheidung, ist deutlich unterschieden. Im Fall der Kunst- und Kulturarenen erfolgt der Austausch der Wertungen als sich abwechselnde Interaktion. Im Fall der Marktarenen wird die Wertschätzung durch den konkreten Tausch von Verfügungsrechten in die eine und Geldwerteinheiten in die andere Richtung vollzogen. Deshalb resultiert ja der Wechsel zwischen marktmäßiger und kultureller Wertung, zwischen „*music as expression*“ und „*music as commodity*“ (Frith 1992) in der Spiralbewegung der Kommunikation, die die Wertschöpfung insbesondere der Medienwirtschaft vorantreibt.

Wenn Märkte als alternative Wertungsarenen interpretiert werden, dann ist auch verständlich, warum es methodisch schwierig ist, beide Wertungsprozesse gleichzeitig zu verfolgen. Das Geschehen in Qualitätsarenen wird massiv verändert, wenn die Werke, die in ihnen konkurrieren, über ihre Kopien auch Gegenstand von Markttransaktionen werden. Das äußere Publikum, das ansonsten nur passiv über die jeweiligen Gewinner der Geschmackskonkurrenzen informiert wird, kann nun seine eigenen Signale zur Wertung beitragen. Die Anzahl der verkauften Kopien teilt etwas mit über die Wertschätzung durch die vielen Amateurexperten, die nicht über das Forum eines Zeitungsfeuilletons verfügen. Sicherlich sind deren Kaufentscheidungen vorgeprägt von den Experten des inneren Publikums, aber im Verlauf von Wochen und Monaten werden Urteile über meist mündliche Netzwerke ausgetauscht. *Word of mouth* oder Mundpropaganda gilt immer noch als eine der wirksamsten Techniken der Verbreitung von Werturteilen in großen Öffentlichkeiten. Die so gebildeten Meinungen über Romane, Fernsehserien oder Strategiespiele können dann Wellen an Kaufentscheidungen auslösen, die die interne Wertung der jeweiligen Qualitätsarenen massiv irritieren.

## Literatur

Becker, H. (1982). *Art Worlds*. Berkeley, California University Press.

Frith, S. (1992). The Industrialization of Popular Music. *Popular Music and Communication*. J. Lull. Newbury Park.

Huizinga, J. (1987). *Homo Ludens. Vom Ursprung der Kultur im Spiel*. Hamburg, Rowohlt.

Negus, K. (1999). *Music Genres and Corporate Cultures*. London, Routledge.

Peterson, R. und H. White (1979). „The Simplex located in Art worlds." *Urban Life* 7(4): 411-439.

Wenger, E. (1998). *Communities of Practice: learning, meaning and identity*. Cambridge, Cambridge University Press.

# 10. Medienmärkte und ihre staatliche Regulierung *

## 1. Die politische Umwelt der Medienwirtschaft

Die Produkte, die in den Branchen der Medienwirtschaft erstellt und verteilt werden, weisen Besonderheiten auf, die sie für politische Akteure besonders relevant machen. Deshalb wird abschließend noch die politische Umwelt der Medienwirtschaft in die Modellierung einer Medienökonomik der Neuheit mit eingebracht.

Im Fall der Politik haben wir eine weitere Öffentlichkeit vor uns, in der sich die Aufführenden von ihrem Publikum unterscheiden. Märkte, so ist in Kap. 9 argumentiert worden, funktionieren als Schauplätze, als Arenen, in denen *Wertungsentscheidungen* getroffen werden. Die Wertung erfolgt nicht durch Qualitätsurteile, sondern durch die Übergabe einer Menge an Geldeinheiten, die den Preis repräsentieren. Die Arena, in der die aufführenden Anbieter konkurrieren, wird von einem Publikum, einer Öffentlichkeit beobachtet. Die Akteure im Publikum können auf die Seite der Teilnehmer in der Arena wechseln und so von Konsumenten zu Produzenten werden.

Ähnlich wird nun auch die politische Öffentlichkeit verstanden. Sie koordiniert sich als *Herrschaftssystem* mithilfe von Wertungen, die ebenfalls in Arenen stattfinden. In diesen Arenen treten Bündnisse zur Herrschaft über ein Gemeinwesen gegeneinander an. Im Wettbewerb mit den anderen Parteien versucht ein jedes Bündnis, seine Pläne zur Herrschaft über die Gesamtbevölkerung, insbesondere aber zur Herrschaft über die Staatsexekutive durchzusetzen. Die Berichte der periodischen und neuerdings auch der interaktiven Medien über den politischen Wettbewerb erreichen sogar periphere Gruppen der Bevölkerung. Gleichzeitig werden die Medienberichte für die Botschaften der herrschenden Koalitionen genutzt. Die Wertung der politischen Akteure erfolgt durch alle Teilnehmer einer politischen Öffentlichkeit. Mitglieder der Öffentlichkeit sind diejenigen, die an *Wahlen* teilnehmen. In der Regel, aber nicht notwendigerweise, definiert der territoriale Wohnort das Wahlrecht. Ablauf und Auswertung der Wahlen sind präzise codiert. Die Wähler geben ihre Stimme nicht als Applaus oder als Scheck, sondern als Wahlentscheidung. Das Wahlergebnis bestimmt, welches Gewicht die verschiedenen Parteien in der nächsten Regierungsphase bei der Herrschaft über das Gemeinwesen erhalten.

## 2. Politisches Interesse und öffentliches Interesse

Eine politische, mithilfe der Staatsorganisation umzusetzende Verpflichtung, sich im Rahmen des Herrschaftsauftrags besonders um die Medienwirtschaft zu küm-

* *Eine frühere Fassung dieses Kapitels ist in WISU 1/06 erschienen.*

mern, ist in einem solchen Kontext in mehrfacher Hinsicht plausibel. Eine Regierung übernimmt den allgemeinen Auftrag, Wettbewerb in der Wirtschaft zu erhalten und zu fördern. Die Produktvielfalt, die so gewährleistet wird, bedeutet in Märkten für materielle Güter, dass Chancen für Innovationen und alternative Varianten entstehen. Sie bedeutet darüber hinaus in Märkten für Informationsinhalte, dass Angebote nicht unterdrückt werden.

Medieninhalte sind außerdem selbst ein wichtiges Mittel, um ein Gemeinwesen – etwa eine Republik, oder eine Stadt – zu repräsentieren. In den Kulturindustrien, in Filmen, Büchern und Musikwerken, entstehen die grundlegenden Muster von Mythen, Themen und Figuren, derer sich der gesellschaftliche Diskurs bedient. Bestimmte Gebäude, Aufführungen oder Feste machen die Bürger stolz auf ihr Gemeinwesen. Eine derartige Verwendung von Medieninhalten zur kulturellen Identitätsbildung wirkt sich messbar auf die Zufriedenheit des Wahlpublikums aus. Folglich wünschen sie, dass der Staat einen Teil ihrer Steuerzahlungen für Aktivitäten ausgibt, die für sie nur einen „Optionswert" haben: Sie könnten in die Kirchen und Museen ihrer Stadt gehen, sie könnten studieren, sie könnten eine Fernseh-Dokumentationen ansehen, und das Wissen um die Möglichkeit wird als Bereicherung erfahren. Gleichzeitig hat die Staatsorganisation selbst ein Interesse an der Verwendung von Kultur- und Medienereignissen, um sich selbst gegenüber den eigenen Bürgern und gegenüber auswärtigen Mächten zu repräsentieren. Auch deshalb finanzieren und fördern politische Akteure die Produkte des Kulturbetriebs und der Medienwirtschaft. Die Budgets aller großen Opernhäuser, Theater und Orchester sind in Deutschland fast ausschließlich staatlich finanziert, und die deutsche Filmindustrie wäre ohne die staatlichen Fördermittel nicht überlebensfähig.

So entsteht ein offensichtliches Dilemma für die politischen Akteure. Die Aufmerksamkeit, die sie der Medienwirtschaft widmen und die Bereitschaft, in die Märkte einzugreifen, sind nicht nur durch den Auftrag der Wähler motiviert, sondern auch durch ihr Eigeninteresse. Die Entscheidungen, die ein Parlament oder eine Behörde etwa im Bereich der Wirtschaftspolitik fällt, werden über Zeitungs- und Funknachrichten kommuniziert und oft auch bewertet. Auch die Auswirkungen der Entscheidungen werden über diese Medien kommuniziert und beeinflussen so die öffentliche Meinung. Es ist also für die Herrschenden vorteilhaft, den Fluss der Nachrichten und Meinungen zu filtern und zu kontrollieren, auch wenn derartige Eingriffe für das Gemeinwesen nicht förderlich sind. Darüber hinaus können die Herrschenden „die Sicherheit erhöhen", wenn sie den Fluss der privaten Informationen, die über die Telekommunikationskanäle ausgetauscht werden, überwachen. Die Medienwirtschaft ist also Teil einer umfassenderen politischen Ökonomie.

Die Vermutung der politischen Vorteilsnahme bezieht sich nicht nur auf die großen Bündnisse, die das zentrale politische Geschehen bestimmen. Sie bezieht sich auch auf individuelle Vorteilsnahmen, die dadurch entstehen, dass Akteure irgendwo im weit verzweigten System von Baubehörden, Finanzdirektionen und

Kulturdezernaten politisch legitimiert sind, um bestimmte, für sie günstige Entscheidungen, zu treffen. Öffentliche, also unter staatlicher Regie stehende Institutionen, schaffen beispielsweise gut dotierte Posten, die an Gefolgsleute vergeben werden können. Staatliche und städtische Lizenzverfahren schaffen Wettbewerb um die Gunst derjenigen, die in den dafür zuständigen Kommissionen Einfluss haben. Interessen von Unternehmen werden auf politischem Weg durchgesetzt, für den Preis etwa der Wahlkampagnenfinanzierung. Die Maßnahmen der Regulierung werden so zum Tauschobjekt.

Es ist also durchaus zweifelhaft, ob die Ziele der Informationsvielfalt und der Selbstdarstellung des Gemeinwesens besser erreicht werden können, wenn die politischen Akteure in die Selbstversorgung der Gesellschaft mit Informationsprodukten eingreifen. Dennoch sind staatliche Eingriffe in Medienmärkte die Regel. Wir werden uns deshalb zumindest mit denjenigen Eingriffen beschäftigen, die das öffentliche Interesse am Eingriff ökonomisch begründen. Andere Argumente, wie etwa der Jugendschutz, kommen nur am Rand vor.

## 3. Ökonomische Gründe für staatliche Eingriffe in Medienmärkte

Argumente für eine Intervention im *public interest*, also im öffentlichen Interesse, sind so angelegt, dass sie bestimmte Fälle von Marktversagen identifizieren, und dann eine Eingriffsform vorschlagen, mit der die Folgen dieses Marktversagens verhindert oder kompensiert werden können.

In der ersten Hälfte des vergangenen Jahrhunderts hatte *Public-interest*-Medienpolitik eine hohe Akzeptanz. Sie beruhte auf der Annahme von Marktversagen und empfahl staatliche Intervention vor dem Hintergrund von Argumenten, die die Förderung neuer Talente, die Gefahr von Medienmonopolen und den Schutz der Rechte von Urhebern und Rechteverwertern betonten. Inzwischen sind die Einschätzungen wirksamer Intervention auch hier, wie in der gesamten Wettbewerbspolitik, pessimistischer geworden (Teece und Coleman 1998). Die tatsächliche institutionelle Ausgestaltung vieler Sektoren ist aber immer noch geprägt von den damals entstandenen Strukturen. Die folgende Darstellung spiegelt den gegenwärtigen Umbruch der Regulierungspolitik. Sie verfolgt drei Varianten des Arguments für staatlichen Markteingriff, die sich an den drei Besonderheiten der Informationsgütermärkte orientieren. Allerdings beobachten wir jetzt die Gegen- oder Außenseite der jeweiligen Besonderheit.

### *3.1 Gleichversorgung contra Winner-takes-all*

Unter den Bedingungen der vollständigen Konkurrenz gilt, dass alle Anbieter und alle Nachfrager, die an einem Markt teilnehmen wollen, etwa gleiche Kostenstrukturen bzw. Marktinformationen haben. Diese Gleichheit entspricht dem Prinzip der Gleichbehandlung, das in modernen Verfassungen verankert ist. Bei der Produktion und Konsumtion von Produkten, die überraschen sollen, ist dieses Merkmal nicht gegeben. Auf der Anbieterseite erzielen wenige Verteiler in jeder Medienbranche mehr als drei Viertel des Branchenumsatzes, alle anderen können sich nur in kleinen Nischenmärkten halten. Auf der Nachfragerseite ergeben sich Ungleichheiten des Zugangs für Radiohörer in Tallagen, oder Telefonteilnehmern auf Einödhöfen, oder aus Bildungsunterschieden. Werden entsprechende Verteilungsnetze kollektiv zur Verfügung gestellt, dann steigert das erhöhte Volumen der Informationsweitergabe das Wachstum des Gemeinwesens.

In Deutschland war das Argument des gleichen Zugangs das Fundament der Entscheidung für staatliche Investitionen in Post- und Telefonnetze, und für staatliche Investitionen in ein Sendernetz, das die – verfassungsrechtlich garantierte – „Grundversorgung" der Bürger mit Informationen zu sichern hat. Im Rahmen der Senderorganisation ergaben sich dann weitere Möglichkeiten der staatlichen Förderung von Urhebern und ausführenden Künstlern verschiedenster Provenienz, etwa durch regelmäßige Hör- und Fernsehspielaufträge an Autoren und Komponisten oder durch den Betrieb eigener Orchester.

Solche politischen Ziele haben in der Vergangenheit das Gesamtniveau der Informationsversorgung erhöht. Mit sinkenden Kosten des technischen Zugangs schwindet aber die Kraft des Arguments: Mehr Anbieter tauchen auf dem Markt auf, und die Verwender können sich die Informationen besorgen, die sie tatsächlich haben wollen. Sie sind nicht mehr allein auf die Inhalte angewiesen, die ihnen von den Medienanstalten angeboten werden. Die potentiellen Urheber können ihre eigenen Werke vervielfältigen und vertreiben. In seiner ausgeprägtesten Form, ist die so entstandene Offenheit des Zugangs bei der Kommunikation im Internet zu beobachten. PCs und Browsersoftware haben komplexeste Aufnahme- und Übertragungsprozesse fast aufwandlos gemacht.

Mit der steigenden technischen Kapazität geraten die „öffentlichen" Unternehmen in Konkurrenz zu privaten Anbietern. Außerdem nimmt der direkte Austausch zwischen den Verwendern, etwa in P*eer-to-peer*-Netzwerken, zu. Schon in Kap. 8, bei der Diskussion der Nullpreisstrategie (2.2.a), war darauf hingewiesen worden, dass der Anteil der privaten Anbieter wächst. Damit sinkt die Notwendigkeit öffentlicher Grundversorgung. Die weitere Entwicklung kann prinzipiell in zwei Richtungen führen. Ein Pfad führt zur Ausdifferenzierung eines Teilmarkts, in dem staatlich organisierte Unternehmen langfristige Wettbewerbsvorteile haben. Die liegen bei der Kompetenz in der Versorgung mit Inhalten, die, wie bei der *British Broadcasting Corporation*, *„less biased, more complete, more accurate"* sind als die, die sich private Anbieter aus Kostengründen oder aus Gründen der Rücksichtnahme auf ihre Werbekunden leisten können (Coase 1974). Ein anderer Zukunftspfad führt zu einer weiter fortschreitenden Ausrichtung an privatwirtschaftlichen Ertragskriterien und damit langfristig zur Veräußerung der staatlichen Unternehmen an private Eigentümer.

### *3.2 Markmacht kontra Größenvorteile*

Aufgrund der Größenvorteile bei der Produktion und Vervielfältigung von Informationsgütern entstehen regelmäßig Marktstrukturen ohne Wettbewerb zwischen den Anbietern. Dasjenige Hersteller- oder Verteilerunternehmen, das es geschafft hat, in der eigenen Branche zentrale Knoten der Informationsverbreitung zu sein, ist daraus kaum mehr zu verdrängen. Auf der einen Seite führen Größenvorteile zu kostengünstigerer, effizienterer Produktion, auf der anderen Seite verhindert Marktmacht den Wettbewerb.

Für staatliche Intervention stehen im Wesentlichen zwei Vorgehensweisen zur Auswahl. Bei der ersten greift die Regierung über den *exekutiven Staatsapparat* direkt in das Marktgeschehen ein. Bei der zweiten werden über die *Gesetzgebung* Verhaltensregeln und Institutionen zu deren Durchsetzung festgelegt. Die Dualität der Ansätze hat ihren Grund darin, dass die Intervention von innen, durch Anwendung exekutiver Gewalt, oder von außen, durch Beschluss gesetzlicher Regeln des Rechts, erfolgen kann.

#### a. Politisch-exekutive Intervention

Die exekutive Intervention folgt wiederum im Prinzip zwei Ansätzen. Beide, der *Public-utilities-* und der Staatseigentumsansatz, sind nicht speziell für die Medienwirtschaft erfunden worden. Sie sind Bestandteil allgemeiner Wettbewerbspolitik und haben, etwa im Transport- oder im Energiesektor, eine lange Tradition (Knieps 2001). Sie tauchen auch in der Medienpolitik auf.

Beim *Public-utilities-Ansatz* werden Unternehmen ausgewählt oder eingesetzt, die die Position natürlicher Monopole für eine Region oder für den Betrieb eines Mediums einnehmen. Das Verfahren wird beispielsweise bei der Stromversorgung, bei der Müllentsorgung und bei Radiofrequenzlizenzen eingesetzt. Die Unternehmen sind grundsätzlich privat inkorporiert und handeln gewinnorientiert. Sie unterliegen aber der Aufsicht einer politisch eingesetzten Regulierungsbehörde. Die Behörde überprüft die Preissetzung, die Vertragspartner und andere Verhaltensparameter.

In jüngerer Zeit ist die Zuversicht gesunken, dass auf diese Weise ein effizientes Angebot entstehen kann. Können wettbewerbssimulierende Preise für Unternehmen, die dem Wettbewerb entzogen sind, berechnet werden, ohne dass die Unternehmen die Berechnungsverfahren in ihre Gewinnstrategien mit einbeziehen? Bringt nicht überhaupt erst die Regulierungsbehörde die Monopolunternehmen und deren Monopolpreise in einen nachhaltig stabilen Zustand? Die politische Reaktion auf diese Fragen besteht in vielen Legislativen darin, die Privilegien der *public utilities* zu kündigen, und die behördliche Kontrolle auf essentielle technische Einrichtungen (*essential facilities*) zu beschränken. Ansonsten haben sich die Regulierungsbehörden darauf zu beschränken, den Transitionsprozess zum deregulierten Marktzustand zu steuern. Tatsächlich zeigt sich, dass der Transitionsprozess nicht aufhört, weil ständig neue Technologien und neue Inhaltetypen auftauchen.

Beim *Staatseigentumsansatz* übernimmt eine Organisation des öffentlichen Rechts die Versorgung. Die Organisation kann Teil einer übergeordneten Verwaltungseinheit sein – so, wie die deutschen Sendeanstalten bis 1945 eine Abteilung des Postministeriums waren. Sie kann auch den Status einer Stiftung oder einer Anstalt des öffentlichen Rechts bekommen. Derartige Unternehmen sind mit hoheitlichen Rechten ausgestattet. Sie unterliegen letztlich der parlamentarischen Kontrolle.

Die Staatsmonopole, auf denen der Netzbetrieb bei Post, Bahn, Telefon und den Sendernetzen basiert, sind schon des Öfteren erwähnt worden. Auch dort sind die zu erwartenden Monopolrenten entstanden. Sie wurden zwar zum Teil für Innovation und Qualität der Leistung eingesetzt, dennoch blieben beträchtliche Anteile davon beim Staat, in der Organisation und bei Einzelnen hängen. Heute sind die meisten dieser Netze für den Wettbewerb geöffnet. Die ehemaligen Monopolisten sind aber weiterhin Teilnehmer am Wettbewerb. Oft dominieren sie ihn klar aufgrund noch verbliebener Vorteile. Trotzdem hat die Öffnung der Monopolmärkte zur Bestreitbarkeit der jeweiligen Marktpositionen geführt. Es hat sich auch gezeigt, dass der Aufbau von Parallelnetzen profitabel sein kann, und dass in den sich rasch wandelnden Medienmärkten völlig neue Technologien auch völlig neue Geschäftsmodelle ermöglichen.

Unternehmerische Kontrolle erfolgt auch dort, wo Staat oder Parteien selbst Medienunternehmen betreiben. So gewinnen sie unmittelbaren Zugriff auf redaktionelle Entscheidungen und können mitbestimmen, welche Nachrichten und Unterhaltungsprogramme wann erscheinen. Im Fall der Sendemedien ergeben sich über die Vergabe von Sendefrequenzen und den Zugang zu staatlich betriebenen Telekommunikationsnetzen weitere Zugriffsmöglichkeiten.

Tatsächlich ist es so, dass weltweit etwa ein Drittel der Pressemedienunternehmen und zwei Drittel der Sendemedien in staatlicher Regie betrieben werden. Eine 2003 veröffentlichte Untersuchung von beherrschenden Medienunternehmen in 97 Ländern (Shleifer, Djankov et al. 2003) kam zu dem Schluss, dass in fast allen Ländern die Eigentümer entweder staatliche bzw. öffentlich-rechtliche Organe oder private Familien sind. Im Schnitt sind 29% der Zeitungen und 60% der Fernsehsender staatlich kontrolliert, während 57% der Zeitungen und 34% der Fernsehsender von Familien kontrolliert werden.

Ein Blick auf die deutsche Medienlandschaft bestätigt die Studie: Die staatlichen Anteile bei Sendern bzw. bei Zeitungen liegen in Deutschland knapp unter diesem Durchschnitt. Die größten Verlagshäuser sind allesamt familienkontrolliert. Eine dieser Familien, Bertelsmann-Mohn, kontrolliert auch die größte private TV-Sendergruppe.

Nicht nur politische Akteure haben ein großes Interesse am Einfluss auf die Informationsversorgung ihrer Wähler. Die Dominanz von privaten Familien ist ganz ähnlich zu erklären: Die Kontrolle von Medieninhalten, insbesondere die der periodischen Medien Zeitung und Sendeprogramm, kann zu Einfluss und Macht in der politischen Arena einer von *clans* und Familien beherrschten Gesellschaft genutzt werden. Die dadurch erzielbaren Vorteile können rein subjektiver Natur sein, etwa der Stolz auf die Leistungen der eigenen Großväter. Sie können sich aber auch in monetär messbaren Gewinnen niederschlagen. In jedem Fall sind sie im Print-Sektor groß genug, um mögliche Effizienzvorteile, die durch den Einsatz besonders kompetenter Manager zu erreichen wären, zu überwiegen.

Dort, wo die politische Exekutive nicht unmittelbar steuernd eingreift, bleibt immer noch die *Zensur*. Zensur hat die Geschichte des Zeitungs- und des Rundfunkwesens in allen Staaten geprägt und prägt sie vielerorts noch heute. Die Formen variieren vom offenen Verbot des Abdrucks bestimmter Nachrichten über selektive Arbeitsbehinderungen bis zur Gewährung von Sendelizenzen gegen Wohlverhalten der Sender. Nur langsam und mühsam hat sich das Prinzip der Pressefreiheit zumindest in den westlichen Demokratien weitgehend durchgesetzt.

### b. Politisch-legislative Intervention

Die politisch-legislative Vorgehensweise operiert über die Formen des Rechts, insbesondere des Wettbewerbsrechts. Dabei sind wieder ökonomische Argumente für eine Beschränkung von Marktmacht ausschlaggebend.

Als effektiv für die Diskussion in Gesetzgebung und Öffentlichkeit haben sich dabei *Leitbilder des Wettbewerbs* erwiesen (Schmidt 1999). Die Entwicklung des Wettbewerbsrechts war bis in die 1980er Jahre dominiert vom Leitbild des funktionsfähigen Wettbewerbs (*workable competition*). In den Marktwettbewerb ist demnach nur dann einzugreifen, wenn gravierende Abweichungen von den idealen Marktparametern vermuten lassen, dass die Marktdynamik erloschen ist: „Die Preiskonkurrenz erlahmt, der Druck auf Produkt- und Prozessinnovationen wird kleiner, die Flexibilität der Anpassung an veränderte Marktbedingungen nimmt ab und der Marktzutritt wird erschwert" (Heinrich 2001: 136). Um solche Beobachtungen empirisch überprüfen zu können, werden die Daten nach Marktstruktur, Anbieterverhalten und Produktergebnis unterschieden. Unter „Struktur" wird in der Regel die Größe der Marktanteile verstanden. „Verhalten" bezieht sich auf grobe Behinderungen der Konkurrenz oder auf ausdrückliche Absprachen mit der Konkurrenz. Als „Ergebnis" gilt primär der Preis, in zweiter Linie Produktqualität. Auch in der Gestaltung des Wettbewerbsrechts hat diese Herangehensweise in vielen Ländern eine institutionelle Umsetzung gefunden.

Nehmen wir das deutsche Kartellrecht (KartellG) als Beispiel: Das Gesetz regelt im ersten Teil das Verbot von Kartellabsprachen. Im zweiten Teil werden die Kriterien festgelegt, nach denen Missbrauch von Marktmacht durch Behinderung der Konkurrenz verfolgt werden kann. Der dritte Teil enthält die Grundlagen der Fusionskontrolle, denn Genehmigungen von Fusionen und Unternehmenskäufen können wegen zu großer Marktmacht verweigert werden. Grundlage der Entscheidungen über Marktmachtmissbrauch und Unternehmensfusion sind Messungen des Marktanteils, also der Konzentration, auf Märkten für gleiche oder ähnliche Produkte (horizontal), entlang der Wertschöpfungskette (vertikal) oder über verschiedene Wertschöpfungsketten hinweg (diagonal). Ausführendes Organ ist eine eigenständige Aufsichtsbehörde, das Kartellamt.

Die zunehmende Konzentration im Presse- und im Sendesektor wird von politischer Seite kritisch gesehen, weil nicht nur die ökonomisch gewollte Wettbewerbsfähigkeit, sondern auch die politisch gewollte Meinungsvielfalt bedroht ist. Die Wettbewerbsbehörden haben deshalb Verfahren und Institutionen der Konzentrationsmessung entwickelt, um mit Fusions- und Aquisistionsverboten in Märkte mit geringer Wettbewerbsintensität eingreifen zu können. Die Monopolkommission der Bundesregierung wird regelmäßig mit Gutachten zur Konzentration im Pressewesen beauftragt, und die eigens dafür eingerichtete *Kommission zur Ermittlung der Konzentration im Medienbereich* (KEK) überprüft Marktanteile im Fernsehsektor. Allerdings haben sich durch die Globalisierung die Eingreifkriterien grundlegend geändert. Während vorher der nationale Markt ausschlaggebend war, sind heute die Marktanteile am kontinentalen oder globalen Markt relevant. Der Fall des gescheiterten Erwerbs von *ProSiebenSat1* durch *Springer* im Frühjahr 2006 hat das Dilemma deutlich vor Augen geführt: Bedeutet das Kaufverbot durch das Kartellamt, dass der Markt für Medienunternehmen zugunsten ausländischer Nachfrager verzerrt wird? Müssen nationale Monopole toleriert werden, um internationale Konkurrenzfähigkeit zu ermöglichen?

### *3.3 Öffentlichkeit kontra Ausschließbarkeit*

Das Dilemma ist schon in Kap. 2 behandelt worden: Weil öffentliche Güter nichtrivalisierend im Konsum sind, steigt der aggregierte Nutzen eines Gemeinwesens, wenn möglichst viele in den Genuss des Gutes kommen können. Andererseits führt dieselbe Eigenschaft bei Informationen dazu, dass die Erfinder neuer Informationen nicht damit rechnen können, die von ihnen ausgelöste Steigerung des Gesamtnutzens in Erträge umzusetzen, weil die Wiederverwendung der entdeckten oder erfundenen Information nicht ausschließbar ist. Eine Zurechnung jeder individuellen Verwendung der Inhalte ist zu aufwendig. Die Folge ist „Marktversagen“: ohne die nötigen Gewinnanreize fehlen private Investitionen in zukünftige Informationsprodukte. Die gewählten politischen Strategien fallen wieder in eine externe und eine interne Kategorie: Eingriffe in die privaten Produktionsbedingungen oder Übernahme in den staatlichen Betrieb.

Die *externen Eingriffe* erfolgen über die Gesetzgebung. Sie zielen primär darauf, den privaten Anbietern verstärkten und verlängerten rechtlichen Schutz bei der Durchsetzung von Verwertungsansprüchen aus der Nutzung neuer Inhalte zu geben. Bei hinreichender Ausschließbarkeit kann der Markt wieder funktionieren. Der Patent-, Urheber-, Marken- und Gebrauchsmusterschutz, die einflussreichsten Ausformungen des geistigen Eigentums, die im Verlauf der vergangenen zwei Jahrhunderte entstanden, basieren auf diesem Argument. Wollte man diese wichtige institutionelle Entwicklung genauer verfolgen, so müsste man tiefer in eine weitere gesellschaftliche Umwelt, nämlich die des Rechts, eindringen. Allein das Urheberrecht hat die institutionellen Praktiken in der Medienwirtschaft grundlegend geprägt (Hummel 1989; David 1993).

*Staatlicher Eigenbetrieb*, der über die Öffentlichkeit von Information und Wissen begründet wird, ist vor allem im Bildungssektor zu beobachten. Die staatlich organisierte Versorgung der Gesellschaften mit Schulwissen und mit Grundlagenforschung hat die gegenwärtigen Industrie- und Wissensgesellschaften erst möglich gemacht. Noch heute reicht in Deutschland das staatliche Angebot von der Grundschule bis zur Hochschule.

Die Argumentation über die gesellschaftlichen Vorteile der Versorgung mit einem öffentlichen Gut hat große Ähnlichkeit mit der Argumentation über die Auswirkungen externer Effekte: *negative* externe Effekte reduzieren die Gesamtwohlfahrt, ohne dass die Verursacher zur Rechenschaft gezogen werden können. Bei Produzenten und Konsumenten kommt es beispielsweise bei irreführender Information zu Verunsicherungen, die Produktivität oder Nutzbarkeit schmälern. *Positive* externe Effekte führen zu Zuwächsen bei Produktivität und Nutzbarkeit, ohne dass der Nutznießer des Effekts dafür zu zahlen braucht. Solche Effekte treten bei der Alphabetisierung einer Bevölkerung auf, oder bei der Erfindung einer neuen musikalischen Form.

Der Markt versagt also, weil er einerseits auftretende Kosten nicht registriert, und andererseits Erträge nicht signalisiert, die zu mehr Investitionen in gesellschaftlich rentable und weniger Investitionen in gesellschaftlich unerwünschte Angebote führen würden. Die Argumentation diagnostiziert das gleiche Marktversagen, das bei öffentlichen Gütern auftritt. Anstelle der Nicht-Rivalität des Nutzens sind bei den externen Effekten alle möglichen Varianten des Einflusses auf Nutzen oder Ertrag gemeint, solange es Gründe gibt, die die Bezahlung oder Kompensation dieser Effekte verhindern. Diese Verallgemeinerung macht es leichter, weitere staatliche Regelsetzungen unter ökonomischen Gesichtspunkten zu sehen.

Im Fall negativer Effekte sind einschränkende Vorschriften üblich. Werbezeiten werden nach Umfang und Abfolge gesetzlich limitiert, falsche Informationen werden durch Aufsichtsgremien, die von den Medienunternehmen „freiwillig" eingesetzt werden, sanktioniert. Verbote schützen Kinder vor anstößigen Bildern und Urlauber vor unerwünschter Beschallung. Negative Effekte der Überversorgung mit Informationsquellen sind allgegenwärtig, und deshalb finden wir überall Vereinbarungen, in Wohngemeinschaften ebenso wie zwischen Staaten.

Positive externe Effekte sind genau das, was weiter oben als nicht-rivalisierender Nutzen aller möglichen Informationsinhalte vorgekommen ist. Sie entstehen auch dann, wenn neue Informationen über naturwissenschaftliche Gesetzmäßigkeiten, über Fertigungsverfahren oder über effektive Teamarbeit das Human- oder Wissenskapital der Mitarbeiter oder das Wissen, das im verwendeten Maschinenkapital enthalten ist (*embodied knowledge*), vergrößern. Auf die vermutete Unterinvestition derartiger Aktivitäten wird mit staatlicher Bereitstellung und mit Fördermaßnahmen reagiert.

Fördermaßnahmen können überzeugend aus dem politischen Konsens, mehr öffentliche Güter bereitzustellen oder mehr positive externe Effekte auszulösen, abgeleitet werden. Aber ihre Durchführung stößt auf Schwierigkeiten, die denen der neutralen Unterstützung von Arenen durch Medienunternehmen ähneln, die in Kap. 9 diskutiert wurde. Um erfolgreich intervenieren zu können, muss es gelingen, Gremien und Entscheidungsträger zu installieren, die in der jeweiligen Qualitätsarena Reputation haben, die also Teilnehmer des jeweiligen Wettbewerbs sind. Damit sind sie der unmittelbaren staatlichen Weisung entzogen.

Bei den staatlichen Fördermaßnahmen wird in oft naiver, manchmal auch berechnender Weise die erhoffte und die erreichbare Wirkung in eins gesetzt, sodass Enttäuschungen vorprogrammiert sind. Auf der anderen Seite wird leicht übersehen, dass indirekte fördernde und hemmende Wirkungen durch viele gesetzgeberische Aktivitäten entstehen, etwa im Stiftungsrecht, in der Steuergesetzgebung, bei der Bauinvestitionsplanung oder in der Tarifpolitik.

## 4. Die Umsetzung der Regulierungsstrategien in den Medienbranchen

Medienprodukte entstehen unter sehr unterschiedlichen technischen und organisatorischen Bedingungen. Die Eigenart der jeweils angesprochenen Sinne und die Verbreitungstechnologie führen zu Konstellationen, die sehr spezifische Irritationen in der politischen Arena und dementsprechende Interventionen auslösen. Regulierungsintensität und -varietät dürften deshalb systematisch von der zeitlichen Taktung der Inhalte abhängen.

In der Gruppe der einmaligen Inhalte finden wir regulierende Eingriffe, die auf alle drei Besonderheiten Bezug nehmen: Ausgaben für die Förderung von Projekten und Talenten, um neue Inhalte entstehen zu lassen; konzentrationshindernde Eingriffe beim Kauf von Unternehmen der gleichen Branche, etwa in der Musikindustrie, oder bei vertikaler Integration, insbesondere in der Filmindustrie; Überwachung der Regeln des politischen und moralischen Wohlverhaltens, im Interesse einer übergeordneten Öffentlichkeit. Die regulierenden Eingriffe stecken ein Spielfeld ab, in dem dann aber der wirtschaftliche Wettbewerb weitgehend eigenständig stattfinden kann.

Bei der Gruppe der periodischen Inhalte konzentrieren sich die Argumente auf Größenvorteile und Öffentlichkeit. In oft massiver Weise wird in die Unternehmensexpansion eingegriffen. Zeitungsaufkäufe werden untersagt, Marktanteile privater Sender werden limitiert. Dieselben Medien, die überhaupt erst die Vorstellung einer öffentliche Meinung, haben entstehen lassen, lösen ständig Proteste gegen die Veröffentlichung bestimmter Inhalte aus und schaffen sich deshalb eigene Kontrollinstitutionen, um Eingriffen von außen vorzubeugen. Außerdem können die politischen Akteure nicht auf eine positive Darstellung in den Medienöffentlichkeiten verzichten. Deshalb der erwähnte hohe Prozentsatz von Medienunternehmen im Staatsbesitz, und deshalb die Häufung der regulierenden Eingriffe bei der periodischen Medienproduktion.

Bei der dritten Gruppe, den interaktiven Inhalten, bleiben nur noch Interventionsargumente, die auf die Öffentlichkeit der Produkte Bezug nehmen. Die Digitalisierung reduziert Größenvorteile drastisch. Gewinnerprodukte dominieren zwar auch hier temporär ihre Teilmärkte, aber der Marktzugang ist selbst für kleine Nischenanbieter möglich. Dafür ist die Durchsetzung von Verwertungsrechten zu einem kaum kontrollierbaren Problem geworden. Gegenwärtig versuchen alle Gesetzgebungen, der neuen Situation durch Novellierungen ihrer Rechtsordnungen für geistiges Eigentum gerecht zu werden. Ähnlich schwer kontrollierbar ist die Verbreitung falscher und unerwünschter Informationen geworden. Eine Zunahme der regulierenden Eingriffe in die Autonomie von Netzbetreibern und Netznutzern kann jetzt schon beobachtet werden.

## Schluss

Um Informationsgüter und die Bedingungen ihres Auftauchens und Verschwindens zu erklären, mussten wir den Blick über die Medienwirtschaft hinaus auf zwei gesellschaftliche Umwelten richten: die erste war die Welt der kulturellen Qualitätsdifferenzierungen, die zweite war die Welt der politischen, also für ein Gemeinwesen gültigen Entscheidungen. Informationsinhalte, diese Konzentrate neuer Unterscheidungen, würden ohne die Quellen der kulturellen Wettbewerbe ausbleiben. Sie würden auch ausbleiben ohne Regeln, die die Inhaltehersteller vor den Folgen der Veröffentlichung ihrer Neuheiten schützen, und ohne die Nachfrage staatliche Haushalte.

Dank der kommunikationstheoretischen Fundierung erfolgt diese Erweiterung des Blickfelds ohne methodischen Bruch. So wird es möglich, wirtschaftliche Vorgänge in der Medienwirtschaft – aber auch in benachbarten Branchen wie der Bildungs-, der Finanzinformations- oder der Kunstwirtschaft – zu studieren, ohne die Eigenheiten der Produktion und Konsumtion von Informationsinhalten aus dem Auge zu verlieren.

### Literatur

Coase, R. (1974). „The Market for Goods and the Market for Ideas." *American Economic Review* 64(2, Papers and Proceedings): 384-391.

David, P. (1993). Intellectual Property Institutions and the Panda's Thumb: Patents, Copyrights, and Trade Secrets in Economic Theory and History. *The global dimensions of in-*

*tellectual property in science and technology*. M. Wallerstein. Washington, National Academy of Sciences: 19-61.

Heinrich, J. (2001). *Medienökonomie, Bd.1: Mediensystem, Zeitung, Zeitschrift, Anzeigenblatt*. Opladen, Westdeutscher Verlag.

Hummel, M. (1989). „Die volkswirtschaftliche Bedeutung des Urheberrechts." *ifo-schnelldienst*(24): 15-27.

Knieps, G. (2001). *Wettbewerbsökonomie. Regulierungstheorie, Industrieökonomie, Wettbewerbspolitik*. Berlin, Springer.

Schmidt, I. (1999). *Wettbewerbspolitik und Kartellrecht*. Stuttgart, Mohr/ Siebeck.

Shleifer, A., S. Djankov, et al. (2003). „Who owns the Media?" *Journal of Law and Economics* 46(October): 341-382.

Teece, D. und M. Coleman (1998). „The meaning of monopoly: antitrust analysis in high-technology industries." *The Antitrust Bulletin* 43(3-4): 801-857.

# Abbildungsverzeichnis

# Nennungen für Register – Neue Medienökonomik